地方高校科研
促进教学的思考与实践

张景秋 ◎ 主编

杭孝平 谭融 杨敏 ◎ 副主编

图书在版编目（CIP）数据

地方高校科研促进教学的思考与实践/张景秋主编.—北京：知识产权出版社，2024.12.—ISBN 978-7-5130-9653-9

Ⅰ.G644

中国国家版本馆 CIP 数据核字第 2024SW7884 号

责任编辑：张水华　　　　　　　　责任校对：潘凤越
封面设计：臧　磊　　　　　　　　责任印制：孙婷婷

地方高校科研促进教学的思考与实践

主　编　张景秋
副主编　杭孝平　谭　融　杨　敏

出版发行：知识产权出版社有限责任公司		网　　址：http://www.ipph.cn	
社　　址：北京市海淀区气象路 50 号院		邮　　编：100081	
责编电话：010-82000860 转 8389		责编邮箱：46816202@qq.com	
发行电话：010-82000860 转 8101/8102		发行传真：010-82000893/82005070/82000270	
印　　刷：北京中献拓方科技发展有限公司		经　　销：新华书店、各大网上书店及相关专业书店	
开　　本：720mm×1000mm　1/16		印　　张：16.75	
版　　次：2024 年 12 月第 1 版		印　　次：2024 年 12 月第 1 次印刷	
字　　数：270 千字		定　　价：89.00 元	
ISBN 978-7-5130-9653-9			

出版权专有　侵权必究
如有印装质量问题，本社负责调换。

前 言

党的二十届三中全会指出，教育、科技、人才是中国式现代化的基础性与战略性支撑。高校作为科技创新和人才培养的前沿阵地，必须深入实施科教兴国、人才强国、创新驱动发展战略，统筹推进教育科技人才体制机制一体改革，强化科学研究和教育教学的协同联动，以科研赋能创新型人才培养，为进一步全面深化改革、推进中国式现代化提供更加有力的教育支持、科技支撑和人才保障。对高校而言，教学与科研，如鸟之两翼、车之双轮，辩证统一、相互促进，科教融合是世界一流大学的办学原则之一。

北京联合大学作为北京市最大的市属综合性大学，也是北京市重点建设的高水平应用型大学和北京市应用型人才培养的重要基地，坚决深入学习贯彻习近平总书记关于教育的重要论述，贯彻落实全国教育大会精神，以学校第六次党代会胜利召开为标志，坚持高质量党建引领高质量发展、坚持师生为本、坚持守正创新、坚持开放融合、坚持学以致用、坚持系统观念，全面实施"学术立校、人才强校、开放兴校、文化润校"四大战略，面向应用、面向需求、面向社会，努力培养知行合一、学以致用、具有创新精神的优秀应用型建设人才。

应用文理学院在注重提高教育教学质量、注重服务首都、培养应用型人才方面取得宝贵经验。学院始终坚持科研促进教学，坚持科教融合，以北京学这一高精尖学科为龙头带动"人文北京"学科群建设，推进各学科的协同建设和共同发展。近些年，学科建设和科研取得了显著成效。2024年获批考古学一级学科博士点、文物专业领域博士点，实现了博士研究生人才培养的突破。有考古学、中国史、地理学、政治学4个一级学科硕士学位授权点，法律、文物、博物馆、新闻与传播、图书情报5个专业领域硕士学位授权点。

从 2015 年到 2024 年，学院教师共获得各类纵横向科研项目 1100 余项，其中横向项目 900 余项、纵向项目 200 余项，到账经费总额超过 4.35 亿元；获批的纵向项目中，国家级项目 47 项、省部级项目 90 项。学院教师发表 C 刊及以上级别论文 610 余篇；出版学术专著 140 部；被各级政府部门采纳或获得领导批示的研究报告 45 篇；获得知识产权授权 76 件（含发明专利、实用新型和软件登记）；获得省部级科研成果奖 3 项、省部级专项调查优秀集体奖 1 项、优秀个人奖 3 项。在办学过程中，学院始终坚持学科专业一体化建设，不断促进科研与教学的深度融合。一方面，鼓励教师积极进行科学研究，吸收国内外科学前沿知识，了解和掌握本专业、本领域最新成果，不断更新知识结构，并将这些前沿知识、最新成果等内容充分融入课堂教学中；另一方面，鼓励教师结合科研驱动式的实践教学，将丰富的科研成果融入教学实践，将大量应用型科研成果转化为教学内容，将优质科研资源转化为育人资源，以科学研究的深度广度来增强教学创新的活力动力，使学生在掌握基本知识体系的基础上认知科研、热爱科研、参与科研，为学生的科研意识、科研兴趣和科研能力培养提供助力，实现教学与科研的良性互动和共同提升，有效地推动了高水平应用型人才培养基地建设，培养了一批具有创新精神、实践能力强的高素质、应用型人才。

北京联合大学应用文理学院在探索科研促进教学过程中积累了大量经验与实践，形成了一些较有特色的做法和案例。本书将这些经典案例形成论文集，共同探讨科教融合等课题，促进学术交流。本书收集了法律系、新闻与传播系、历史文博系、城市科学系、档案系、应用文科综合国家级实验教学示范中心、文化遗产传承应用国家级虚拟仿真实验教学中心、北京学研究所以及学院科研教学管理等部门的教师和管理人员论文 31 篇。这些论文从不同专业、领域、视角对科研促进教学进行了思考与总结，体现了学院科研促进教学的实践成果。这些实践成果的结集出版主要为高校从事教学、科研的教师，以及科教融合、科研与教学关系的研究者提供一定的参考和借鉴。本书的出版受到北京联合大学应用文理学院基本科研业务费——"北京城乡文化遗产保护传承与活化创新"项目（122139918290104050）的资助。

征途漫漫，唯有奋斗；梦想成真，唯有实干！北京联合大学应用文理学

前　言

院将继续深化开展有组织的科研与教学，强化科技教育和人文教育协同，将最新科研成果融入课程体系、教材建设和创新创业项目，把学院坚实的科研力量转化为专业建设实力。坚持"立足北京、研究北京、服务北京"，持之以恒推动"+文化"，依托北京学新兴交叉学科平台建设，不断提升服务北京"四个中心"建设的能力，为学校开创高水平应用型大学建设新局面做出应有的贡献。

　　本书的完成是众多同仁共同努力的结果，特别感谢知识产权出版社编辑张水华的辛苦劳作，同时感谢学院各位领导和同事的支持和帮助，感谢那些阅读和使用本书的教师、学生、研究者。

北京联合大学应用文理学院
科技与研究生培养办公室
2024 年 11 月

目　录

001　研究生知识产权实务课程思政的价值引领与路径探索
　　　常　敏

007　青年志愿服务助力环境教育
　　　——北京市公园志愿服务机制调查报告
　　　陈思淇　吕　超　吴　梅

016　数字时代的新法科教育转型
　　　——以企业法务实训课程教学改革为中心
　　　郭娅丽　张晓薇

025　OBE 理念指导下刑事诉讼法学课程实践教学改革研究
　　　李晓丽

035　科研成果融入课程教学的思考与探索
　　　——以经济法学为例
　　　王　平　毛晨宇　李玉红

045　国家公园环境教育立法初探
　　　吴析芋　邱　雨　吴　梅

052　新文科背景下法学专业"科研反哺教学"机制研究
　　　张一红　杨永振

061　新文科背景下的"科教—产教"融合理念与实践
　　　——以广播电视学课程建设为例
　　　高胤丰　王　伟

069　高校加强科技传播和科普教育的策略研究
　　　金　韶　金雨茹　田欣瑶

077　论生涯规划发展理念下新闻学专业学生创新创业教育研究
　　　——以省属T大学为例
　　　邵　将

089　一体两翼：从育人视角看高等院校科研对教学的促进作用
　　　吴惠凡

096　网络与新媒体专业教学与科研如何相互促进
　　　钟　静

103　考古文博类研究生毕业论文指导的探索
　　　黄可佳

112　立足学术，实践育人
　　　——基于国家社科基金青年项目的育人案例
　　　张登毅

118　田野求真促进辽金元考古教学内容的实践与探索
　　　张　雯　靳雅群

126　高校教师科研项目融入教学路径探析
　　　——以北京联合大学相关专业为例
　　　吕红梅　陈　曦

133　经典史学论著研究对于历史学教学的促进意义
　　　——以东晋建国史为例的教学案例分析
　　　祁　萌

144	"新文科"理念下科研项目促进文博人才培养的思考与实践
	——以"北京地区出土古代服饰形象复原动态展示"项目为例
	李若水

151	基于产教融合的文化遗产保护与修复研究生培养的一点思考
	周 华

160	实践类课程双语教学改革模式探索
	——以 GIS 技术与应用课程为例
	陈 静 李艳涛 付 晓

167	思政引领下的科研促进教学实践
	——以土地管理课程为例
	刘贵利 张远索 周爱华

176	"科技创新驱动"地理学类专业协同育人模式研究
	张景秋 周爱华 逯燕玲

183	协同教学模式下的"教研相长"
	——以地理学研究生学术道德与论文写作课程为例
	张远索 张景秋 谌 丽

191	科研反哺教学在地理信息科学专业的探索与实践
	周爱华 付 晓 孟 斌

199	"科研反哺教学"背景下的 GIS 专业人才培养机制探索与实践
	邹柏贤 逯燕玲 孟 斌

208	科研促进教学在新文科课程创新中的实践探索
	——以档案专业声影北京课程为例
	范冠艳

216	科研促进教学的探索与思考
	李华莹

224 | 科研促进教学在信息资源管理课程教学的实践
　　　| 朱建邦

232 | 新文科背景下计算机通识教育课程体系建设研究与实践
　　　| 常子冠　侯　爽　曹　莹

243 | 试析跨学科知识导入案例教学模式
　　　| 陈喜波

250 | 夯实科学研究基础　促进教学能力提升
　　　| 龚　卉

研究生知识产权实务课程思政的价值引领与路径探索

常 敏[*]

【摘要】 课程思政的建设关系到立德树人根本任务的落实,本文以研究生知识产权实务课程思政的推进为例,分析了知识产权实务课程思政的重要价值,在课程中深入挖掘思想政治教育资源的着力点,并探索了优化知识产权实务课程思政的路径。

【关键词】 知识产权实务;课程思政;价值引领;立德树人

"培养什么人、怎样培养人、为谁培养人"是教育的根本问题。高校作为社会主义法律人才培养的"主阵地",应该以中国特色社会主义法治理论为指导,在教育、传授学生法学专业知识和提高专业技能水平的同时,培养其马克思主义的世界观和人生观,将社会主义核心价值观自然而然地融入法学基本理论和基本知识讲授的全过程。知识产权实务是法律硕士专业选修课,通过本课程的学习,使学生掌握知识产权法的实务操作流程,从知识产权的利用、保护与反垄断问题展开,探讨著作权、商标权、专利权的法律保护,反不正当竞争,知识产权司法保护,软件知识产权保护,数字网络知识产权保护等热点、前沿问题,注重实务分析,对学生能力的培养具有实际操作方面

---

[*] 常敏,女,法学硕士,北京联合大学应用文理学院教授,主要研究方向为民商法、知识产权法。

的指导意义。知识产权实务课程思政的育人目标就是根据人才培养方案，将专业教育与德育教育进行融合，依托课程性质，探索设计专业课程教学和思政教育的双重目标，以案例教学、专题讨论、课堂问答、角色扮演等方式引入专业课程教学中，引导学生关注相关热点问题，通过专业课程的"显性教育"来达到思政课程的"隐性教育"目的。

一、知识产权实务课程思政的价值引领

课程思政建设是一项系统工程，要根据法学学科和知识产权实务课程的特点，找准与思想政治教育的契合处，做好相应的价值引领。围绕价值引领，深入挖掘知识背后的课程思政元素、设计教学方案，开展课程教学改革，理论知识讲授与思政育人同行发力。知识产权法是保护智力活动成果、引导市场竞争行为的法律，在教学中要切实把社会主义核心价值观理念融入课堂教学各环节中，包括倡导法治建设中的使命担当、介绍制度发展中的道路自信、强调尊重知识和崇尚创新的敬畏之心、培养诚信做人及踏实做事的自律意识。

关于使命担当，知识产权法与社会主义核心价值观所倡导的"公正、法治"深度契合，蕴含着利益平衡、公平公正的价值理念，还涉及创新驱动发展战略、知识产权强国建设等热点问题，在课程介绍中结合相关历史背景、发展成就、未来对策的讨论，可以激发学生奋发图强的爱国主义热情、加深对法律职业伦理的认同、承担法治建设使命担当的责任。

关于道路自信，我国知识产权制度建设仅用30余年的时间，就完成了西方发达国家100余年的发展历程，建立了以《专利法》《商标法》《著作权法》《反不正当竞争法》为主导，以《计算机软件保护条例》《信息网络传播权保护条例》《植物新品种保护条例》《集成电路布图设计保护条例》等行政法规为主体，以司法解释和政府规章为补充的较为完整的知识产权制度体系，并根据实践中的问题对主要法律相继完成最新修订，大大提高知识产权保护标准。在知识产权获取方面，我国PCT（专利合作条约）国际专利申请量连续多年位居世界第一，世界知识产权组织发布的《2021年全球创新指数报告》显示，中国的创新能力升至全球第12名。在知识产权保护方面，我国先后在北京、上海、广州和海南设立知识产权法院，并在最高人民法院设立知识产权法庭，知识产权审判的专业化程度逐步提升。《民法典》及《专利法》

《商标法》《著作权法》规定侵犯知识产权的惩罚性赔偿，彰显知识产权严加保护的态势。通过系统讲述我国知识产权事业的发展成效、主要任务以及发展趋势，能够激发学生对我国知识产权制度发展的道路自信。

关于敬畏之心，通过讲述《著作权法》中"思想与表达二分法"，引申出思想虽然不受著作权法保护，但借鉴他人的学术观点应注明来源，要养成尊重知识、尊重他人知识产权、注意学术规范的好习惯；关于学术素养，通过讲授抄袭与剽窃、侵犯他人署名权等知识点，分析系列侵害著作权案，要求学生区分合理引用与抄袭、剽窃的界限等专业性问题。通过讲述《专利法》的侵权行为与制裁，教育学生做人做事不能耍小聪明、要扎扎实实做研究的道理，培养崇尚创新的敬畏之心；通过对不正当竞争行为的分析、评价，潜移默化地教育学生做人做事要行正道。

关于自律意识，知识产权法对智力活动成果的保护，主要通过设置禁止性规定、倡导性规范，规制各类违反诚实信用原则、侵犯知识产权的行为。这些与诚实信用原则相关的规范，不仅为市场主体指明方向，还包含诚信做人和踏实做事的深刻道理。例如，我国《商标法》规定，代理人不得注册和使用被代理人的商标、申请商标注册不得损害他人已有的在先权利、严禁恶意注册等。这不仅表明此类注册商标存在权利瑕疵、最终难逃商标无效的结局，还可引申出做人做事要具有长远眼光，不能总想着走捷径、要讲诚信的道理。通过学术道德问题的讨论，让同学们结合实际开展学术研究、撰写论文的实践，了解学术道德规范，养成尊重他人知识产权的法律和道德意识。

二、知识产权实务课程思政的路径探索

研究生知识产权实务课程既不同于本科生的课堂教学，又不同于偏重理论知识和制度规定的知识产权法课程，它是以学以致用为导向，训练学生的分析具体案件和实际操作能力的课程。因此，本课程的课程思政路径探索是从学生视角审视课程思政改革的价值；从细节入手，从培养研究生良好的人文素养、精益求精的工匠精神、守约诚信的职业道德和创新意识出发，实现将职业伦理操守和道德教育融为一体。首先，通过慕课、线上线下混合式教学，熟练使用雨课堂移动教学客户端，借助"互联网+课程思政"的育人新常态，做好体验与感悟、启发与分享的育德育人。其次，强化学生思政教育的

自我实践,将学生分成小组模拟司法实践场景,培养规则意识、公平正义意识,提供评分表格由各小组相互评价,有时也针对思政热点话题开展辩论等形式,提高学生运用知识产权相关理论知识分析思考和解决实际问题的应变能力。当遇到争议较大的问题时,不兜圈,不回避,把问题掰开、揉碎,以抽丝剥茧的方式逐层剖析,围绕问题与学生展开深入对话交流、思想碰撞,进而化解困惑,实现思想认识的升华。最后,通过开展第二课堂的教学辅助活动,弥补课堂教学中的不足。比如邀请知识产权行业管理专家进课堂,将行业新的资讯、岗位要求变化趋势、实战经验与案例等及时传授给学生,并在条件许可的情况下,安排校外参观实习活动,这对于提高学生的专业认知和引导其职业观具有重要意义,也可以为课程思政添砖加瓦,把知识传授、业务能力培养与职业道德的养成、职业精神的树立结合起来,实现全过程育人、全方位育人。

例如,在课堂教学中,教师运用翻转课堂的方式,布置作业,让学生搜索近五年的专利、商标申请数据以及专利的类别占比,了解商标的品牌价值,引导学生认识到我国目前虽然在专利、商标申请量上连续多年位居世界前列,但我们目前只是申请大国,远没有成为专利强国或者品牌强国,从而唤醒学生为民族复兴而努力的责任感。通过展示习近平总书记在全国网络安全和信息化工作会议上关于"核心技术"的一段讲话,让学生切实体会到只有把核心技术掌握在自己手中,才能真正掌握竞争和发展的主动权,才能从根本上保障国家经济安全、国防安全和其他安全。在讲到知识产权对外转让时,引导学生要坚持总体国家安全观,强调在知识产权对外转让过程中,如果未对涉及国家安全的核心知识产权转让行为进行严格审查,就可能造成重大经济损失,就会对我国自主创新能力和国际竞争优势带来重大负面影响。要求学生充分认识到知识产权已经成为国家发展的战略性资源和国际竞争力的核心要素,成为掌握发展主动权的关键和创新型国家建设的重要支撑,从而培养学生的家国情怀、行业理想和社会责任感。同时,通过选择影视题材进行思政元素融入,让学生课下观看《危机四小时》《墨攻》《砸开美国市场的锁扣》等教学视频,以及电影《我不是药神》、纪录片《国之利器》,并开展小组讨论,最后由小组代表在课堂上发言,使专业知识与思政元素从屏幕走向生活,从法律走向人性,让学生真实地感受到法与情的冲突、契约精神与权利意识的养成、诚实信用与公序良俗的价值、创新精神与维权意识的重要性等。在对电影《我不是药神》中表现的专利权保护与患者生命权的冲突讨论中，部分学生认为药厂研发一款新药需要耗费巨资，如果没有专利期的高价保护，药厂就没有驱动力去研发新药，研发停滞，非但无法治愈疑难杂症，还会影响医药学的进步，进而影响人类的长远利益；另一部分学生则认为药厂只顾逐利，在生命权与专利权相冲突时，应当优先维护生命权，同行药企应该向专利局申请强制许可，增大供给，打破垄断，使得药价降下来。通过讨论，在生生互动中复习了专业知识，体会了思想的交流与碰撞，在争辩、质疑、补充中感受到了学习的乐趣。根据这一题材，教师综合了专利保护、强制许可以及公众利益的平衡等元素，寓教于乐地进行法学和思政课的双重教育，取得了良好的效果。在讲到互联网不正当竞争行为时，教师通过介绍北京互联网法院对全国首例暗刷流量案的审理与裁判，引导学生透过复杂的法律关系看到"刷流量"服务合同既破坏正当的市场竞争秩序，又减损广大网络用户的利益，最终损害的是社会公共利益。司法审判对此类行为的否定态度倡导了法治精神以及对诚信价值准则的弘扬。

三、结语

就法学专业课教育而言，传授知识、培养技能、生成伦理、塑造品格，应丝丝相连、环环紧扣。因此在育人环节全方位渗透思政成分，可以使教师更加关注专业知识传授过程中学生的情感反应，使课堂气氛更活跃，让学生在行为体验与情感体验当中产生共鸣，让知识的传授更有温度。对于学生而言，蕴含思政内涵和人文精神的专业课程，能够激发其学习的主动性，提高其专业素质和综合能力，在知识学习、能力培养与价值引领的统一中让思政教育更有力度。正如苏格拉底所说，"教育的本质不是灌输，而是点燃火花"，如何更巧妙地将课程思政元素融入知识产权法专业课堂（见表1），让专业话语对接思政话语，同时借助课程思政的动力和资源提高课程教学水准，是值得专业课教师长期深入探索与实践的系统工程。我们对课程思政建设的探索将永远在路上。

表1 知识产权法课程的主要思政元素

章节	知识点	思政元素
绪论	知识产权实务概述	知识产权护航创新驱动发展战略
著作权客体	思想与表达二分法	诚信作人，遵守学术规范
著作权的限制	三步检验法	化解纠纷要运用利益平衡的思维
著作权侵权	实质性相似加接触	抵制抄袭，崇尚原创
专利权的客体	发明、实用新型、外观设计	我国技术创新的能力自信
专利侵权	专利等同侵权	踏踏实实做研究，不要小聪明
商标权的取得	商标注册的条件	尊重他人在先权利，不抢注、囤积、长远眼光
商标权的侵权	商标侵权行为	自强自立，没有太多捷径
反不正当竞争	不正当竞争行为	做人做事行正道

参考文献

[1] 杨淑霞. 融入式课程思政的探索与成效：以"知识产权法学"课程为例 [J]. 教育教学论坛，2021，11（44）：15.

[2] 杨祝顺. 知识产权法"课程思政"的价值引领与实施路径 [J]. 教育探索，2022（7）：24.

青年志愿服务助力环境教育[*]

——北京市公园志愿服务机制调查报告

陈思淇　吕　超　吴　梅[**]

【摘要】"没有调查就没有发言权",调查研究是大学生走出课本知识,理论结合实践的重要途径。2023年3月中共中央办公厅印发《关于在全党大兴调查研究的工作方案》,以推动全面建设社会主义现代化国家开好局起好步。本文正是新时代大学生进行调查研究的成果。国家公园环境教育志愿服务是当下自然保护地环境教育功能实现的重要机制,课题组以北京市公园环境教育志愿服务为研究对象进行问卷调查和实地访谈调研,总结环境教育志愿服务发展的经验与方向,将调查的结果与北京公园城市建设发展目标相结合,以期更加科学地提出优化环境教育志愿服务机制的建议。

【关键词】北京市公园;环境教育;志愿服务

---

[*] 本论文为北京联合大学"启明星"大学生科技创新项目"'青园丝带'——青年力量赋能国家公园环境教育机制研究"(20221002)的成果。

[**] 陈思淇,北京联合大学应用文理学院法律系法学专业学生。吕超,北京联合大学应用文理学院法律系法学专业学生。吴梅,法学博士,北京联合大学应用文理学院法律系副教授、硕士生导师,本文通讯作者。

大熊猫国家公园等首批国家公园设立两年以来，国家公园制度确立成为生态环境保护立法建设的重要议题，推进公园环境教育志愿服务机制是国家生态文明发展的必然要求。为了深入研究北京市公园环境教育志愿服务发展，课题组对 8 类 6 级北京市公园的典型样本进行实地调查，采访志愿服务机构，梳理北京公园志愿服务适用制度与执行情况，基于 2022—2023 年调研回收的 874 份"公园环境教育认知和志愿参与度调查问卷"，解析青年志愿服务期待及诉求，对比、借鉴奥运会志愿服务等国内外模式，据此由点到面地为国家公园环境教育志愿服务发展提出可供参考的建议。

一、大兴调查：数据中的志愿服务发展

（一）大学生成为公园环境教育志愿服务主力军

根据"公园环境教育认知和志愿参与度调查问卷"的结果可以得知，被调查者中 92% 为 18~25 岁的在校大学生，而在这 92% 的被调查者中有超过 79% 的在校大学生表示参与过环境教育志愿服务活动，其中绝大部分人参与志愿服务的次数为 1~3 次，仅有 23% 的在校大学生参与过 10 次以上的志愿服务。

（二）公园环境特色影响游览频次

问卷调查结果显示，北京市在校大学生前往公园游玩的频率非常高，本次接受调查的全部人群均去过北京市的市属公园，其中带有人文景观特色的公园更受在校大学生的青睐（见图 1）。

（三）参与积极性影响因素多元化

在关于参与环境教育志愿服务积极性的调查中，发现志愿者参与志愿服务，并且选择持续性参与志愿服务的影响因素是多元化的，其中占比高的因素有时间安排合理、志愿团队氛围好、交通便利等（见图 2）。

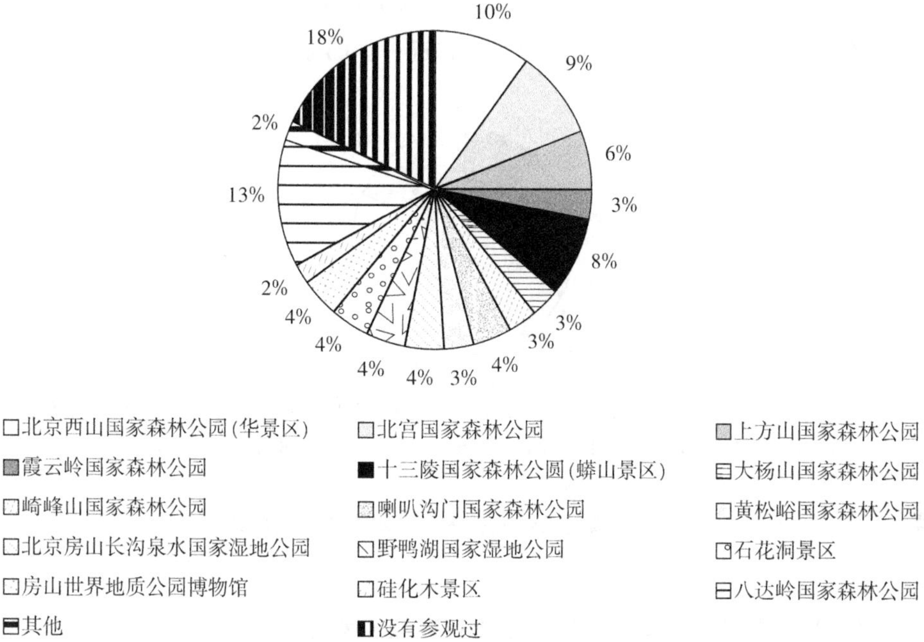

图1 受访者浏览北京市公园的情况

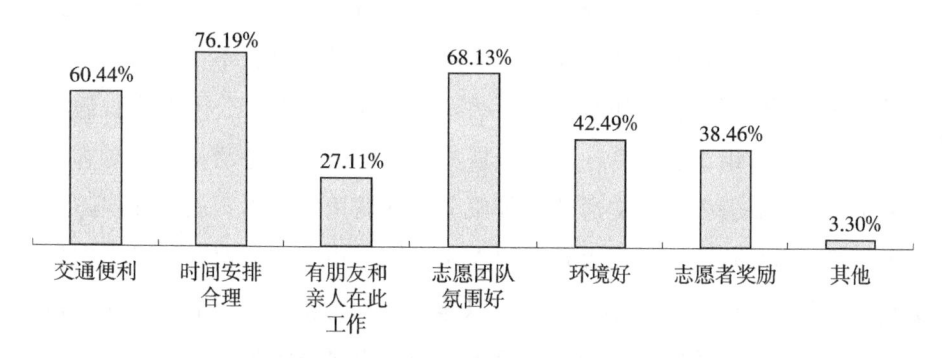

图2 影响选择志愿服务场所的因素

（四）被调查者对环境教育发展期待值高

在针对公园环境教育志愿服务机制的完善建议调查中，被调查者的期待方向主要集中在完善奖励机制，建立信息公开制度、发展社会监督，健全志愿服务培训制度，强化志愿者人身安全保护、明确有关法律法规等方面，各项占比见图3。这也体现出目前公众参与的一个常见问题，北京市的公园环境教育志愿服务虽然已经有所发展，但是其机制尚不成熟，指导和监督志愿服务主体的不确定性令需要解决的现实问题进一步凸显。

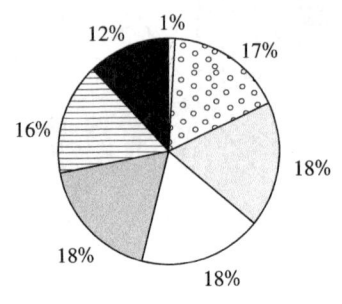

□ 完善奖励机制　　　　□ 建立信息公开制度，发展社会监督　　　□ 完善志愿者权益资金储备
■ 健全志愿服务培训制度　□ 强化志愿者人身安全保护　　　　　　■ 明确有关法律法规
□ 其他

图3　完善公园环境教育志愿服务机制的建议

（五）开展环境教育志愿服务水平存在较大差异

根据实地访谈和调查问卷结果显示，北京市公园开展环境教育志愿服务活动的形式和内容差别较大。相关志愿服务主要针对制止不文明行为、环境解说、环境环保等内容。如八达岭长城等自然景观（类）公园在小长假期间联合地方政府，组织志愿者在景区开展文明旅游志愿服务活动，为游客们提供文明引导、旅游咨询和交通疏导等服务，强调用暖心周到的服务保障景区秩序井然。再如八达岭国家森林公园在防火期结束后，根据开园时间安排环境教育活动，主要针对中小学学生，以体验活动为主。调查显示，除了传统的发放环保手册和环保法律资料宣传页，北京市属公园近年来越发注重利用现代化科技手段开展环境教育及志愿服务宣传，如北京市海淀公园与抖音自然合作，推动环境教育，普及重点环保法律法规知识。

（六）环境教育志愿服务配套设施尚待完善

环境教育的效果与环境教育配套设施及相关志愿服务活动的开展是分不开的。在实地调查中，北京市属公园已经基本配备基础环境教育设施，如环境解说牌、环境警示牌、导向牌、观光平台、步道（或智能步道）等，并为环境教育志愿服务设置了志愿服务岗、亭、小屋以及临时展板等。然而，部分公园的设施存在故障、老化、内容陈旧等问题，难以契合当下环境教育志愿服务的新要求，个别公园的环境教育体验馆、智能宣传设备系统等亟待进行维护与修缮。

二、脚踏实地：现实中的志愿服务发展

（一）供需失衡，缺乏信息交互性

开展环境教育志愿服务是公园发挥生态文明建设意义的重要途径。对于公园管理者而言，优质的志愿者可以为环境教育志愿服务提供专业服务，开展更加专业化的志愿服务，优化环境教育效能。对于志愿者而言，目前北京市公园环境教育志愿服务招募志愿者的渠道有限，志愿者获取志愿活动信息困难，造成环境教育志愿者岗位与潜在志愿者之间供需失衡。

调研中发现志愿服务平台综合性高，针对性、专业性不强。环境教育活动较少，形式内容单一，多为环境保护捡拾垃圾等传统活动，既不能满足环境教育发展新态势，又不能进一步促进青年大学生的创新精神。在调查期间的环境教育志愿服务活动招聘过程中，侧重推广，不区分专业；在任务分配上，多是给志愿者随机分配岗位，难以兼顾志愿者的意向、能力和素质；在岗前培训中，志愿服务组织方提供的培训内容较为基础，不足以发挥环境教育的"双向作用"。

（二）形式单一，缺乏教育科学性

无论是对自然公园或者综合公园的实地考察，还是对志愿机构的深度访谈，调查中都提出了当下北京市环境教育志愿服务活动的开展形式较为单一的问题，游览向导、秩序维护等服务不能够完全满足志愿者提升工作技能、增长科学见识、实现自我价值等需求。实际上，市民参与内容形式丰富、环境科学性强的公园环境教育活动的机会不多，更导致市民参与程度不高。由此可见，北京市已经开展的公园环境教育志愿服务活动，志愿服务辐射面窄，服务形式较为传统，环境教育效果不佳的问题依旧普遍存在。

(三) 权责模糊，缺乏管理法定性

法治是公园环境教育建设事业长远发展的基础和保障，环境教育志愿服务是提高公民环境保护意识的重要辅助手段，完善的法律法规对推动环境教育的开展起到重要指引作用。目前，北京市公园环境教育志愿服务在法律保障层面，对志愿者在志愿服务中的权利与责任的规制仍有不足。在管理体系方面，公园城市环境教育志愿服务的开展缺乏科学、系统的管理，志愿者的权益存在从目标设定到制度保障以及具体实施之间的落差，部分机构对志愿者的饮食、服装、志愿时长等存在保障不足的现象。在激励机制方面的不足，则蕴藏着更大的危机，现有的志愿服务激励机制不仅不利于充分调动志愿者参与环境教育志愿服务，也会导致志愿服务社会目标理解与实现的变形。在责任与救济方面，志愿机构未明确规定志愿者在服务过程中的免责与担责情形，对志愿者如何运用法律手段维护自己的合法权益也缺乏必要的指引。

三、擘肌分理：挑战中的问题源头探索

(一) 信息渠道堵塞，志愿服务参与难

调查数据显示，北京市公园环境教育志愿服务在志愿者招募信息的发布等方面的问题较为突出，公园与潜在志愿者间存在信息壁垒。一方面，部分大学生愿意参加志愿服务，由于信息来源渠道堵塞，他们无法获取有效的招募信息，导致其参与难；另一方面，社团组织在环境教育及志愿服务中的作用存在局限性，引领功能有待进一步发挥。公园管理方有招募大学生志愿者的意愿，但目前很少有城市公园与高校、研究机构、社会志愿团体形成长期合作机制，北京各高校之间亦缺少合作沟通的平台，导致大学生参与志愿服务的计划很难持续推进。各方主体关系没有理顺，环境教育志愿服务供需不平衡，社会对环境教育志愿服务的态度表现为临时性的期待，可持续发展性的组织结构综合阻滞因素较强。

(二) 宣传方式传统，环境教育认知低

调查中发现，北京市公园环境教育志愿服务的宣传方式较为传统，这与

不断发展的虚拟智能设施的公园硬件是不相匹配的。部分公园宣传倡议停留在网站，甚至是园区内展示板，部分公园虽在官网、公众号等发布信息，但是内容不够详细，更新也不够及时。更多的情况仍是需要通过电话或现场咨询才能获得。在实践中，也存在忽视对老年人的环境教育倡导，过度重视智能化宣教方式等情形。这也阻碍了公众环境教育志愿服务的认知度的提高。被调查者普遍期待一个更符合年轻人信息交流期待的多元信息发布平台，以便对环境教育志愿服务进行更广泛和及时的宣传。

调查结论显示，有些公园通过网站或开设短视频平台等多方位信息渠道，提高了宣传力度，提升了公众环境保护意识，加强了公众自觉监督环境违法行为的意愿。特别是部分公园管理机构利用社交媒体开发周边文旅产品和制作环境保护宣传指南手册，在潜移默化中使公众认识到公园环境承载的重要价值，提高人们对保护环境的认知，重视自然生态环境，培养生态情感，为环境教育志愿服务的开展提供了更多内容层面的支撑。

（三）服务形式传统，志愿者专业性低

前述环境教育志愿服务形式单一、内容重复、环境教育效果不显著等问题，其根本原因在于志愿服务组织者对公园内志愿服务持有刻板印象，即分发传单、科普讲解、游览向导等成为志愿者的典型形象。由于公园对志愿者分配任务时不了解志愿者的特长，一般不会根据志愿者的专业偏向进行区分，再加上专业化培训需要时间和经济成本，现有公园志愿服务基本回避专业岗位，也是导致服务形式的发展较为保守的主要原因。公园的管理者对环境教育志愿服务形式与内容的认识，宜适应时代的新发展、社会的新需求，发挥引导志愿者、指导志愿团队的重要作用。对志愿者的岗前培训也不能限于基础性知识，而应提供更具专业性、科学性的培训，以此进一步提高志愿者参与志愿服务的获得感与成就感。

（四）资金短缺，供应机制不健全

资金是环境教育开展的强有力保障。现有的全国性环境教育制度和地方性法规对资金保障规范不够具体明确，在涉及环境教育的规定中，仅要求政府应当将其纳入财政预算，或对其资金经费予以支持保障。实践调研中发现，当下资金有无和多少缺乏统一性和稳定性的指导。由于环境教育成效慢、志愿服务社会效益显效慢等特点，经费支持与保障容易被忽视，作为长远期项目的环境教育往往存在"靠边站"的情况，这无疑变相阻碍了环境教育志愿服务的发展。社会力量资金介入渠道与投入使用机制等未获得法律授权，公园机构或社会团体申请经费支持存在无法可依的情形，环境教育经费现阶段仍高度依赖于地方政府财政，这也成为环境教育发展的制约因素。

四、结论与展望

2021年，生态环境部等六部门发布《"美丽中国，我是行动者"提升公民生态文明意识行动计划（2021—2025年）》，该文件明确了公众生态文明意识教育对于"美丽中国"建设与环境保护的重要作用。2022年，党的二十大报告明确指出中国式现代化是人与自然和谐共生的现代化，我们要像保护眼睛一样保护自然和生态环境，报告还对志愿服务作出了部署规划，要求完善志愿服务制度和工作体系。公园拥有良好的生态资源，是为公众提供优良环境教育的最优选择。环境教育可以培养公众的生态情感，促进生态环境持续向好发展。志愿服务是推动环境教育发展的直接手段，是实现环境教育的重要途径，是推动生态文明建设永续发展的不竭动力，对扎实推进"大美中国"至关重要。

随着国家公园建设的发展，公众对参与环境教育志愿服务的认知度和积极性越来越高，志愿服务将在对公民进行环境教育、打造生态文明社会中发挥越来越重要的作用。青年志愿服务群体具有持续性强、创新性高、社会责任感强等特点，是环境教育志愿服务的先锋队和主力军，具有一定专业素养的大学生是志愿服务发展不可忽视的一片蓝海。大学生参与志愿服务这种模式已经取得了长足发展，但在其发展机制运行的过程中还存在诸多问题尚待解决，这些问题影响着大学生的参与意愿和服务质量。通过对数据的分析发现，北京市公园环境教育志愿服务的发展离不开正确新颖的宣传方式、创新丰富的志愿服务形式、便捷固定的招募平台等。研究面向大学生的环境教育志愿服务机制，深入北京八类六级城市公园环境教育志愿机制的调研，总结其供需、监管等各角度的挑战与期待，将为国家公园环境教育志愿服务机制的建立与优化总结宝贵的经验。

参考文献

[1] 朱万里，潘志新，孟龙飞. 公众参与视角下我国国家公园志愿者服务体系构建探讨：以海南热带雨林国家公园为例 [J]. 林业资源管理，2022（5）：15-23.

[2] 詹晨，李丽娟，张玉钧. 美国国家公园志愿服务管理经验及其对我国的启示 [J]. 世界林业研究，2020，33（4）：105-111.

[3] 郑志彬. 治理现代化背景下奥运志愿服务的发展模式研究 [J]. 体育与科学，2021，42（4）：84-90.

[4] 尚晓丽，等. 城市湿地公园环境教育资源评价 [J]. 中南林业科技大学学报，2020，40（12）：169-178.

[5] 孙莎，等. 中国国家公园环境教育的系统建设：背景、困境与展望 [J]. 南京工业大学学报（社会科学版），2020，19（3）：58-65.

[6] 刘静佳. 国家公园环境教育动力机制研究 [M]. 北京：中国旅游出版社，2021.

数字时代的新法科教育转型[*]

——以企业法务实训课程教学改革为中心

郭娅丽　张晓薇[**]

【摘要】 数字时代,法律职业需求发生了较大变化,传统法学教育应发挥其固有优势:法学理论知识及其内在的价值体系是数字时代知识交叉融合的基础,人的心性、情感、意志、伦理要素决定了对数字技术的最终控制权。新法科教育因应数字时代要求进行变革,以企业法务实训课程为例,首先,要更新教育理念:由侧重裁判式法学向侧重预防式法学转变;从法学单一学科向以法学为中心的多学科交叉融合转变。其次,教师主导推动教学内容方法的变革:一是加强法律检索应用训练提升数字能力,二是通过团队协作完成任务提升沟通能力。

【关键词】 数字时代;法学教育;新法科;转型

2022年12月,智能交互对话模型ChatGPT的诞生,引发了人们的强烈关注,我们已然感受到数字时代法律职业的诸多变化,接下来更深层次的技术

---

[*] 本文是北京联合大学2022年度教育教学研究与改革项目"现代企业运行法律实务应用型课程建设研究与实践"(项目编号:JJ2022Y001)研究成果。

[**] 郭娅丽,法学博士,北京联合大学教授,研究方向为民商法、经济法。张晓薇,北京联合大学2022级法律硕士研究生。

变革是否会对法律职业产生颠覆性的替代？法律职业的变化对法学教育提出了哪些要求？以 2017 年美国希拉姆学院率先提出"新文科"概念为肇始，2018 年中共中央、国务院办公厅联合下发的文件提出了"优化学科专业结构，发展新工科、新医科、新农科、新文科"，2020 年 11 月 3 日教育部新文科建设工作组主办会议发布了《新文科建设宣言》，新法科建设成为法学教育热议的话题。因应数字时代法律职业的需求，推动法学教育与数字技术的融合发展，是高校法学教育教学改革面临的重要课题，本文拟以企业法务实训课程为主展开分析。

一、数字时代的法律职业与法学教育

（一）人工智能在司法中的应用

以法院系统为例，自 2013 年 7 月浙江省高院首推网络司法拍卖试点开始，云法庭、互联网法院等数字时代在司法领域的适用逐步扩展，法院从立案、受理、审查、开庭、文书送达的整个案件流程，将不同环节的要素用代码输入，依靠模块化的案件审理系统，只要点击鼠标即可在线完成全部流程。司法实践中，法院进一步梳理类型化案件特点，充分利用数字时代大数据，提炼案件的审理要素，制作要素表、文书等，批量审理案件，凸显出便捷性。如北京市朝阳区法院李某团队有团队结案的"三大法宝"：模板库、再集约和信息化。第一大法宝"模板库"，主要分为两类：一类是"要素表"，按照不同案由，分别制作了四个表格，为要素式审判及要素式文书制作奠定基础；另一类是"文书模板"，其中涵盖了常见的速裁案件类型。第二大法宝"再集约"，是指对批量案件中的共性及事务性工作进行了剥离，由强大的事务辅助团队完成批量案件的送达工作，分工合作，专人负责。第三大法宝是"信息化"，是指充分利用各类信息化技术，利用电子送达方式，同时使用手机端"案件空间"小程序、互联网诉讼平台和审判系统等最新开发的应用软件来办理案件，通过移动办公利用碎片化时间不断提升工作效率。2022 年诞生的 ChatGPT 进一步拓宽了人工智能的适用范围，除了可以协助用户进行法律检索和法律文本处理，还可以辅助司法机关进行裁判。例如，2023 年 1 月 30 日，美国哥伦比亚法院就借助 ChatGPT 来审理案件，作出了判决，标志着

ChatGPT 首次助力司法审判。

（二）人工智能在法学教育中的应用

第一，学生轻松获取海量信息。相比于过去的信息资料匮乏，学生通过数据库可以查到海量的资料。在名词解释、简答等作业时，除了可以在搜索引擎上查找答案，还可以通过 ChatGPT 进行理论分析，完成课程小论文、毕业论文等，可以检索中国知网、国外网站等，轻松获取相关资料，然后对这些资料进行思考，借助 ChatGPT 的交互问答功能，来论证分析自己的选题方向和文章脉络，从而进行清晰的观点表达。

第二，在线合作交流共享便捷。新冠疫情时为了避免病毒近距离传播，停课不停学，全国各地学校普遍适用在线教学模式，数字时代以惊人的速度和效率作出了无法估计的贡献。企业微信、腾讯视频、zoom、钉钉、云课堂等平台的推广应用，习惯于三尺讲台的主讲教师适应科技发展的趋势，变身"主播"直播教学，分处全国各地的学生同时使用几个平台，一边听课，一边提问互动交流，史无前例的千人、万人同上一堂课，在线合作交流的生动课堂不计其数。

第三，教师教学方式革新化。不同于传统的单向输出模式，生成式数字时代的发展使教学朝着对话式的方向迈进。以企业法务实训课程为例，课程内容设计遵循企业的生命周期理论，主要包含六个模块——企业注册模块、合同审核模块、合同谈判模块、法务管理模块、合规法务模块、清算破产法务模块，采用场景模拟等教学模式，创设"做中学，学中做，做中创"的学习情境，鼓励学生就企业运行中所涉及的问题进行多样化、个性化探讨，通过师生交流互动来培养学生的问题意识，激发学生的学习兴趣，帮助他们自主建构知识体系，促进他们应用能力和创新素养的提升。

第四，教师教学平台多样化。借助数字时代，国家、学校建设了多个教学平台，比如全国慕课平台、爱课堂、全球名校在线开放讲堂、企业微信、腾讯会议等，学生主动获取单纯孤立的知识非常容易。

二、传统法学教育面临数字时代的优势

当今人工智能科学技术的发展，可谓是一种破坏性创新，典型表现在对

于机械性简单重复的劳动，均可以通过代码进行标准化，以其流程化、规范性、不知疲倦等无可比拟的优势，完胜任何人工劳动。但是，传统法学教育在数字化时代依然有其固有的优势需要加以继承和发扬。

第一，法学理论知识及其内在的价值体系是数字时代知识交叉融合的基础。

法学是一门有着严密内在逻辑体系的学科，我国法律体系主要是在沿袭大陆法系基础上，借鉴英美法系而形成一套法学理论知识体系，法律所蕴藏的秩序、正义、公平等价值理念蕴含其中。进入数字时代，生活空间从物理空间向虚拟空间变化，人格属性从传统的自然人向数字人转化，人与物的关系从重视所有向重视利用变化，甚至导致所有权概念走向终结，人工智能突破了工具属性参与甚至替代人类决策，由此数据信息和算法成为数字时代的秩序构建力量，成为正义价值的主导者。无论如何，以技术为核心的流程化、编码化运行结果，缺少了人的心性、灵性和伦理，依然是冷冰冰的数据，过度依赖数字技术，可能忽略了更基础的正当性问题，偏离了人类对法律价值的追求。

以企业法务实训课程为例，在企业清算破产模块部分，作为实践课程，侧重点在于了解掌握破产案件的整个流程，但是实务操作应理解破产法的理念、原则，对破产文化的认同，这是案件操作的知识和理念基础。具体阐释包括六个方面：知识——领会我国破产法律制度的基本内涵，熟练掌握现行企业破产法规定的破产界限、破产主体等相关法律知识。应用——对我国当前建立破产文化形成理性认识基础上，自觉认同、宣传破产文化，引导市场主体运用破产制度实现挽救目的。整合——阅读课前预习资料（背景资料、立法资料、案例资料），获得感性认识，整合既有知识，形成对破产问题的基本认知。价值——课中讲授（政策梳理、案例讨论、文化脉络）与互动讨论，课后团队合作完成典型个案与类案整理，理解建立破产文化的时代价值。情感——破产蕴含着临终关怀、诚信文化、拯救文化、宽容文化，认同从感性到理性认识的同理心，内化成为个人的法律道德情感。学习——学习我国企业法律制度中蕴含的诚信文化，思考坚守传统文化基础上，发展符合社会主义市场经济的破产文化。又如破产重整程序中，往往涉及债权人人数众多，在进行债权人分组时，除了立法所规定的担保债权组、劳动债权组、税收债权、普通债权，涉及股东权益调整的要设立股权组，根据情况可能还要设立小额债权组等，其中的利益平衡非常复杂。利用网络平台召开大型债权人会议表决是数字技术提供的便利，但是如何分组则需要理解破产法的基本理念，才能针对性解决该企业的现实问题。

第二，人的心性、情感、意志、伦理要素决定了对数字技术的最终控制权。

数字技术在大学教育教学中的广泛适用，解决了单纯的知识传授问题，但是，大学教学目标包含着知识、应用、整合、价值、情感、学习等丰富内容。大学是师生之间、同龄人之间情感交流、思想火花碰撞的平台。就法学教育教学而言，数字技术提供了标准化的答案，而现实社会生活并非千篇一律的模板，每一案件中所蕴含的情感因素更是千人千面，通过法学教育教学，要培育学生独立思考的精神，使他们去审慎考察案件的来龙去脉，以敬畏规则、敬畏生命的同理心作出慎重的判决。比如在近年纠正的刑事错案中，或者"亡者归来"，或者"真凶落网"，都反映出裁判者未曾信守"疑罪从无"原则。以张玉环案件为例，背负故意杀人罪名26载，53岁的他终于等来了无罪判决。自1993年10月27日失去自由起，张玉环被错误羁押9778天，刷新了冤狱羁押和冤案纠正的时间纪录。在法律上仅仅是一个错案，而对张玉环本人而言，一个人的黄金年龄全部在狱中度过，改变了他整个人生，也改变了整个家庭的命运。正如北京市人民检察院员额检察官刘哲所称："你办的不是案子，而是别人的人生。"个案中所透射的刑事诉讼坚持"疑罪从无"原则，需要我们从历史的维度、法律的发展进步、个体的权利诉求、人类情感等多个层面去思考，深化对法律公平正义价值理念的理解，使之成为学生的一种思维习惯和行动逻辑。如何做阳光有温度的法律人，是数字时代所进行的法律逻辑推演无法解决的问题。

数字时代表现为抽取共性，以代码将共性的要素标准化，而法学教育面对的是一个个具有情感、意志的独立个体，各种形式的网课提供的是标准化产品，学生需要按照学习程度、兴趣从中筛选适合自身的课程、学习方法，这是一个分析研究的过程，教师的作用在于根据每个学生的学习程度、学习兴趣、个性特征，帮助学生找到适合的方法，并对重点问题有所侧重加以指导。当面对一个具体的案件或者一个具体企业时，法科生才会回归法理基础、政策考量、权利平衡等，依赖人的心性、情感、意志、伦理要素决定对数字技术的最终控制权。

三、新法科教育因应数字时代的实践变革

《麦考利特报告》指出，十个基本法律职业技能包括解决问题、法律分析、法律检索、事实调查、交流、咨询、谈判、起诉和其他纠纷解决程序、法律事务的组织与管理、确认并解决道德困境，数字时代拥有这些全部技能，要求教育者从以下两方面着手。

（一）新法科背景下教育理念的更新

现代市场经济的发展，特别是企业成为社会经济结构的基本单元之后，法律职业的需求发生了巨大的变化，亟待法学教育理念至少在以下两个方面更新。

第一，由侧重裁判式法学向侧重预防式法学转变。

改革开放四十多年来，我国一直坚持裁判式法学教育模式，即使在十多年前，教育部、中央政法委的卓越法律人才培养计划[1]中提出分类培养卓越法律人才计划，以及最新的教育部专业目录介绍[2]中均明确指出，法学专业的培养目标定位为"能在国家机关、企事业单位和社会团体，特别是能在国家立法机关、审判机关、检察机关、司法行政机关、仲裁机构、法律顾问机构和涉外活动从事法律工作的应用性、复合型高级专门人才"，这里的"特别是"表述显然有所侧重，一直没有突破司法法务的框架，因而在具体课程设置上更多以诉讼为中心展开，着眼点在于事后的救济。但是，从现代社会需求看，随着我国社会主义市场经济的发展，国家高度重视法治建设，鼓励全民创业，万众创新，"企业"概念超越"商人"进入商法的视野。企业作为市场经济的基本单元，其日常的市场交易需要遵守法律规则，企业法务应运而生，由此也带来了法律职业的较大变化。企业法务的侧重点不再是发生争议之后的诉讼救济，而是关口前移，事前防控风险，其主要从事的是非诉讼业务，诉

---

[1] 2011年12月，教育部、中央政法委颁布了《关于实施卓越法律人才教育培养计划的若干意见》。

[2] 2024年教育部公布了最新《普通高等学校本科专业目录（2024）》。

讼业务在其次。因此，法学教育的培养目标也应作出相应的变革：由侧重裁判式向侧重预防式转变。

第二，从法学单一学科向以法学为中心的多学科交叉融合转变。

长期以来，法学教育体系比较单一，法学专业课程设置受制于学分，加上教学资源、师资力量等限制，修满法学专业课程即可满足毕业学分要求。但是，从职业需求的知识结构来看，培养的学生极有可能除了法学，没有其他专业知识的储备。"法律的生命在于经验，而不是逻辑"，数字时代法科生进入职场后，由于缺乏丰富的社会实践，如果只会基于简便的算法技术，进行简单的逻辑推演，可能得出违背常理的结论。仍以企业法务实训课程"合规法务模块"为例，合规管理体系构建既存在通用部分，更有对不同企业的专用部分。对于通用部分，合规管理机制、合规文化、合规培训等，不仅要有法律知识，更需要熟悉企业管理基本理论，掌握各职能部门的主要职责；对于专用部分，如企业主要业务，由于行业不同，业务差别较大，监管要求不同，风险点迥异。对法科生而言，努力构建以法学知识为核心的交叉融合的多学科知识体系非常重要，法学教育必须因应职业需求，为学生储备相关学科知识打好基础。

（二）教师主导推动教学内容方法的变革

有人说，数字时代，一切皆可量化。笔者认为，数字时代可以将知识传授定型化，但无法对特定学生的情感完全量化。高校教师的工作是否投入精力或者投入了多少精力，既无法根据教师的工作表象来判断来，也无法根据教师的工作结果来判断，因为教师的工作对象是学生，而学生受教育的效果往往要等很多年后才能逐步显现，正所谓"十年树木，百年树人"。因此，教师职业本质上是一种依靠良知的职业，需要唤起教师对教育的情怀，以及自身的职业荣誉感。对于法学教育而言，教师实质推动教学内容方法的变革，尤其重要。

第一，通过加强法律检索应用训练提升数字能力。

新法科建设基本特征是法学教育要与其他学科交叉复合，跨专业、跨领域、跨行业交融发展，目前许多高校法学专业因应数字时代的发展，开设了数据法学、数字法学、网络法学等课程，其目的在于提升学生的数字能力。

对于不具备这些条件的高校而言,教师在教学中实质性融入关于法律检索方面的课程,是身体力行推动法学教学内容方法改革的举措。仍以企业法务实训课程为例,"企业注册法务模块""合同审核模块""企业合规法务"三个模块,均要求学生具备较强的检索能力。如企业注册模块,要求学生检索该企业注册过程中可能遇到的诉讼风险,需要利用法律数据库快速检索案例,并进行整理归纳;合同审核模块,要求学生首先要起草合同,查找"合同范本"。学生通常会通过百度查找生搬硬套。实际上,合同示范文本有多个途径查找,且需要根据设立的公司自身的业务等个性特征来设计合同条款;企业合规模块,学生要识别、检索相关的法律、法规等规范性文件,在此基础上,判断该企业是否合规及其进行合规风险提示等。这些均需要教师进行个性化指导,在既有法学原理型知识的基础上,通过法律检索,指导研究检索的资料,实质性建立课堂教学与科研实践之间的衔接,完成确定的任务目标。2020年7月27日,最高人民法院发布《关于统一法律适用加强类案检索的指导意见(试行)》,并在司法实践中加以推行,律师、企业法务等也通过中国裁判文书网检索类案,提示相关法律风险,法律检索已成为法律职业共同体必备的技能,法学教学中对学生进行法律检索方面的训练,将为其未来从事法律职业奠定良好的基础。

第二,通过团队协作完成任务提升沟通能力。

北京大学教授秦春华曾指出:学校不是政府,学校不是企业,学校不是医院。这一观点揭示了高校是强调平等交流、互相尊重的平台,是依靠内在激励、追求良善的平台,也是每个学生不断挖掘潜力发展自身的平台。在企业法务实训课中,六个模块基本上均需以团队协作方式来完成,在指导过程中经常会发现有些团队在合作过程中出现问题。比如,原则上自愿组成团队,但个别学生被排除在外,还有的组中个别学生无法融入团队完成合作等。

在这个过程中,从三个方面做好指导:第一,了解学生个体的情况,完成个性情感的交流培育,协调适合学生完成的工作,加强团队内的分工合作;第二,要做好组长的督促指导工作,组长对团队项目的质量把控有重要作用,因此要加强个别沟通;第三,有意识地调动中等同学的积极性,提高其参与度,鼓励其做到最好。随着社会分工的细化,个体的学识、精力都极其有限,在未来的法律职业中,如公司上市业务、合规法务、企业破产清算业务等均需要团队合作完成。在大学学习生活中，教师言传身教，引导学生之间求同存异，相互支持，情感抚慰，互相激励，加强彼此欣赏，彼此认同，是团队合作的基础，团队合作有利于克服可能存在的经验缺乏和认知偏差，实现法律职业共同体的工作质量提升。数字时代人与人的情感交流是人工智能无法替代的，诚如上所述，法科生与心理学、管理学等方面的成员形成团队，可以取长补短，融会贯通，更好地提高工作质量和效率。

四、结论

新法科教育是一种带有情感的理性规则教育，是以法学专业为核心、交叉融合多个学科的教育，数字时代可以将诸多具象通过算法技术高度抽象量化，但如果依靠缺少人的灵性、情感、伦理价值的算法规则演绎得出结论，可能缺少了某种正当性。因此，数字时代的新法科教育，既要充分发挥算法定量分析的优势，又要坚持人始终是算法技术的控制者，不是技术的附庸，必须警惕单纯依赖算法的机械决策。人才市场需求使得法律职业突破了原来的技能门槛和专业范围，因应数字时代的要求，法学教育也将随之不断地发生迭代变革。

参考文献

[1] 何方. 双十佳丨李巧霞：团队结案的"三大法宝"[EB/OL].（2020-08-06）[2023-05-03]. https://m.thepaper.cn/baijiahao_8612518.

[2] 马长山. 数字法学教育的迭代变革[J]. 中国人民大学学报，2022，36（6）：35-46.

[3] 刘哲. 张玉环案平反为何花了26年？司法官反思冤案"隔代纠正"现象[EB/OL].（2020-08-09）[2023-05-03]. https://www.infzm.com/contents/189368.

[4] 王宗正. 企业法务：从入门到精通[M]. 北京：法律出版社，2020.

[5] 危红波. 数字社会的法学教育因应：基于新文科建设视角的理论考察[J]. 华东政法大学学报，2022，25（3）：169-176.

[6] 秦春华. 北大院长：教育系统的奇葩逻辑[EB/OL].（2023-03-17）[2023-05-03]. https://www.sohu.com/a/655239589_629818.

OBE 理念指导下刑事诉讼法学课程实践教学改革研究[*]

李晓丽[**]

【摘要】 我国当前刑事诉讼法学实践教学在教学设计、教学实施和教学效果评价方面存在重记忆轻思维、以教师为中心、考核方式单一等问题，不能实现培养高素质、强能力法治人才的目标。基于成果导向（OBE）教学理念，参考布卢姆分类理论重构刑事诉讼法学实践教学目标，"以学生为中心"对课程设计进行改革，充分发挥学术科研对学生专业思维培养与问题解决能力提升的促进作用，并创设"分阶段渐进交互式考核评价体系"。

【关键词】 OBE 理念；实践教学；以学生为中心；学术科研促进

2018 年教育部发布《法学本科专业教学质量国家标准》中提到法学类专业人才培养要坚持立德树人、德法兼修，适应建设中国特色社会主义法治体系，建设社会主义法治国家的实际需要。2023 年 2 月，中共中央办公厅、国务院办公厅印发的《关于加强新时代法学教育和法学理论研究的意见》指出法学教育和法学理论研究承担着为法治中国建设培养高素质法治人才、提供

---

[*] 本文为北京联合大学 2021 年教学创新课程建设项目"刑事诉讼法学"阶段性研究成果。
[**] 李晓丽，法学博士，北京联合大学应用文理学院法律系讲师，研究方向为刑事诉讼法学。

科学理论支撑的光荣使命。法学教育的核心，在于培养学生对于我国主要的实体法、程序法具备全面的知识，以及进行法律解释与适用的能力。① 刑事诉讼法学课程的教学目标作为我国法学专业教育和法学人才培养目标下的一个子目标，应当培养刑事诉讼法学基本理论和相关实践技能兼备的人才。刑事诉讼法学作为一门理论性和实践性都非常强的学科，不仅要使学生充分理解刑事诉讼法学的理论知识，更需要进行实践教学，使学生掌握基本的法律职业技能，熟练掌握解决实际司法问题的能力，使其成为新时代"德法兼修"的卓越法治人才。

一、问题的提出

现阶段，我国高校刑事诉讼法学教学仍没有逃脱整个法学教育"重记忆，轻思维；重理论，轻实践"的传统。刑事诉讼法学课程实践教学在教学设计与教学实施等方面都存在一定缺陷，导致学生未能深入理解法学专业理论与法律法规，对相关司法职业技能的掌握不足，完成学业后学生的法律服务能力与创新能力无法满足国家对复合型、应用型、创新型法治人才的需求。

（一）传统刑事诉讼法学教学设计的缺陷

1. 重记忆，轻思维

传统刑事诉讼法学教学长期受"应试教育"的影响，形成了"重记忆，轻思维"的灌输式教学。只有约 1/5 的学生养成了自学的习惯，能够主动预习和复习。② 此种教学方式注重概念与法条的机械记忆与生硬模拟，使学生处于被动应对的状态，剥夺其自学能力与独立思考的能力。忽略法学专业思维培养、忽视学生批判性思维能力与创造力的培养。法科生入学就围绕宪法学、法理学等十几门专业课的学分、分数与绩点等数字和各种英语水平能力考试、法律职业资格考试、注册会计师考试、专利代理师资格考试与教师资格考试等一系列证书而努力。法科生面临就业时也会需要成绩单，需要各种证书，

---

① 葛云松. 法学教育的理想 [J]. 中外法学，2014 (2)：285-318.
② 杨锦芳，冯裕德. 地方高校法学专业实践教学变革探索：以刑事诉讼法学实践教学为例 [J]. 继续教育研究，2020 (5)：94-98.

有些用人单位还要求"高分"通过法律职业资格考试。在此教育背景和职业前景下，学生只想背法条、刷题目、考高分，很难对法学理论知识有深入的专业理解，更勿论掌握分析和解决实际司法问题的能力。

2. 教学关系以教师为中心

在传统的教学关系中，老师是教学过程的主导者，拥有决定教什么与怎么教的决定权。学生是教学过程的被动接受者，不具有主动寻求知识与批判性思考的环境和能力。教学资源，以"教师友好型教材"为代表，也偏重于方便教师的教学，而不关注学生独立阅读教材获取知识的难易程度，也不注重促进学生主动学习与思考。另外，教学活动以教师为中心，也忽略了师生互动与生生互动。师生互动方面主要问题出现在课堂提问环节。一般由教师发问，得到的却是学生的"集体沉默"。生生互动方面主要问题出现在小组合作式完成任务时。教师布置小组作业后，学生小组内部能拖就拖，没有人愿意组织有序完成任务，往往临近截止日期才开始准备。即便小组内部已经分工明确，学生也只是注重分工负责，而不考虑相互合作。更有甚者，直接"搭便车"希望蒙混过关，而团队其他学生碍于情面，也希望按照要求完成任务，只能替其完成相应的任务。在此情况下完成作业的效果往往不尽如人意，只是各个部分机械的叠加，而不是有机结合的整体。

3. 课程考核评价方式单一

刑事诉讼法学教学评价的重心应当是学生学习的结果。但现有对学生学习结果的考核方式较为单一，不能促进学生主动参与学习，也不能对学生学习效果进行有效评估。对学生学习效果的评价，原有考核方式要么以学习阶段结束时的一次性考试成绩作为考核的结果，要么以平时成绩和期末成绩按照一定比例加权所得。不管是哪种考核方式，都注重学期末的一次性考试，对过程的评价重视程度不够。即便存在对课程学习过程性的考核，其构成也仅以出勤状况和平时上交的书面作业为主，并且平时作业内容的质量并不会对过程性考核的成绩产生较大的影响。

(二) 刑事诉讼法学实践教学实施条件不足

刑事诉讼法学实践教学条件欠缺，导致学生不能从实践教学中锻炼解决实际司法问题的能力。刑事诉讼法学实践教学的专业性教材不足，刑事诉讼法学课时有限致使实践教学形式化严重，此条件下的毕业生进入相关司法职业必然缺乏基本的法律适用能力与问题解决能力。

1. 刑事诉讼法学实践教学的专业性教材不足

针对模拟法庭、法学诊所、法律谈判等有一定量的专门教材，但是对于法律专业实习、法律辩论的指导教材数量较少。虽然关于刑事诉讼法学实践教学的专业性教材也在不断出版，质量也不断提升，但教师在进行实践教学的过程中比较少选用相关的实践教学教材。一方面，实践教学教材仍然没有摆脱一般教材"重理论，轻实践"的教材编写程式，教材中关于法律实践能力培养的具体操作内容可实践性较弱。法学教材的编写是根据教学目的和教学任务[1]，以教师教学为中心，而忽略教育的主体是学生的学习，现有教材的编写方式也更适合教师教学使用，学生阅读起来晦涩难懂。另一方面，因为该课程的授课教师一般都有一定司法实务实践经验，教师更愿意将自己通过司法实践获得的经验传授给学生，但此方法缺乏对该门课程进行系统的准备与研究。[2]

2. 现有刑事诉讼法学课时有限

刑事诉讼法学教学内容复杂庞大，现有的课时安排有限，无法满足实践教学的需求，导致本就有限的实践教学形式化严重。现有刑事诉讼法学本科与研究生课程大多为48个学时，若系统地、完整地讲述刑事诉讼法学的法学体系是远远不够的，更何况还需进行实践教学。因此大部分老师和同学安于"老师要求做什么就做什么，老师课堂上讲什么就学什么"[3]。实践教学本就不被重视，课时的限制更让其难以发挥应有的作用。例如，现有案例教学模

---

[1] 阚明旗. 法学教材编写存在的问题与对策 [J]. 司法警官职业教育研究, 2020 (1)：75-81.
[2] 刘蕾. 法学实践教学改革与卓越法律人才培养 [J]. 教育评论, 2013 (2)：99-101.
[3] 贾建平. 基于OBE教育理念的法学课程改革实践与探索 [J]. 长春师范大学学报, 2022 (4)：137-143.

式，一方面，教师为方便教学，迎合所学知识点编造相关案例，此种案例与实际生活距离较远，并且案件事实一般比较简单且没有争议，此类案件仅需要学生运用所学知识点对案例事实做出答案即可，不能真正锻炼学生分析案例的实践能力。另一方面，即便选取了真实的司法案例，其复杂情节也被教师进行改编，以便占用更少的课时，此种案例一般可检索到相关的法律文书，不能锻炼学生对案件事实的认定能力，并且真实的司法案例有判决书作为唯一确定的答案，学生也不能通过此类案例教学锻炼自己的思辨能力。另外，对于模拟法庭教学模式，为了节省实践教学的课时，学生主要通过分配角色与相匹配的"台词"进行机械的"表演"，审判长的扮演者按照白纸黑字组织庭审，宣读"台词"中的判决内容。学生从中仅能得到刑事诉讼流程的演练，对以庭审为中心的审判模式、举证质证、法庭辩论、控辩双方的对抗与合作等方面领悟甚少。

二、OBE 理念在刑事诉讼法学课程中的具体要求

OBE 理论是指教育应当围绕该教育阶段结束时学生应具备的核心能力为目标而设计和进行。[①] 该理论中的产出（Outcome）特指学生能根据所知所学解决实际问题的能力。

（一）OBE 理论下刑事诉讼法学实践教学课程设计的思考：以学生为中心

苏格拉底把教师比喻为"知识的产婆"，在接生关系中，生产者为中心，接生婆为手段。如此，在教学关系中，学生为中心，教师为手段。刑事诉讼法学实践教学的中心从教师教学向学生学习的转型。一方面，教学目标的定位应围绕学生的预期学习结果为核心，即刑事诉讼法学课程的教学目标应围绕学生完成学习后期待形成的专业素养与专业能力展开。另一方面，具体教学设计以教学目标的实现为初衷反向进行，即以学生的预期学习成果为核心反向构筑刑事诉讼法学实践教学课程的教学内容、教学方法、考核方法等具体教学设计。

[①] BENJAMIN S. Bloom, taxonomy of educational objectives [M]. Massachusetts: addison wesley publishing company, 1956.

(二) OBE 理论下刑事诉讼法学实践教学评估体系的审视

评估在 OBE 教育理念中占重要地位。正确的评估能够确定学生的学习进度，也为下阶段学习的改进提供相应的信息。评估旨在理解和改进学生的学习。合理的评估应当包括：第一，明确和公开学习阶段的整体目标，即学生在学习阶段结束时应当具备的能力；第二，为评估学生的学习效果制定适当标准；第三，系统地、全面地收集和分析学生学习过程中产生的所有信息，以此衡量学生学习效果与前述标准的匹配程度。第四，根据评估结果和评估过程中发现的问题对后续学习进行改进。刑事诉讼法学实践教学的效果评价的核心在于评价学生的学习效果，而不是教师的教学水平，更不是教材等资源是否充足、教师的职称和数量、教育经费的支出等。对于刑事诉讼法学实践教学，过程性考核应当比终结性考核占更大比重。因以产出为导向，所以考核方式不应当使用了解、知道、认为等理念层面的、不可从外部观察的动词，而应当是应用、解释、设计、创造等具有可观察性的概念。根据刑事诉讼法学实践教学的目标系统合理制定考核方式与评价标准，根据学生对每个层次的不同目标的评估结果对后续教学设计进行完善。

三、基于 OBE 理念对刑事诉讼法学实践课程具体改革措施的思考

(一) 基于 OBE 理论对刑事诉讼法学实践教学目标的革新

布卢姆分类学（Bloom's Taxonomy）是美国教育心理学家本杰明·布卢姆于 1956 年在芝加哥大学所提出的分类法，把教学目标进行分类，以便更有效地达成各个目标。根据布卢姆的理论分析，知识可以分成以下三个范畴：态度范畴（Affective Domain）、技巧范畴（Psychomotor Domain）和认知范畴（Cognitive Domain）。[①] 每一范畴对应于不同的学习层次，不同的学习层次都有划分不同的细目，最高层次的最终细目意味着对该学科达到了"通达、精熟"的程度。根据布卢姆分类理论对刑事诉讼法学实践教学进行分析，在态度范

---

① BENJAMIN S. Bloom, taxonomy of educational objectives [M]. Massachusetts: addison wesley publishing company, 1956.

畴和认知范畴分别制定不同的目标，注重培养学生的专业知识和实践技能。

在认知范畴，理论教学方面，继承传统的刑事诉讼法学重视理论教学的优点，在理论记忆与法律法规记忆的基础上，引导学生形成法科生应有的专业思维，指导学生深入理解刑事诉讼法学理论与刑事诉讼法律制度设计，培养学生分析刑事诉讼法学理论具体问题、评析刑事诉讼法具体制度优劣的高阶专业素质；实践教学方面，以培养学生解决刑事司法实务问题的能力为归宿点，在实现刑事诉讼法学高阶专业知识认知目标的基础上，强化专业理论问题探究与司法实务情景模拟的教学设计，实现提升学生专业探究能力与综合处理法律实务能力的高阶技能教学目标。

（二）刑事诉讼法学实践教学内容创新

刑事诉讼法学教育分为理论教学和实践教学，二者相辅相成。

一方面，在理论教学方面，吸取传统教学方式的积极、合理因素，将法学专业思维的指导与锻炼贯穿授课内容始终。在各个章节专业知识的教学内容设计上，选取相关学术研究实时热点与制度改革新成果，增加刑事诉讼法学学术科研前沿问题的分析与讨论，引导学生形成专业思维，掌握专业问题研究方法，提升本课程教学专业知识探究的深度与广度。

另一方面，在实践教学方面，舍弃传统教学中腐朽、落后的方式，促进司法实务与学校教学的结合，以刑事司法实务专家指导的刑事诉讼法学实践课程，配合教师共同进行实践教学。在实践教学课程中融入刑事诉讼法学学术前沿问题，嵌入刑事诉讼制度最新改革成果，培养并锻炼学生解决刑事司法实务问题的能力。

（三）刑事诉讼法学实践教学的教学方法创新

刑事诉讼法学实践教学实施的根本要求是"学生中心，教师辅助"。学生的学习以产生学习效果为根本目标，而学生的学习效果直接受个人内部因素的影响：一方面包括学习习惯、学习方法、学习心态等学术方面的原因；另一方面包括家庭关系、健康状态、时间管理、动力和意愿等一系列非学术原因。理想的状态是以学生为中心，学生是学习生活的控制者和管理者，具有自学的习惯，能够决定课堂学什么与怎么学，通过学习可以养成批判性思考和解决实际问题的能力。但现阶段，我国刑事诉讼法学实践教学以学生为中心，仍然需要老师发挥重要作用。我们的目标是从教师中心转向教师中心和学生中心相互结合，最终形成"学生中心，教师辅助"的教育新局面。

　　刑事诉讼法学实践教学尽管要以学生为中心，教师的重要促进作用也必不可缺。对于进行刑事诉讼法学实践教学的专业教师，不仅要具备程序法和实体法双重理论功底，也需要具备一些相关司法职业的实践经验。第一，教师可以学期内每4个教学周为一个总结，以每个教学学期为一个对比。全面、持续、实时地记录上述教学内容、教学方法与手段以及教学评价手段对教学目标的落实效果，总结并强化可持续坚持的优点，反思应改进的缺陷，填补应充实的欠缺。第二，可学习国内知名法学院校开设的刑事诉讼法学实践课程的教学经验，也可以借鉴国外知名大学在法学专业进行实践教学的模式和方法，综合取舍以完善自身实践教学的课程设计。第三，不同学科实践教学之间也可相互交流实践教学的经验、知识、技能等一系列信息，以求营造出更好的实践教学氛围，多学科实践教学经验交叉融合激发出更多实践教学的新方案与新想法。第四，我国刑事诉讼法学专业专任教师需要定期培训，对自身政治素养、教学能力和师德水平做进一步提升。

　　在具体教学方法的创新上，充分运用信息化手段提高学习资源分享、学习任务完成以及教学评价反馈的效率。以刑事诉讼法学课程利用云班课为例，比如在讲解侦查章节时，教师需提前在云班课上传学习资料，包括文本资料和视听资料，并布置相关课前预习作业。学生按照教师的要求，结合学生自身的实际情况，按时完成教师在云班课布置的学习内容并及时在云班课予以反馈。通过课前在线学习使学生对侦查的概念与特征、侦查行为的开始和结束、侦查的监督与救济与实际侦查过程有大致的了解。在课堂中，首先，以问答方式检验学生对相关理论的了解程度，对存在问题的知识点进行讲解。其次，让学生模拟侦查行为的决定与实施，使学生对合法的侦查行为有明确的认知，亲身体会非法的侦查行为会对自身权利造成何种程度的侵害。最后，教师可根据整个过程设计灵活的问答在云班课发布，以检验学生是否知道某些侦查行为是侵害公民权利的行为。及时将云班课问答结果总结反馈给学生，并在云班课开设专门通道，以鼓励学生发布、交流对不同问题的学习观点与学习心得，及时提出学习中遇到的问题，教师根据学生发布的内容予以跟进指导。另外，有效利用任务驱动、情景模拟、分组讨论等教学方法，创新运用"2-3-2"教学模式，如表1所示。

表1 "2-3-2"教学模式

课前"2"	以自主学习、疑问收集为前提及抓手； 以线上线下资源库为依托	明确学习任务单，学生在线上资源平台预习课程资料，完成预习作业，并提出疑惑； 教师提前调查学情，了解学生的知识和能力基础，完善调整课堂策略
课中"3"	以专业讲解为引导； 以诉讼模拟为重点； 以交互讨论解惑为强化	解答课前搜集的普遍性疑惑问题； 针对任务单完成情况和学生提出的深度问题，直接指向本课的重点和难点进行解惑； 结合学术科研热点提出挑战性问题，并展开小组讨论，教师进行总结并引导学生有深度的挖掘和横向拓展
课后"2"	以归纳复习为巩固； 以反思改进、效果落地为总结及目标	针对重点难点内容，发布拓展讨论作业； 结合前续授课与学生表现情况，总结经验，反思缺陷，进一步改进后续教学环节

（四）创设"分阶段渐进交互式考核评价体系"

综合运用论文式、答辩式、作品式等非标准化考核方式与标准化闭卷考核方式，创设"分阶段渐进交互式考核评价体系"。分阶段渐进式考核，即纵向追踪学生在不同学习阶段对专业知识理解程度加深与实操能力提升情况。具体来讲，记录初始阶段学习任务表现评估的结果作为对照，对后续每个学习阶段的任务表现进行评估，不同学习阶段的评估结果可与初始阶段的评估结果做对比，也可与前一阶段的评估结果做对比。分析学生不同阶段的学习效果，总结前阶段学习方式的优点，在后阶段学习时予以应用；针对前阶段学习评估过程中发现的问题，在后阶段学习时予以修正和改进。交互式考核，即横向综合学生课前预习任务、课堂情景模拟与分组讨论、课后作业以及期末综合考试情况，形成课前、课中、课后与期末全程交互式考核机制。

四、结论

法律的实践性和应用性决定了法律职业是一种需要深厚法学素养、娴熟法律职业技能和高尚法律职业道德的专门化工作。[①] 以 OBE 理念为指导，对刑事诉讼法学教育的改革必须以学生如何形成刑事诉讼法学思维、学生如何习得研究与解决刑事诉讼法学问题的能力为核心展开。除了实践教学环节设计本身，还需要充分认识到，法学专业思维的养成对法学专业技能与实践问题解决能力的培养与提升至关重要。选取学术科研热点充实教学内容，以"练"代"灌"，引导学生成为思考解决学术热点问题的主体，逐步形成专业思维，掌握专业问题解决能力，不失为突破传统理论灌输的有效方法。

[①] 胡永平，龚战梅. 法学实践教学改革与创新研究：以法律职业能力培养为目标导向 [J]. 大学教育，2018（1）：23-26.

科研成果融入课程教学的思考与探索

——以经济法学为例*

王 平 毛晨宇 李玉红**

【摘要】科教互融,将科研成果有机融入课程教学,促进课程教学质效,符合新文科新法科建设要求,是深化课程建设的有力抓手、提升课堂教学和应用型人才培养效果的重要手段,有利于学生科研思维的养成和创新型人才培养。在教学实践中,要以课程大纲为根本遵循,选择恰当的科研成果融入课程,处理好"成果—课程"关系,避免"硬拼接",强化教学设计与实施,综合采取理论讲授、翻转课堂、学术讲座等教学方式方法,挖掘第二课堂的学术价值,自觉进行教学反思,形成教学过程闭环循环,以有效促进教学。

【关键词】科研成果;内容选择;教学设计;教学方式方法

在"四新"和"六卓越一拔尖"计划2.0的中国教育现代化发展格局下,

---

* 本文是以下几个项目的研究成果:北京联合大学2022年度教育教学研究与改革项目"经济法学科研成果与法学专业课程教学融合路径研究"(JJ2022Y002);北京联合大学2020年度课程思政专项科研课题"《经济法》课程思政设计与实施方法研究"(SK20202003);北京联合大学校级研究生课程思政项目"新法科语境下法律硕士案例教学的探索"(项目编号:JY2023Y004)。

** 王平,硕士研究生,北京联合大学应用文理学院教授,主要研究方向为经济法、财税法。毛晨宇,博士研究生,讲师,主要研究方向为宪法、行政法、监察法。李玉红,博士研究生,讲师,主要研究方向为财税法、劳动与社会保障法。

科教融汇、科教互促的良性关系，是实现二十大报告提出的"实施科教兴国战略，强化现代化建设人才支撑"目标的坚实基础和重要抓手，更是提升人才培养质量的有效手段。2019年，教育部《关于深化本科教育教学改革全面提高人才培养质量的意见》（以下简称教高〔2019〕6号文）中，明确提出要推动科研反哺教学，强化科研育人功能。2021年"两会"期间，习近平看望医药卫生界、教育界委员时指出，要从我国改革发展实践中提出新观点、构建新理论，努力构建具有中国特色、中国风格、中国气派的学科体系、学术体系、话语体系。习近平法治思想内涵丰富、科学系统，是新时代国家法治建设、法学学科专业设置和人才培养的根本遵循，在习近平法治思想指引下，大力推进新法科建设是新时代法学学科专业建设的使命和核心工作。新法科建设内涵丰富，重点包括中国特色社会主义法学学科体系构建、回应科技革命对法治中国建设的新要求等。[1] 2021年，《法治中国建设规划（2020—2035年）》和《法治政府建设实施纲要（2021—2025年）》公布，后者对健全法治政府建设科技保障体系、全面建设数字法治政府作出战略部署，要求加快推进信息化平台建设、加快推进政务数据有序共享、深入推进"互联网+"监管执法。2023年2月，教育部部长怀进鹏在世界数字教育大会上，提出"资源数字化、管理智能化、成长个性化、学习社会化，让优质资源可复制、可传播、可分享"的教育资源建设和应用格局。2023年2月，中共中央办公厅、国务院办公厅印发了《关于加强新时代法学教育和法学理论研究的意见》，提出优化法学学科体系来完善法学人才培养体系，提升法学人才培养质量和社会需求适配度。探索在课程教学中融入科研成果[2]的路径，形成可供复制推广的改革成果，是落实科研反哺教学、强化科研育人功能的重要举措，能促进意见精神落地见效。

经济法学课程是法学专业的核心必修课程，在法学专业人才培养中具有重要地位。全面依法治国的新时代，国家在宏观经济调控、市场主体发展及市场规制等方面的法治建设需求更旺、建设成就日盛，全国经济法学科发展也一直活跃、成果丰硕，经济法学科科研成果融入课程教学基础扎实、现实

---

[1] 叶青. 以习近平法治思想引领新时代"新法科"建设［N］. 法治日报，2021-11-16（10）.
[2] 本文"科研成果"采广义概念，包括学术研究成果和实践中的国家法治建设成果。

必要，本文将以经济法学为例，就科研成果融入教学、促进教学的路径问题予以探讨，以期与同人交流互鉴，共同提升课堂教学质效。

一、科研成果融入课程教学的必要性和意义

教学和科研目标、任务和完成方式等均有所不同，且对特定的教师而言，在时间和精力分配上，二者的确存在一定的互斥关系，但从本质上看，二者是相辅相成、双向提升的，正所谓"教而不研则浅，研而不教则空"。

（一）科研成果融入课程教学的必要性

将科研成果融入相关课程教学，在国内外都是普遍的做法。将科研成果融入课程教学，比起社科、文史类专业，理工农医类专业起步更早，措施更为完善，产出不少改革研究成果，主要是对科研成果融入教学的必要性、重要性以及对学生科研素养的提升等进行了研究；文科、社科类各专业的课程教学中，教师将科研成果应用于教学活动比较普遍，但专门进行研究的并不多，从已有成果看，有的涉及对科研成果融入课程教学内容选择的研究，有的也是对必要性、重要性进行讨论；具体到法学专业，主要集中在对科研促进教学或者科教互促的探讨方面，如"科研与教学互动的开放式法学教学模式探析"（王欢，2015），"以精品化为导向的法学教学与科研协调发展研究"（孙培培，2016），"教研互融的方法以优化法学专业实践教学模式的研究与实践"（武婷婷、房娇娇，2019），"科研反哺教学的探索与实践"（王平、李玉红，2019），"科研反哺教学理念下课程建设的探索与实践"（孟醒，2021）等。美国许多高校将学生参与科研实践纳入建学计划，教师以指导学生参与科研的方式实现科研与教学融合，在理工科院校尤其普遍；在法学教育中，在传统案例教学法的基础上，日益重视系统讲授和规则学习，坚持实践性、职业性与学术性、精英化相结合的人才培养价值取向，注重"研究—创新"的课程教学。德国作为大陆法系国家的代表，其法学教育素来以训练有素、循序渐进、注重实务著称，特别注重将法学研究成果和法律制度实践应用于教学实践，法学教育与法律职业资格考试密切结合。法国和日本也是秉持大陆法系传统，但更加注重职业化和专业化培养。

将科研成果有机融入课程教学，产生良好的育人质效，是科研促进教学

的体现。法学学科专业的理论性、实践性都很强，贯彻习近平法治思想，打造法学学科专业的中国标志性学术概念和学术话语体系有着深厚的理论基础；面对新形势新问题，法律制度、法律实践处于完善与变革进程中，对新理论新问题的关注和研究，是从事法学专业教学人员的必备功课，将其融入课程教学更是尤其必要。

（二）科研成果融入教学的现实意义

教育部教高〔2019〕6号文明确提出了要推动科研反哺教学，强化科研育人功能。探索在课程教学中融入科研成果的路径，形成可供复制推广的改革成果，是落实科研反哺教学、强化科研育人功能的重要举措，促进意见精神落地见效。

1. 深化课程建设的有力抓手

融合教学和科研双重功能，在课程建设中注入学科研究元素，是新时代课程建设的必由之路，也是深化和丰富课程建设内涵的重要抓手。将法学学科新理论新制度融入日常教学，是提升课程建设科研含量的有效措施；除了学科理论和制度规范，经济法课程还蕴含经济规律运行的科学性，基于经济形势及其变动，经济法理论和制度也是处于变革之中，这是经济法课程教学必须关照的重要元素，如何将其恰当融入教学，形成课程资源，探索经济法科研成果科学地融入课程教学路径，是经济法课程建设的切入点，有望提升课程建设内涵。

2. 提升课堂教学和应用型人才培养效果的重要手段

科研成果融入课程教学，使得课堂教学更有趣味、更能吸引学生，解决令人头疼的课堂"抬头率"问题；也有利于激发学生求知欲，引导学生更多地投入学习和探究，并能延伸到课后，促进学生积极参与学科竞赛、科研探究，甚至毕业论文选题和写作，整体促进应用人才培养质量。

二、科研成果融入课程教学需要考量的几个问题

无论是从现代大学的使命来衡量，还是从大学教师的职责来观察，教师

在履行人才培养职责、开展课堂教学活动时，基本都能将科研成果或者科研活动中的相关信息和收获带到课堂，提升课堂教学效果。这些大部分属于老师们下意识的自发行动，如果深层次考量，这么做的目的是什么，怎么做更加有效，有何科学合理的路径可以遵循，等等，还是需要予以理性思考，为科研成果融入课堂教学、提升课堂教学质效起到一些参考指导作用。

（一）要明确科研成果融入课程教学的目的

科研成果融入课程教学的目的到底是什么？是提升课程教学效果，还是解决教材内容相对陈旧问题，抑或是养成学生科研思维进而培养探究能力、养成终身学习意识？或者以上都是？这是实施科研成果融入课程教学首先要解决的理念问题。

如前所述，探索在课程教学中融入科研成果问题，形成可供复制推广的改革成果，是落实科研反哺教学、强化科研育人功能的重要举措，促进意见精神落地见效。坚持 OBE 理念，结合国家高等教育发展相关法律规范和文件精神，秉持以学生为中心的理念，以人才培养方案和课程教学目标为依据，梳理并明确经济法课程教学实践中科研成果融入课程教学的目的，养成学生科研思维进而培养探究能力、养成终身学习意识，进而指导学生在校学习过程中积极参与科研活动，了解科研成果形成过程，锻炼学术论文写作能力，养成学术自信和学术诚信意识。

（二）科研成果融入课程教学的内容选择要得当

在教学实践中，大部分老师有科研反哺教学的意识，基本能做到将科研成果应用于教学，但还是存在不少为融入而融入的"硬拼接"现象，主要原因在于对应用于课程教学的科研成果内容选择不恰当、进一步加工以适合教学不到位以及应用方式生硬不自然等，使得课程教学效果达不到预期。

在操作层面，做到适应课程教学所需，恰当选择科研成果内容，做好课程教学设计，是解决为融入而融入的"硬拼接"较为可行的做法。从丰富的科研成果中选择合适的内容用于课程教学，处理好"成果—课程"这对关系，是路径设计的基础。一般而言，应从这几方面予以考虑：一是基于课程教学大纲，所选择的科研成果必须与课程教学大纲相符，不能漫无边际随意选择；

二是坚持问题导向，基于课程教学中的特定问题选择相应的科研成果，该成果能够阐释课程中的理论或者实践问题，能够激发学生对此问题进行持续探索等；三是授课教师成果优先，授课教师"现身说法"、言传身教，增强授课效果和激励效果；四是思政效果优先，选择思政效果更好的科研成果素材，激发学生对我国经济法治建设的认同感、自豪感，鼓励学生积极参与国家法治建设；五是选材要便于再加工，科研成果与课程教学相融合，还必须有一个加工过程，方能使成果在教学中有很好地呈现。

（三）科研成果融入课程教学的路径要科学有效

已有教学科研互动或者科研反哺教学的实践和研究，大多集中在较为宏观的层面，并未在微观层面就具体课程教学中融入科研成果，更缺乏对科研成果融入课程教学的路径进行设计研究，影响了科研促进教学的成效。

为此，要做好科研成果融入课程教学的路径规划，强化教学设计与实施。以课程大纲为遵循，将选择、加工的科研成果与教学内容相融合，进行课程教学设计，并开展教学实践。在进行教学设计与实施中，要注意以下几个问题：一是科研成果与课程内容的关系，明确后者为主、前者为辅；二是防止一个误区，将科研成果直接当成课程内容，课堂上讲论文、讲报告，而是要将科研成果融入课程内容，成为课程内容的有机组成部分；三是综合采用多种教学方法实施教学，例如讲授、讨论、探究性练习等，以提升科研成果对课程教学的促进效果，达到养成学生科研思维的目的。

三、科研成果融入课程教学的路径探索与实施

无论多么先进的理论和理念，只有在教学实践中运用检验，方能凸显其真正的价值。科研成果融入课程教学，最关键的问题在于如何在具体的课程中依循何种科学合理的路径予以实施，落到实处。从教学规律看，教学内容选择或者确定、教学过程设计、课堂教学实施以及教学反思构成了一个较为完整的课堂单元教学。将科研成果融入课堂教学本质上还是课堂教学活动，是增加了课程的科研意蕴和学术味道的教学活动，因此也是要遵循一般的教学规律，科研成果融入课程教学的路径规划也要在教学活动框架内进行探索实施。

（一）内容把握与筛选

从经济法学科和课程教学的融合与适配角度看，可从教学内容、学科前沿与重点学者、教师科研成果等几方面做好融入课程教学的科研成果筛选。首先，要以课程教学大纲为基础，吃透教材，把握经济法学科研究前沿并对相关科研成果有较为全面深入的了解，对课程教学做到心中有数，在合适的章节选取合适的科研成果融入教学内容。以选用的马工程（马克思主义理论研究和建设工程）教材为例，梳理课程内容，分析科研成果融入课程的空间和可行性，举例如下：在绪论和总论部分，融入习近平法治思想、新时代发展经济法理论，进一步深化经济法的理论指导和经济法的发展部分的讲授和阐释；在经济法主体部分，将市场主体制度和近两轮国家机构改革中涉及市场监督管理部门、金融监管局、国家数据局等在内的国家经济管理主体发展的最新成果体现在教学内容中；在宏观调控法部分，将金融监管体制改革、增值税法制定以及税收征管法修订等领域的研究成果融入教学，并引导学生思考研讨；在市场规制法部分，将我国反垄断法、反不正当竞争法修订特别是平台反垄断、数字经济不正当竞争、药品监管改革等学术研究和制度建设成果充分融入课程教学内容，并引导学生持续思考数字经济和科技革命对市场监管等带来的挑战和法治完善问题。其次，介绍本领域重点学者[①]及其主要学术观点，引导学生深度思考课程学习内容，并延伸到学科竞赛、毕业论文选题。最后，将主讲教师的科研成果融入教学，近些年来，笔者将发表或者撰写的《大型外资超市滥用市场优势地位及其法律规制》《药品管理行政处罚制度分析及立法建议》《行政违法行为检察监督的理论与实践研究》《"营改增"之房地产业相关问题研究》《京津冀协同发展的财税问题及对策》等研究论文或者咨询报告融入相关章节中，既能够深化延展教学内容，也对学生产生了示范和激励作用。

（二）做好全过程教学设计与实施

有了合适的科研成果素材，还需进行恰当的设计和有效实施，这也是重

[①] 例如刘文华、李昌麒、漆多俊、刘隆亨、王晓晔、张守文、王先林、刘剑文、史际春、黄勇等专家学者。

要的教学环节。在进行教学设计时，要坚持教与学全过程这条主线，充分考虑课前、课中、课后、拓展等环节的安排，方便有效实施。以市场规制法中的反垄断法部分为例，根据授课内容做好科研成果的筛选，针对我国反垄断法发展，结合教材相关章节，考虑将《〈反垄断法〉对中国经济体制改革的回应与支撑》[①]这篇文章的核心内容融入教学，教师必须熟悉并能分析这篇文章的主旨，提炼出文章阐释我国反垄断制度发展的核心观点、对《反垄断法》修订的建议和展望，把握其与课程内容的关联度与深化补充关系。教学过程中，要特别注意把握好"融合"的本质，即"寓研于教"，拒绝"硬拼接"。从我国经济发展历程归纳出我国属于经济转型国家的属性，有别于成熟发达的市场经济国家，《反垄断法》是在市场经济尚未完善的时候出台和实施的，历史赋予了我国《反垄断法》特殊的历史使命，必将与我国经济体制改革同行，并产生千丝万缕的联系纠葛，由此引出上文的核心内容和观点，显得自然顺畅，便于学生接受。由于文章成文是在 2020 年，还可以结合 2022 年《反垄断法》修订、党的二十大以来党和国家机构改革等重大事件，引导学生课后继续思考《反垄断法》修订的实施问题，尤其是"安全港"制度、经营者集中审查中的"停钟"制度等新设制度的实施，鼓励学生深度思考和研究这些问题，甚至可以做毕业论文选题。

（三）采取有效的教学方式方法

科研成果融入课程教学的主要目的在于助力学生养成科研思维，进而培养探究能力、养成终身学习意识，教学活动的开展也要与之相适应，实现科研成果与教学内容有机融汇，既不能完全抛却学术简单照本宣科，也不能为了体现学术而偏离课程大纲，天马行空谈学术，更要注意采取科学合理的教学方式方法。

第一是理论讲授，要有效达成科研成果融入课程教学的目的，教师进行准确全面且有深度的理论讲授是最为关键的教学活动，是引导学生进行自主学习的重要基础。

第二是翻转课堂的学生演讲，可根据课程内容和学科前沿设计合适的主

---

① 李青. 中国反垄断法十二年：回顾与展望[M]. 北京：中信出版集团，2021.

题（如竞争政策与产业政策的关系及其对反垄断制度建设的影响），引导学生对相关问题进行深度自主学习，以问题探究为核心，以课堂演讲展示的方式实现"听讲—思考—研究—作品—演讲"的全面训练。

第三是引导学生积极参加学术讲座等学术活动，学术讲座基本是针对相关领域最前沿的热点和重点问题进行研讨交流，对于培养学生的科研思维和探究能力具有举足轻重的作用，可以利用本系读书会、自办或者引导学生参加其他单位举办的学术讲座等，鼓励学生积极参加此类学术活动。

第四是挖掘第二课堂的学术养成价值，学校对第二课堂的重视程度前所未有，教学中也应充分发挥其对学生的引领优势，在指导"启明星""挑战杯"以及各专业学科竞赛时，注重注入学术内涵，提升这类活动的科研含量，与课堂教学通向同行，共同提升学生的探究意识和科研能力，为培养新时代创新型人才共同发力。

（四）教学反思与提升

对教学活动进行阶段性经常性反思，分析得失利弊，并寻求进一步完善和提升之道，这是完整教学活动的重要环节。科研成果融入课程教学，跟课程思政一样，其实也是有机融入、润物无声自然而然的，并不是在教学活动中另起炉灶的"两张皮""硬拼接"。在教学反思中，可以检视科研成果内容的选取是否适配、教学设计与实施是否合理有效、教学方式是否有助于教学目标实现等，便于在后续教学中予以坚持或者完善，以进一步提升教学质效。

四、结语

新时代创新型人才培养是一个系统工程，学生科研思维的养成、探究能力的培养也不是一朝一夕的事。人才培养的关键环节在课堂教学，科研促进教学的效用也应该体现在这个环节，各学科各专业各课程情况不同，科研促进教学的侧重点和举措也各不相同，但将科研成果融入具体课程教学的"最后一公里"问题是共性，本文以法学专业的经济法学课程为例所作的初步探讨权当抛砖，期待引起同道共鸣，在科研成果融入课程教学这项工作中继续深入研讨，提升工作质效。

参考文献

[1] 孟醒. 科研反哺教学理念下课程建设的探索与实践：以"民事诉讼法"课程为例[J]. 新文科教育研究, 2021 (3)：104-113, 143.

[2] 王平, 李玉红. 科研反哺教学的探索与实践：以北京联合大学法学学科专业为例[J]. 北京教育（高教）, 2019 (7-8)：137-139.

[3] 武婷婷, 房娇娇. 教研互融的方法以优化法学专业实践教学模式的研究与实践[J]. 法制博览, 2019 (4) 中：70-70.

[4] 孙培培. 以精品化为导向的法学教学与科研协调发展研究[J]. 山西青年, 2016 (2)：84-85.

[5] 冯玉军. 论国外法学教育改革的经验与借鉴[J]. 中国大学教育, 2013 (6)：92-96.

国家公园环境教育立法初探

吴析苎 邱 雨 吴 梅[**]

【摘要】 2035年我国将基本建成全世界最大的国家公园体系，环境教育作为国家公园中承载生态文明的核心功能，迎来了又一个重要的制度发展契机。研究面向美丽中国建设中环境教育需求，结合自然公园志愿服务实践，提出国家公园环境教育法律制度在立法体系与监督机制等方面存在的问题，探析实现国家公园环境教育功能的立法路径。

【关键词】 国家公园；环境教育；立法

截至2023年，我国已建成首批五个国家公园，计划到2035年基本完成国家公园空间布局建设任务，基本建成全世界最大的国家公园体系。国家公园作为复合型的生态系统，兼有科研、教育、游憩、社区发展功能，是实施环境教育的重要场所，随着我国国家公园的迅速发展，环境教育对国家公园建设的作用也日益凸显。通过完善立法，发挥法治利长远的保障作用，有利于推动国家公园环境教育事业的长效发展，实现人与自然和谐共生。随着

---

[*] 本论文为北京联合大学"启明星"大学生科技创新项目"'青园丝带'——青年力量赋能国家公园环境教育机制研究"（20221002）的成果。

[**] 吴析苎，北京联合大学应用文理学院法律系本科生。邱雨，北京联合大学应用文理学院法律系本科生。吴梅，法学博士，北京联合大学应用文理学院法律系副教授、硕士生导师，本文通讯作者。

2023年《国家公园法（草案）》公开征求意见，国家公园立法工作正在加速推进，49个国家公园被遴选为候选区，包括环境教育功能实现在内的一套统一规范高效的管理体制亟待建立。

现行环境教育规范多分散地规定在各地方性法规中，现有研究对环境教育的教学模式、场所的规划设计、效果的分析考核等问题提出了对策，对环境教育义务主体、环境教育法的实施及评价标准等方面的研究，为我国环境教育制度的系统化提供了积极有益的思路。相关理论分析多以国外环境教育制度为参考，基于中国实践的环境教育法治研究不足，不利于推动环境教育的本土化发展。国家公园环境教育的体系化研究有利于整合环境教育资源，使教育理论与实践研究在无序和有序之间达到平衡。本文立足国情，通过实践调研与数据分析现有国家公园环境教育存在的局限性，以期为构建具有中国特色的环境教育法律保障制度提供理论和实践支撑。

一、国家公园环境教育法治的发展契机：政策到草案

我国在20世纪70年代开始逐渐重视环境保护教育工作。1992年全国首届环境保护教育工作会议上明确提出"环境保护，教育为本"的方针，对国家如何加强环境教育工作提出了具体要求。2011年，中央六部门联合编制了《全国环境宣传教育行动纲要（2011—2015年）》，要求在新的时期，要开展全民环境教育行动。① 2016年《全国环境宣传教育工作纲要（2016—2020年）》发布，要求各地各部门积极支持推动地方性环境教育法规的立法工作。2021年生态环境部等六部门联合印发《"美丽中国，我是行动者"提升公民生态文明意识行动计划（2021—2025年）》，为国家公园环境教育发展指明了方向。党的二十大强调要继续推进国家公园建设，提升生态系统多样性、稳定性、持续性。环境教育对国家公园建设、对生态文明建设意义重大。

国家公园法的立法工作成为生态文明发展新阶段环境教育法治发展的契机。2022年《国家公园法（草案）》第六条和第十二条规定了国家公园管理机构负责科研宣教工作，同时要求各级人民政府及其有关部门、国家公园管理机构应当推进环境教育有关工作。草案中的第四十条、第四十三条、第四

---

① 李卓谦. 新中国环境教育41年[N]. 民主与法制时报, 2014-05-26 (010).

十四条被认为是国家公园落实环境教育的具体条款,但其中并未提及有关部门与国家公园管理机构协调分工的法律规范。环境教育作为国家公园的重要功能之一,《国家公园法(草案)》对环境教育的关注度明显不足,环境教育的主体权责也有待进一步明确,国家公园管理机构事实上难以实际高效发挥其对环境教育的主导作用。

二、国家公园环境教育的立法现状:多元而分散

法律是实施控制的有效手段,任何事物推进中逐步朝着制度化方向发展,通常需要通过法治工具构建科学管理体系架构。伴随着国家公园的快速发展,环境教育制度规范亟须完善。由于国家公园的特殊建设理念和发展要求,其环境教育的开展也就具有特殊性,国家公园环境教育单独立法是一些国家在建构国家公园环境教育体系的优先选择。而我国目前环境教育的规范性内容散落在现行的《中华人民共和国环境保护法》(以下简称《环境保护法》)、《中华人民共和国教育法》、《中华人民共和国森林法》(以下简称《森林法》)、《中华人民共和国草原法》(以下简称《草原法》)等多部不同领域的法律文件中。其中虽均有部分涉及环境教育的内容,但多为宣示性、指示性条文,且未作其他详细规定。如《森林法》第十二条和《草原法》第四条等条款均对环境教育进行了促进性规定,鼓励各级政府"加强"或"应当加强"宣传教育活动的开展,罕有强制性规范。再者,现有立法对环境教育工作机制、法律责任等规定不够明确。如《环境保护法》第九条规定各级人民政府、教育行政部门、学校和新闻媒体应当开展环境教育工作,但缺乏环境教育原则性指导和机制联动性,部门间协调机制有待法律规范。分散式立法使我国环境教育基本制度缺位,环境教育的法律原则、权责关系等都有待明确,这与新阶段国家公园的一体化发展无疑有所背离。

国家立法的缓滞给地方立法的多元发展提供了机会,相关环境教育的地方性法规与政府文件,如《宁夏回族自治区环境教育条例》《天津市生态文明教育促进条例》《洛阳市环境保护教育条例》《衡水市生态环境教育促进条例》《哈尔滨市环境教育办法》《南京市环境教育促进办法》《厦门市环境教育规定》等,从实际情况出发,因地制宜地对各方主体的环境教育职责进行明确,并对开展环境教育的课时等内容作出了专门规定,使环境教育从"软

任务"变成"硬指标",极大程度地促进了环境教育的发展,但在有关条例的规定上仍存在相应的不足。第一,部分地区尚未对环境教育管理机构作出规定,如在《洛阳市环境保护教育条例》和《哈尔滨市环境教育办法》中并没有设立专门机构;第二,地方立法中对于奖惩制度的规定不够具体,没有明确指出奖励的范围及有关资金的来源;第三,地方立法对于有关教育课程的发展缺乏制度保障,尽管都强调了要将环境教育纳入教学计划,提高国民的环境教育素养,但是目前多数学校的环境教育课程仍停留在简单的说教模式,对于开展丰富多样的环境教育课程缺乏有力的制度保障。加之现已出台的一些法律法规虽强调了环境教育,但由于缺乏相应的配套法律,对于环境教育法涉及的相关问题欠缺法律条文的补充,地方环境教育的发展缺乏保障。

期待打开这一局面的各国家公园管理条例,虽然在制定和实施、管理体制、规划建设、法律责任等方面的规范上有一定的进步性特征,但在有关国家公园环境教育的规定上,仍属于方向性指导,对教育活动的开展并没有规定具体实施细则,缺乏较为详细的环境教育管理机制、保障机制、成效评估机制等。现行的《武夷山国家公园条例(试行)》《海南热带雨林国家公园条例(试行)》《三江源国家公园条例(试行)》《四川省大熊猫国家公园管理办法》等国家公园立法中,仅明确了环境教育的主体与开展形式进行,有关环境教育的概念、原则和标准内容等仍无法可依。如《三江源国家公园条例(试行)》中要求,国家公园管理机构应当开发公众教育培训项目,通过参观和生态体验活动,促进公众提升生态环保意识。条例强调了环境教育的目的及方式,但指标性、技术性、评估性、保障性细则不足,使得环境教育项目在实施中陷入新的困境。2019年三江源国家公园管理局率先出台的《三江源国家公园环境教育管理办法(试行)》对环境教育组织管理、内容、形式和监督保障等,进行了较为具体的规定,为国家公园环境教育的发展提供了参考。国家公园作为我国生态文明体制建设的关键任务和亮丽名片,是进行环境教育的重要载体,而环境教育则是彰显国家公园丰富自然生态和文化知识的重要途径,后者的顺利开展离不开法治保障。

三、国家公园环境教育的法治化愿景:保障与监督

法治是国家公园建设事业平稳、长远发展的基础和保障,完善的法律体

系对国家公园环境教育将会发挥重要指引作用，体系化的环境教育相关法规相互作用，有利于国家公园环境教育的建设。在国家层面，应加紧制定出台环境教育法或环境教育促进法，为国家公园环境教育的开展提供国家意志性法律规范，为我国国家公园环境教育工作发挥系统性、全局性的指导作用。[①] 一部统一的环境教育法或环境教育促进法，可以为国家公园环境教育的深入开展提供基本保障，明确环境教育的基本概念、基本原则、内容与范围，对各地国家公园建设发展有指引性意义。优化顶层法律设计，增修有关环境教育的法律法规，对有关地方的环境教育条例进行修订，强化条款的可行性，建构完整的环境教育法律规范体系，保障国家公园环境教育在体系化下运行建设。推动《国家公园法》的通过，确保国家公园环境教育综合平衡各方利益，实现法治化、持续性发展。国家公园管理局要牵头制定与之相适应的环境教育规章，明确具体实施主体、细则、资金保障等内容。在地方层面，国家公园地方性管理条例应明确环境教育实施细则，具体落实国家公园环境教育的开展、奖惩等。

保障参与主体，提升公众参与地位。国家公园法应专设章节规定公众参与环境教育活动，保障公众在国家公园环境教育活动开展的全过程参与，赋予其参与环境教育的权利，提升其参与地位，强化其参与保障，给予其更多的参与机会，使之能充分享有参与国家公园环境教育的权利，以立法予以保障公众参与权利。与此同时，明确参与主体权责边界，让公众在合理范围内参与国家公园环境教育系列活动，行使主体权利。国家公园环境教育的实施，应坚持环境教育的互动性原则，减少有关职能部门的政策随意性，充分尊重公众意愿，增强公众参与感，提升其参与国家公园环境教育活动的积极性，最大程度保障国家公园环境教育有序活力开展。

不断完善环境教育监督的立法规定，对国家公园环境教育监督予以体系化规范。对国家公园环境教育的监督机制、监督主体、权责及法律责任在环境教育法的体系下明确规定。各地方性环境教育法规条例应当翔实列出监督部分，增订环境教育监督法律条款。各国家公园的具体管理条例应当增设监

---

① 孟龙飞，潘志新，朱万里. 美国国家公园环境教育体系特征及启示 [J]. 世界地理研究，2023，32（8）：51-62.

督章节，与环境教育法相互协调，形成完善的监督机制。赋予适当的行政主体环境教育监督权力，对有关环境教育职能部门和国家公园管理机构予以监督，提升其履行环境教育职能的积极性，确保国家公园环境教育顺利积极开展，真正落实国家公园的环境教育功能。公众参与环境教育监督作为公众参与权实现的重要方式，有必要对其途径、救济方式等规范，保护公众享受国家公园环境教育的权利，监督国家公园管理机构或有关部门积极履职。同时，重视执行层面的监督，对环境教育质量的评估、环境教育资金使用的监督。责任部门应当对环境教育开展的情况、质量予以评估，对财政资金使用情况进行监督，将国家公园环境教育专项资金纳入审计，各级政府也应当主动公开年度国家公园环境教育资金来源、使用等情况。

四、总结与展望

现有国家公园环境教育立法要解决基本制度缺位、地方性法规分散、细则性规范不足等问题。在实践中环境教育程度主要依赖地方的重视程度，这与监督问责机制效能受限是分不开的。在大力发展国家公园的背景下，加快推进环境教育法律体系的完善，解决顶层法律设计问题，化解地方性环境教育法规现存问题，对环境教育的主体、范围、监督机制等予以明确，是国家公园环境教育工作发挥系统性、全局性的指导作用的制度基础，同时以点带面推动我国环境教育事业取得新进展。立法研究旨在以法治护航国家公园环境教育发展，实现国家公园环境教育功能，促进人与自然美美与共。

参考文献

[1] 潘健峰，等. 中美国家公园生态系统服务社会价值对比研究：以普达措国家公园和圣伊莎贝尔派克国家森林公园为例 [J]. 世界地理研究，2023，32（5）：56-66.

[2] 臧振华，等. 中国首批国家公园体制试点的经验与成效、问题与建议 [J]. 生态学报，2020，40（24）：8839-8850.

[3] 刘志坚. 环境教育立法：确立生态文明建设中的环境教育义务 [J]. 中国教育法制评论，2020（2）：37-49.

[4] 张琳,李丽娟,詹晨. 美国国家公园环境教育成功经验及其对我国的启示 [J]. 世界林业研究,2021,34(5):103-109.

[5] 梦梦,等. 自然保护地环境教育实践与研究现状 [J]. 世界林业研究,2020,33(2):31-36.

[6] 廖建求. 我国环境教育立法基本问题研究:基于海峡两岸环境教育的立法实践 [J]. 中国地质大学学报(社会科学版),2020,20(1):146-156.

[7] 孙彦斐,等. 我国国家公园环境教育体系化建设:背景、困境及展望 [J]. 南京工业大学学报(社会科学版),2020,19(3):58-65,112.

新文科背景下法学专业"科研反哺教学"机制研究*

张一红 杨永振**

【摘要】本文旨在探讨如何建立法学专业的"科研反哺教学"机制，以促进教学科研联动，深耕三尺讲台的同时占领科研高地。本文从基础建设方面讨论了教学科研联动机制和教材建设，针对课程设计和实践教学提出了科研项目与教学内容的对接机制，并探讨了教学质量监控体系建设，以期为法学专业"科研反哺教学"机制的建设提供实用性指导，在促进教学科研联动、提高教学质量和培养科研能力方面取得实质性进展。

【关键词】新文科背景；法学专业；科研反哺教学；机制研究

一、前言

习近平总书记在党的二十大报告中指出，要"统筹职业教育、高等教育、继续教育协同创新，推进职普融通、产教融合、科教融汇，优化职业教育类

---

* 本文是北京联合大学 2023 年教改项目：新时代"双非"高校法学研究生 MPC 人才培养模式研究（项目编号 JY2023Y007）成果。

** 张一红，北京联合大学副教授，主要从事国内外应急管理法、刑法学研究。杨永振，北京联合大学应用文理学院研究生。

型定位"。站上新起点，如何创新人才培养模式，在新赛道上探索新航向、在专业建设上注入新动能，特别是如何深化产教融合培养创新型产业人才，为中国式现代化提供强有力的人才支撑，是时代赋予应用型高校管理者的新命题。① 新文科背景下，各个专业都在不断地探索如何提高学科的核心竞争力和学生的综合素质，推进技术变革和教学方法等多维度融合创新，从而培养出适应社会需求的专业人才。法学专业作为传统文科专业之一，面临着更加严峻的挑战。

在当前的法学教育研究中，如何更好、更高效地将科研和教学相融合，实现"科研反哺教学"的目标，是一个重要议题。"科研促进教学，教学推动科研，教学科研有效融合"，促进学科之间的交流与合作，促进教学质量提高，更好地满足社会的需求。因此，法学专业需要深入研究"科研反哺教学"模式，并探索如何在实践中更好地运用该模式。

二、新文科背景下法学专业的特点与面临的挑战

（一）新文科背景下法学专业的特点

在新文科背景下，法学专业的课程设置、教学方法、人才培养目标等都出现了不同程度的变化。作为社会科学重要组成部分的法学学科，应顺应新文科建设的需要，在育人观念、人才战略定位、专业建设、课程体系、教学模式和授课方式等方面进行全面改革，构筑适应新时代社会需要的法治人才培养机制。②

法学专业的课程设置相对传统文科专业而言更加注重实践性和应用性。以往的法学专业课程多以理论为主，注重基础知识的传授，而在新文科背景下，课程设置更加注重培养学生的实践能力和创新精神。比如，法律实务、模拟法庭、法律论文写作等课程的设置，提高了学生的实践能力和应用能力。

法学专业的教学模式发生了很大的变化。传统的教学模式以教师为中心，注重知识的灌输和学生的被动接受，而现在的教学方法更加注重学生的主体

---

① 刘波，杨沁，欧阳恩剑. 试论产教融合立法的目的、价值与原则 [J]. 职业技术教育，2022 (43)：18.

② 冯果. 新理念与法学教育创新 [J]. 中国大学教学，2019 (10)：32-36.

性和实践性。如案例教学、讨论式教学、互动式教学等，强调学生的主体性和探究精神，培养学生的创新能力和团队协作精神。

法学专业的人才培养目标发生转变。以往的法学专业主要培养从事法律实务工作的人才，而现在的法学专业更加注重培养法学研究人才和法律政策咨询人才。培养出一批既具备法学理论知识，又有实践经验和创新能力的法学专业人才，成为新文科背景下法学专业人才培养的主要目标。

（二）新文科背景下法学专业面临的挑战

面对这些变化，法学专业存在着许多问题，面临着诸多挑战。

首先，科研与教学脱节。在传统的法学教育中，科研与教学存在着一定的脱节现象。教师存在着两极分化的情况，部分教师过于注重科研，而有些教师则只关注教学。只注重科研的教师，以"五唯"（唯论文、唯帽子、唯学历、唯奖项、唯职称）为主，忽视教学，对学生不负责任；仅关注教学的老师，缺乏研究经验和科研能力，导致教学内容更新不及时，无法与最新研究成果相结合，而学生则难以接触到最前沿的学术成果。这种脱节现象不仅影响了法学专业的核心竞争力，也不利于培养高质量的法学人才。

其次，重理论轻实践。在实践中，法学专业往往注重理论性的教学内容，而实践性的内容则显得相对较少。这种情况虽然能够让学生更好地了解法律的理论知识，但也容易导致学生对法学理论的深度掌握不足，无法实际运用理论。这样的教学模式容易造成法学教育的肤浅化，无法培养出具有创新能力和深度思考能力的高级法律人才。

最后，课程设置和教学方法需要进一步改进。法学专业在新文科背景下，需要适应时代变革的发展要求，对课程设置和教学方法也需要进行相应调整和改进。传统的法学教育注重对法律规则的解释和运用，而现实社会中，法律在很大程度上也受到政治、经济、社会、文化等多方面的影响。因此，法学专业应更加注重对法律现象的全面把握和深入分析，将法学教育的覆盖面拓展到更广泛的社会领域中。

为了更好地适应时代发展的需求，法学教育需要进行深刻的反思和改进，只有加强科研与教学的融合，提高法学教育的质量和深度，才能为新时代的法律工作提供更加优秀的人才支撑。

三、法学专业"科研反哺教学"机制建设

科研反哺教学,是指高校集中资源提升学校科研实力,并努力把科研优势转化为教学优势,从而促进学校提高教学质量。[①]"科研反哺教学"机制建设对于法学专业建设意义重大,主要体现在以下几个方面。

首先,有利于提高教学质量。"科研反哺教学"可以将科研成果与教学内容相融合,通过将最新的科研成果应用于教学实践中,使教学内容更加贴近实际,增强学生的学习兴趣和积极性。同时,激发学生的创新思维,让他们从研究中获得新的知识和技能,有助于他们在未来的职业生涯中获得更好的发展。

其次,促进科研能力的提高。"科研反哺教学"有效地督促教师积极进行科学研究,以期更好地完成教学任务。让学生加入科研工作中,还能够提高学生的科研能力,培养他们的科研思维和创新思维。通过参与教师的科研项目,学生深入了解科研的过程和方法,熟悉科研工具和技术,并在实践中不断提高自己的科研能力。这种培养方式不仅可以让学生掌握科研技能,还可以增强他们的科研意识,激发他们的科研热情,为他们将来从事研究工作打下坚实的基础。

最后,促进学生综合素质的提高。通过参与教师的科研项目,学生可以与不同领域的专家进行交流,拓展自己的知识面和视野。在完成科研工作的过程中提高学生的团队协作能力、沟通能力、创新能力等综合素质,为他们未来的职业发展奠定基础。

如何更好地建立、完善"科研反哺教学"机制便成为各大高校关注的焦点。

(一)基础建设

法学专业的"科研反哺教学"机制建设是教育教学改革的一项重要任务,旨在促进科研与教学的深度融合,提高教学质量和学生综合素质。在这个过

---

① 李俊杰. 科研反哺教学的合理性及地方高校因应策略[J]. 教育研究,2012,33(3):53-56.

程中，基础建设是非常重要的一环。

1. 教学科研联动机制的建设

教学科研联动机制是指在教学过程中，将科研成果应用于教学中，通过教学来推动科研的发展，形成一种良性循环机制。在法学专业中，教学科研联动机制的建设具有重要意义，可以有效提高学生的法律素养和创新能力，促进教师的教学和科研水平的提升。

第一，建立学科研究生联合指导机制。学科研究生联合指导机制是指在研究生培养过程中，将教师的科研项目和研究成果应用到研究生培养中，由教师和研究生共同完成科研任务和教学任务。在法学专业中，建立学科研究生联合指导机制，可以有效提高研究生的科研能力和教学能力，培养学生的综合素质和创新意识。

第二，教师科研成果应用于教学。教师科研成果应用于教学是指将教师的科研成果应用于教学中，通过科研成果的转化和应用，提高教学质量和学生的综合素质。在法学专业中，教师科研成果可以应用于教学内容的改进、教学方法的创新和实践教学的推进等方面，促进教学和科研的深度融合，提高教学质量和学生的创新能力。比如在刑法学总论课程讲授中，为能够更清晰地讲解案例，笔者研发一种新型刑法讲解教学用教具（专利号：ZL202020255244.5）、新型刑法教学演示教具包（专利号：ZL2021221975555.8）等多项专利，并运用到教学中，获得学生好评。

2. 教材建设及参考书目选用

教材建设是"科研反哺教学"机制建设的重要组成部分，是促进教学科研联动的基础保障。在法学专业中，教材建设的重要性不言而喻。优质的教材不仅能够帮助教师提高教学质量，也能够激发学生的学习兴趣，培养其科研能力和实践能力。因此，在"科研反哺教学"机制建设中，需要加强教材建设，从教材编写、参考书目选用等方面入手，打造一批高水平、适合法学专业特点和发展需求的教材。

教材编写是教材建设的核心环节。在法学专业中，教材编写需要根据专业特点和发展需求，紧密结合教学内容和科研成果，注重理论与实践的结合，注重学科交叉和创新思维的培养。[①] 目前，法学专业选用马克思主义理论研究和建设工程教材，此教材对于巩固马克思主义指导地位，推动当代中国马克思主义大众化，用马克思主义占领教育阵地，落实立德树人根本任务，培养造就德智体美全面发展的社会主义合格建设者和可靠接班人具有重大和深远的意义。

参考书目的选用也至关重要。应选用具有前沿性和创新性、注重理论与实践结合、注重学科交叉与创新思维培养的书目作为学生的辅助阅读书目。

（二）建立科研项目与教学内容的对接机制

建立科研项目与教学内容的对接机制，是实现"科研反哺教学"机制的重要途径之一。这需要教师在课程设计和实践教学中充分考虑科研项目的内容和研究成果，使之与教学内容相契合，以提高学生的科研能力和实践能力。

1. 课程设计与科研项目对接机制

课程设计是实现"科研反哺教学"机制的重要环节之一。教师在课程设计中需要考虑如何将科研项目的内容和成果融入教学中，使之与教学内容相契合。第一，针对科研项目的特点和成果，设计与之相关的课程内容和案例分析，以帮助学生更好地理解和掌握科研成果所涉及的理论和实践知识。第二，引导学生通过课程学习，深入了解和分析科研项目所面临的问题和挑战，从而激发学生的创新思维和科研兴趣。第三，组织学生参与科研项目的研究工作，通过实践活动，让学生深入了解科研项目的研究内容和方法，增强学生的科研能力和实践能力。

2. 实践教学与科研项目对接机制

实践教学是法学专业中非常重要的一环。通过实践教学，可以帮助学生更好地理解和应用法律知识，增强实践能力和创新能力。实践教学与科研项目的对接，可以进一步提高学生的实践能力和科研能力。将科研项目的研究

[①] 黄启兵，田晓明. "新文科"的来源、特性及建设路径 [J]. 苏州大学学报（教育科学版），2020，8（2）：31-32.

成果纳入到实践教学的内容中，让学生在实践中深入了解和应用科研成果，增强实践能力和创新能力。鼓励学生参与科研项目的实践活动，通过实践活动，让学生深入了解科研项目的研究内容和方法，增强学生的科研能力和创新能力。可以为学生提供相关的实践机会，如实验室实践、案例研究等，让学生深入实践，将理论知识与实践相结合。

3. 建立科研成果汇报和分享机制

教师的科研成果及时分享给学生，定期组织学生进行科研成果汇报会或研讨会，教师分享成果的同时也可让学生分享实践中的经验和收获，这种汇报和分享机制为其他学生提供了借鉴和启示。

通过上述措施，可以将实践教学与科研项目紧密结合起来，提高学生的实践能力和科研能力，同时也可以促进教学和科研的互动与融合。

(三) 评价体系建设

"科研反哺教学"机制的建设需要建立相应的评价体系，以便对教学与科研成果进行全面的评价和监控。评价体系的建设包括教学与科研成果评价体系建设和教学质量监控体系建设两个方面。

1. 教学与科研成果评价体系建设

教学与科研成果评价体系是对教学与科研成果进行科学、客观、全面评价的体系。第一，对教学效果的评价，应针对法学专业教学内容和目标，制定科学的教学评价指标，包括知识掌握、能力提升、实践能力、综合素质等方面，教学效果的评价可以通过测验、论文、实践作业等方式进行，还可以通过毕业生就业情况、研究生升学情况等间接反映。第二，科研成果的评价，法学专业的科研成果主要包括科研论文、科研项目、专利、著作等。对于科研成果的评价，应该从论文的数量、质量、影响力等方面进行评估，同时还应该注重科研成果的实际应用价值，如是否能够推动法律实践、法律制度建设等。第三，教学与科研成果的整合，教学与科研成果的整合应该从两个方面进行评价，一是科研成果对教学的指导作用，包括科研成果在教学中的应用情况、教师科研成果对教学内容的指导作用等；二是教学成果对科研的反哺作用，包括教学成果在科研中的应用情况、教师教学成果对科研课题的指导作用等。

2. 教学质量监控体系建设

教学质量监控体系是对教学过程进行监控和评估的体系，包括教学过程管理、教学评价和教学效果反馈等方面。目前教学质量监控评价体系存在评价指标不够全面、评价标准缺乏合理性、覆盖范围不够广泛、缺乏有效的信息诊断反馈体系等问题。[①] 教学质量监控体系应该具备以下特点：第一，科学规范，教学质量监控体系除了基于科学的教学理论和教育规律，还应加入对科研融入教学比例的考核指标，使其更具有科学性、规范性和客观性。第二，系统完备，教学质量监控体系应该覆盖教学全过程，包括教学设计、教学过程、教学评价和教学效果反馈等各个环节，还应该建立教学质量监控档案，对教学过程进行全面记录和分析。第三，教学质量监控体系应该借助信息化技术，建立教学管理平台，实现对教学过程的实时监控和数据统计分析，通过教学管理平台，可以对教学效果进行反馈和调整，不断优化教学过程，提高教学质量。

四、结语

建设"科研反哺教学"机制，需要教师和学生共同参与。教师应该积极参与科研项目，将科研成果应用于教学，同时也要重视教学科研联动机制的建设，引导学生参与科研项目和实践教学。学生也应该积极参与科研项目和实践教学，将所学的理论知识应用于实践中，培养实践能力和创新能力。在教材建设方面，应该注重选用教材的科学性、规范性和实用性，通过教材建设，将科研成果融入教学内容，让学生深入了解和应用科研成果。评价体系建设是教学质量监控的重要手段，应该科学规范，基于科学的教学理论和教育规律，确保教学过程的质量和效果。

总之，"科研反哺教学"机制建设是法学专业教育改革的一项重要举措。

---

① 李晓静，吴彩娥，褚兰玲. 基于"以学生为中心"理念的教学质量监控评价体系建设［J］. 黑龙江教育（高教研究与评估），2022（3）：21-25.

只有将科研成果应用于教学，教学质量才能得到提升，学生才能得到全面发展。相信在教师和学生的共同努力下，通过"科研反哺教学"机制建设，法学专业的教育将更加优质和高效。

参考文献

[1] 陈珠灵，汤傲，许紫婷等．以赛促改 推动科研反哺本科实验教学［J］．实验技术与管理，2018，35（10）：22-24.

[2] 李强，徐婉珍，沈洪锐，等."科研反哺教学"模式在应用型本科院校的探索与实践［J］．计算机工程与科学，2019，41（S1）：153-156.

[3] 苏俊宏，徐均琪，吴慎将，等．科研赋能教学模式下研究生创新能力培养的探索与实践［J］．学位与研究生教育，2021，339（2）：36-39.

新文科背景下的"科教—产教"融合理念与实践

——以广播电视学课程建设为例*

高胤丰　王　伟**

【摘要】 新文科建设对新闻与传播学科培养全媒体人才提出新的要求。在具体的课程教学实践中,科教融合理念逐渐延伸为"科教—产教"融合理念,融汇理论与实践,强化技术融合创新。笔者结合前期的深度访谈与焦点小组,提出了"科教—产教"融合的目标,并在面向本科二年级的广播电视学课程改革与建设中,将课程设计总结为理论模块、科研模块、案例模块、产业模块、创作模块五个部分。通过授课教师的科研与创作行动发挥价值引领作用,调整教学内容,提升学生专业素养,切实提升教学成效、丰富教学成果。

【关键词】 科教—产教融合;广播电视学;新文科

---

* 本文为北京市教委科研计划项目"首都老年群体网络参与的社会支持研究"(项目批准号:SM202311417013)、北京联合大学教育教学研究与改革项目"基于科教融合的广播电视学课程教学改革研究与实践"(项目编号JJ2022Q001)、北京联合大学应用文理学院课程思政精品课程建设项目的研究成果之一。

** 高胤丰,博士,讲师,北京联合大学应用文理学院新闻与传播系,研究方向为网络视听、网络素养。王伟,硕士,编辑(中级),新华社音视频部,研究方向为融合新闻。

科教融合是实现新时代高等教育高质量发展的重要因子。洪堡在19世纪初便提出了"科研应作为一种培养人的过程和途径，要与教育相统一"的理念，为现代科教融合理念奠定了理论基础。国外高校也长期重视教学与科研的协调发展。许多高校形成"新生研讨课—通识课程—本科生科研项目—顶峰课程"的教育体系，帮助学生形成跨学科的思维方式与学术视野①，鼓励学生主动参加研究活动。本科学生参与科研的影响因素包括教师支持、学生理念、科教融合等。教师在本科教学中明确表达与研究整合，将促进学生学习成果的产出。因此，加强科研与教学的结合，以利于学生对大学研究型学习，仍然是高等教育中需要应对的一个挑战。在新文科建设背景下，新闻与传播学科对科教融合提出了新的要求，需要纳入对产业的考量，支撑科研与教学的共同发展。

一、从科教融合到"科教—产教"融合

《中华人民共和国国民经济和社会发展第十三个五年规划纲要》首次明确提出"科教融合"一词。科教融合概念是科研与教学的融合，二者不能拆分理解，科教融合已经成为我国高等教育的基本形态。高等教育行业积极讨论科教融合的理论研究及培养模式研究，并将其视为大学教改的重要组成部分。教育部、中国科学院联合实施"科教结合协同育人行动计划"，着力于将"科"与"教"融入促进培育人才和科研发展的工作中来。各个高校也在实践中根据自身情况探索基于科教融合的专业人才培养及课程教学改革，以促进知识在师生中自由流动，迸发创新意识。然而，周光礼、黄露的一项实证调研中指出，大部分学生参与研究性学习的意愿较高，但不少学生参与科研项目积极性较低。② 科教融合在本科教育中的实施状况并不乐观，这与其中所蕴含的"教师本位"理念密切相关。程晨等认为本科教学在践行科教融合时

---

① 张红霞，施悦琪. 聚焦"科教融合"："双一流"大学本科教育评估的应有之策[J]. 江苏高教，2021（6）：15-24.

② 周光礼，黄露. 为什么学生不欢迎先进的教学理念？——基于科教融合改革的实证研究[J]. 高等工程教育研究，2016（2）：48-56.

存在缺乏制度设计和统筹规划、科研和教学转换效果差等问题。[①] 张飞龙等构建了"科教融合"概念体系，认为"在理论层面，科教融合表现为以教学达到科学思维；在制度层面，表现为科学的人才培养体系；在操作层面，表现为科研与教学具体活动相融合"。[②]

新文科建设的要求更需要科教、产教促发展，形成全方位协同育人的常态化机制，在实践中培育复合人才、创新人才。[③] 新文科的概念率先提出之时，便希望通过"新技术+文科"的模式，结合科研、产业、教学，培养适应经济社会发展需要的人才。在近年来的实践中，科教融合的外延也有了扩展。"科"既包括科研院所的科学技术研究活动，也包括高等院校的科技创新、科技服务和科技普及；"教"不再单指校内的课堂教学，还包括课外的实验实训、社会实践和文化活动。[④]

新闻与传播学科作为"新文科"建设的排头兵，长期以来就将产业协同作为科研与教学过程中的重要因素。在科研工作中，新闻与传播学科关注媒介技术升级等行业前沿动态，形成了媒介、技术、社会间的联动议题；在教学工作中，应用能力与实践能力的培养要求学生掌握先进的行业技术，以更好地适应不断变化的市场环境。因此，教师更需要不断更新知识结构，将行业实践与媒介理论充分结合，更好地推进新文科背景下的科教融合，拓宽科教、产教融合发展，以技术服务引导学生加入产业一线实际学习，发挥学生的主动精神。

科教、产教深度融合，对课程也提出了新的要求，要进一步引入科研成果与行业成果来丰富教学环节，提升教学内容的前沿性与科学性，并以学生成果、学生素质为导向，在课堂学习与动态科研活动、产业实践中培养应用型、创新型人才。对于新闻传播学子来讲，更需要在文科综合实践中利用技术融合创新，投身文化事业繁荣和文化产业大发展。

[①] 程晨，周祎，马守明. 科教融合视域下高质量本科教学的实效性研究 [J]. 高教学刊，2021 (7)：48-51，56.

[②] 张飞龙，于苗苗，马永红. 科教融合概念再构及研究生教育治理 [J]. 中国高教研究，2020 (11)：31-37.

[③] 樊丽明. 论新文科建设的机制保障 [J]. 中国高教研究，2023，357 (5)：4-8.

[④] 龚娜. 高职院校科教融合的理论发展与路径选择 [J]. 教育与职业，2017 (12)：54-57.

二、广播电视学课程的"科教—产教"融合目标

广播电视学课程是新闻学、网络与新媒体等专业的选修课程，课程内容为广播电视的专业知识，具体内容涵盖了中外广播电视发展及互联网视听的历史、现状、社会功能和节目类别等，基本构建起广播电视学习认知的框架，提供广播电视研究的基本线索和思路，是一门理论与实践并重的课程。

（一）了解行业，融合技术与艺术

传媒产业的转型、传媒技术的升级、传媒内容的深耕都要求"广播电视学"课程紧跟时代脉搏。曾祥敏等认为要特别注重当今社会的媒体融合需求、传媒应用变革需求和全媒体发展需求。[①] 首先，学生通过课程能够深刻了解媒介市场的变化，厘清专业与行业之间的关系，把握受众需求，明确相关岗位的职责要求与职业素养；其次，学生通过课程了解当前的"黑科技"，接触到最前沿的影视拍摄与制作技术，综合提升自身的实践水平，并形成终身学习能力；最后，课程通过对媒体技术应用的案例解读，学生能够提升自身的审美素养，并且能够综合运用技术工具来实现美学叙事及表达。总体而言，广播电视学课程通过对媒介技术发展的讨论及视听艺术的赏析，帮助学生进一步加深技术与艺术互融理念。

（二）初识科研，形成科学思维

新文科建设的重要趋势便是学科之间的交叉融合。广播电视学课程作为新闻与传播二级学科广播电视学的重要内容，具备经典大众传播学、媒介社会学、文化研究等理论基础。常江在此基础上将广播电视学划分为三个层次，即广播电视本体论、广播电视社会学、广播电视文化研究。[②] 学习广播电视学课程，不仅帮助学生提升广播电视行业的实操技能，更重要的是让学生了解广播电视行业的构成方式和运行逻辑。在媒介史与技术史的脉络中，在技术

[①] 曾祥敏，郄屹."新文科"语境下广播电视学专业和人才培养改革创新［J］.中国广播电视学刊，2022（9）：17-20.
[②] 常江. 广播电视学导论［M］. 北京：北京大学出版社，2016：25.

工业、国家体制、社会结构的勾连下，正视当前被视听符号所主导的世界，掌握明辨广播电视媒介现象的思维方式和方法论，并形成科研基础，为日后的毕业论文夯实基础。部分同学早进课题、早进团队，也有利于未来升学深造。

（三）深入调查，提升家国情怀

高等教育致力于"帮助学生形成批判性分析的能力，收集证据的能力，在理性的基础上做出判断并不断反思自己正在做什么以及为什么这么做的能力，这一切都是调查研究的能力"①。习近平总书记在学习贯彻习近平新时代中国特色社会主义思想主题教育工作会议上强调："紧紧围绕高质量发展这个全面建设社会主义现代化国家的首要任务，以强化理论学习指导发展实践，以深化调查研究推动解决发展难题。"实践的观点是马克思主义认识论的基本观点。重视和坚持调查研究，是马克思主义新闻观的重要内容和宝贵品格。广播电视以及网络视听作为广大人民群众满足精神文明需求的重要介质、国家媒介深度融合的重要成果，与我国面临的内外部环境息息相关。通过调查研究项目，学生开展老年群体数字素养提升、反诈宣传等活动更有利于未来的新闻传播工作者提升"四力"，发挥媒体的力量。

三、广播电视学课程"科教—产教"融合设计

笔者已完成了两轮面向北京联合大学网络与新媒体专业学生开设的广播电视学课程教学改革，目前课程仍在建设过程当中。在与往届学生进行深度访谈时，学生表示，作为一所应用型高校的学生，希望课程兼顾最新的研究成果以及行业动态，学生在具备一定理论基础的同时，能够真正成为应用型全媒体人才。这也使得笔者更加明确了课程改革的方向，形成初步的课程内容模块并设计多元形式，以提升学生创新思维及专业素养。

（一）理论模块

广播电视学课程的研究主体是 20 世纪以来重要的大众传播媒介形式——

---

① BREW A. Research and teaching: beyond the divide [M]. London: palgrave macmillan, 2006: 13.

广播电视。广播电视以其视听符号优势突破了传统文字符号的限制，让大众以更加低门槛的方式接触到更为广泛的信息，并成为当代大众文化的最重要载体之一，也被视作"第八艺术"。雷蒙德·威廉姆斯将电视称为"独特的文化技术（a particular cultural technology）"。① 广播电视理论也因此与新闻学、传播学、艺术学、社会学、政治学、文化研究等理论紧密相连。

在理论模块方面，基于学生在本科一年级学习的"传播学概论"基础课程，增加传播政治经济学视角下的美国媒介社会学理论，媒介进化理论等北美媒介环境学派，以及文化工业理论、意识形态国家机器理论等欧洲文化与媒介理论等内容。同时介绍基于互联网发展进程中学者正在研究的新观点，适当提升理论高度，拓宽学生理论视野。

（二）科研模块

广播电视学课程是一门面向本科二年级的考查课，期末以结课论文作为考查方式。然而本科二年级的同学对于何为论文、何为选题、何为文献、何为综述等问题仍然是未知的。因此通过这门课程的学习，能够对学生日后开展论文写作、专题调研进行基础式解答。在学期初，任课教师可以基于最近1~2年的研究课题、发表论文、学界热点，设置有启发性的选题。学生分组后，通过抽签的方式确定选题，并在课后进行主动的文献资料检索与阅读，对选题的背景情况、历史发展及现状、国际比较、分类及特色、主要受众、传播效果、经典案例、行业问题、发展趋势、新媒体发展等维度进行梳理，并在课堂中进行主题分享及专题研讨。授课教师结合设置选题查阅国内外文献，结合小组分享的角度，对研究前沿进行总结。

在学生进行调研的过程中，鼓励学生利用网络与新媒体调查分析、传播学研究方法等课程所学到的方法，展开课题式的实证调研，形成问题意识和科研思维，激发学生科研兴趣的同时，让学生真正接触到社会议题及更广大的人民群众，提升调查研究能力与家国情怀。学生通过科研模块专题的训练，取得优异成果。有学生结合课程主题申请到面向大学生的科研项目，有的撰

---

① RAYMOND WILLIAMS. Television：technology and cultural form [M]. New York：routlege, 1974：2-3.

写论文被期刊及新闻传播学科顶级学术会议收录。

（三）案例模块

广播电视学课程需要关注最新的广播电视新闻、综艺节目、电视剧、短视频等流行的媒介内容，并熟悉策划、生产、传播、运营等环节的内部动态。对于具体案例的深度解析，也有利于学生提升策划、创作方面的专业素养。因此在课程内容准备时，需要教师做好充分的准备，包括但不限于：（1）到相关企业进行走访调研，如教学团队到北京迪生数字娱乐科技股份有限公司、北京聚力维度科技有限公司等进行调研，了解如何充分应用先进技术服务影视制作；（2）采访制作团队记录心路历程，如对各大主流媒体的制作人、导演进行采访，了解主创团队的艰辛；（3）任课教师外出进行相关作品创作，结合自身的创作经历进行分享等。

（四）产业模块

广播电视学课程为学生提供和产业一线对话的机会，为学生在个人发展、就业前景、招聘需求、行业发展等方面的疑惑进行解答。在课程导入后，任课教师会针对本次开课的人员构成、兴趣爱好进行焦点小组访谈。在过去的课程中，学生对于大片制作、动画、数字媒体等视觉奇观特色明显的、想象力消费属性浓厚的、工业生产流程规范的内容较为感兴趣。因此，授课教师通过教育部产学合作协同育人项目联系到北京迪生数字娱乐科技股份有限公司，双方达成共识，形成较为明晰的育人网络及育人目标，引进行业工作人员进课堂举办讲座。在传统纸媒转型与媒体深度融合方面，任课教师联系了正在进行市场化改革的媒体老师，从媒介经营管理及媒介策划等视角对具体实践进行解读。

（五）创作模块

广播电视学课程也设计了实践环节，以培养学生在视听内容创作、策划、制作方面的动手能力，提升专业素养。根据专业的不同，可以设置电视消息专题、出镜报道专题、网络综艺专题等类型题材。学生结合摄影与摄像、非线性编辑等课程知识，以及对各类网络视听节目的日常观察，进行主题式创作。任课教师及其他专业老师对学生作品进行点评，并提出指导意见。学生在集体指导过程中能够发现自身的不足，以进一步发现自身的短板与不足，及时加强个人能力，并为未来的音视频制作、纪录片创作等课程夯实基础。同时，鼓励学生发挥实践优势，以赛代练，以赛促教，参与各类学科竞赛，综合锻炼学生的创新能力、创作能力，或是为未来自媒体号的养成做好前期准备，服务于学生后期进行自媒体创业。

四、反思与展望

新文科内涵与外延的发展，对于我国全媒体人才培养提出新的要求。广播电视学课程作为一门理论与实践结合的学科大类选修课程，在与媒介技术、艺术审美、数字人文等领域的互动对话中，从国际视野、家国情怀、行业前沿、个人价值等方面提升学生个人素质，是"科教—产教"深度融合的试验田。在课程改革中，需要充分以学生为本位，以学生成果、学生素质为导向，在课堂学习与动态科研活动中培养应用型、创新型人才，培养学生适应当前不断进步的社会环境与市场环境。

"科教—产教"深度融合具体表现为用理论与实践共同滋养教学，完善"以问题为导向的培养模式、以动手设计为重点的教学模式"。然而在实际教学过程中，仍然存在着提升空间。在下一步的课程改革中，还需要充分调动学生的研究兴趣，加强团队协作模式，开发科教与产教的多元场景，主动融入社会并服务社会，切实提升学生的综合实践能力。

高校加强科技传播和科普教育的策略研究*

金 韶 金雨茹 田欣瑶**

【摘要】科技创新、科学普及是实现创新发展的两翼,科普对科技创新发挥促进作用。高校的目标是通过教学科研活动,培养创新型、高水平人才,因而高校是科技传播和科普教育的重要担当者。目前部分高校在加强科技传播和科普教育方面取得了一定成效,但整体而言,仍存在科技传播形式单一、科普工作缺乏体系化、以教师为主而学生参与度低等问题。高校拥有丰富的科技资源,包括人才、技术和软硬件、交流合作等,可重点从四个方面加强科技传播和开展科普工作:搭建线上线下的高校科普体系、完善高校科技和科普工作机制、增强科技传播的沉浸效果、提升科普活动的创意形式,从而提升高校的科技传播水平和科普服务能力。

【关键词】高校;科技传播;科普教育;提升策略

习近平总书记指出,科技创新、科学普及是实现创新发展的两翼。科普发挥着传播科学思想、普及科学知识、弘扬科学精神、提升公众科学素养等

---

* 本文是北京联合大学校级项目"'新文科'理念下高水平人才培养模式创新——基于新媒体课程群的教学改革研究"(JJ2023Z00)的成果。
** 金韶,北京联合大学应用文理学院新闻与传播系教授。金雨茹,北京联合大学应用文理学院新闻与传播系2024级硕士研究生。田欣瑶,北京联合大学应用文理学院新闻与传播系2024级硕士研究生。

重要作用。高校的目标是培养具备科学知识、人文素养和创新精神的人才。高校积极开展科普工作、加强科技传播，有助于提升科技创新能力、提高科普服务水平、推进科技强国建设。

一、高校加强科技传播和科普教育的重要意义

（一）高校教育和科普教育相互促进

科普是面向社会大众开展的科学教育，是以学校为阵地的科学教育的延伸。高校是高等教育的阵地，是衔接学校教育和社会需要的枢纽，必然成为国家科普教育体系的重要组成部分。高校通过多元化的学科和专业设置，目标是培养专业化、高水平人才，而学科和专业的设置需要首先具备科学理念和科学精神，专业人才首先需要具备科学和人文综合素养，从这个意义上讲，科普教育是高校教育的基础和支撑，能够促进高校的专业建设和学科发展。

（二）高校是科普教育的重要担当者

高校的核心目标就是教育，发挥人才培养、科学研究、社会服务等功能，是科普教育体系的重要担当者。高校的教育本质，既包括专业的学科建设和人才培养，还包括要主动发挥社会教育和社会服务功能，这既是现代社会赋予高校的责任与义务，更是高校与生俱来的使命与担当。《中华人民共和国科学技术普及法》明确规定：各类学校及其他教育机构，应当把科普作为素质教育的重要内容，组织学生开展多种形式的科普活动；科学研究和技术开发机构、高等院校、自然科学和社会科学类社会团体，应当组织和支持科学技术工作者和教师开展科普活动，鼓励其结合本职工作进行科普宣传。

（三）高校是科技传播的核心主力

高校是科技、文化、人才资源最为丰富和集聚的场所。高校的目标是培养具有科学知识和人文素养的高水平人才，这些人才是科普人才的最重要来源。高校里的专业教师拥有大量的知识储备和科研成果，是科普工作的核心主力。高校里各类学科的教育资源，尤其是自然科学领域的专业、课程和教材等，都是科普知识资源的宝库。高校丰富的科普资源可以开发成形式多样

的科普产品，为社会公众、青少年等提供科普服务。高校开展科普活动，有利于激发高校师生的科学精神和科技研发，更有利于在高校内部开展科研活动，孕育更多的科研成果，促进更多的科技创新。高校开展科普工作，加强科普传播，既能使高校的社会服务职能充分发挥，又能为全民的科学文化素质提高提供有力支撑。

二、高校加强科技传播和科普教育的实践现状

（一）高校科技科普资源丰富，但传播活动形式单一

高校加强科技传播和科普教育的主要形式是面向社会公众，在科技馆、图书馆、展览馆内组织培训或讲座，或者走进中小学面向青少年群体举办讲座或报告会，整体而言形式比较传统、单一，传播的范围和效果都比较有限。随着社交媒体的发展，科技传播、知识付费加速兴起，新媒体正在成为科普教育的新渠道和新平台。已经有一些高校老师通过微信自媒体、短视频、直播等新媒体方式积极参与科普服务，比如中国政法大学的罗翔教授就因其兼具专业性、生动感的普法视频，走红社交网络。但这样的科普网红教师数量较少，有传播力和影响力的科普教师更少。高校加强科技传播和科普教育的渠道、方式和形式需要拓展和创新。

（二）科技科普活动以短期为主，未形成机制化和体系化

高校主要以组织培训班、举办讲座、承接夏令营或研学等活动形式开展科技科普工作。比如中国科协每年都举办"科学营"活动，组织全国各地的中小学生，到重点高校开展为期一周的科学体验活动，取得了很好的科普传播效果。但整体而言，高校对科普工作的重视和投入度不高，未形成体系化和有效机制。高校作为科普服务的重要机构，大多数高校内部并没有设立专门的科普工作部门，未将参与社会上的科普服务视为自身的常态化工作，既缺乏对科普服务工作的整体规划和组织机制，也没有与各地科协、科技和科普部门建立有效联系，导致高校科普工作要么开展困难，要么流于形式，无法充分落实。

（三）科技科普的传播主体以教师为主，大学生参与度较低

现阶段高校科技传播和科普工作的主体是教师。高校教师主要以举办公益讲座、发表科普文章、出版科普图书、参加科普论坛等方式参与科技科普的传播工作，但整体而言，高校教师参与科技科普工作的积极性不高、缺乏可持续性。一方面，大多数教师都是基于学校安排或个人兴趣，被动参与或临时兼职，无法持续投入。高校教师从事科技传播和科普工作既不算工作量，也不被认定为科研或教学成果，因而缺乏坚持的动力和热情。另一方面，高校的另一重要群体——大学生们对科普工作的参与度更低。高校宣传力度不够、参与渠道不够畅通、激励奖励不到位，这些都是影响大学生对科普工作参与度的主要原因。实际上，大学生所受的高等教育使其已具备参与科普工作的知识和能力，而且大学生作为年轻活力、具备创新精神、综合素质较高的中坚力量，既有热情也有责任投身科技传播和科普工作。

三、高校加强科技传播和科普工作的资源优势

（一）人才资源

高校作为人才培养和科研阵地，拥有丰富的人才、知识、技术和软硬件资源，既是科技创新的重要力量，又为科学普及提供有力支撑。创新活动的最重要主体是人，而高校最突出的资源就是人才资源。高校的师生，既是科技传播和科普教育的对象和接受者，又是科技科普活动的组织和发起者。高校教师是拥有各学科背景的科技工作者，高校大学生的科学素养相对社会其他群体要高，他们有着强烈的求知欲和探索欲，高校的师生群体与科技传播和科普领域的专业人才有比较高的契合度。而且，高校学生投身科普活动，既能将科技传播的范围最大限度地扩大，又能发挥自身的热情和精力，提升自身的活动组织和实践能力，为促进高校学生就业提供机会和通道。

（二）技术和软硬件资源

为了开展教学和科研工作，高校建有图书馆、博物馆、实验室、展览室、科研中心等。一些特色专业院校如中国农业大学、北京中医药大学等，其标

本室里收集着丰富多样的物种资源；一些理工类、科技类学校，如清华大学、北京理工大学等，其实验室里研发着最前沿的人工智能、3D打印等技术；而中国传媒大学的广告博物馆里，影像资料和视听设备非常丰富，堪比社会上的专业博物馆。这些科技资源如果用于科普活动，能够极大推动科普宣传的力度与效果。很多历史悠久的高校，非常注重学校博物馆的建设。高校博物馆植根于深厚的高校环境，具有坚实的学科支撑，依靠强大的智库资源，在馆藏资源丰富性、教师学术性乃至学生参观便利性方面拥有很大优势。有的有实力的高校，还结合其学科和专业优势，策划和推出地质馆、天文馆、生物馆、植物馆、科技馆等主题场馆，在促进科普创新上提供了更多的技术和空间资源。

（三）交流合作资源

高校是人才资源的聚集地，其定位就是服务社会发展、服务地方建设、促进行业交流。很多政府部门、企业、行业协会和社会团体都积极与高校建立合作关系。校企合作，既能发挥高校的公益性和影响力优势，提升企业的社会知名度，又能让高校获得外部的资源资金支持，提升科普质量和效益。高校和政府部门、企业和机构合作推进科普的方式主要有：合作开展科普研究课题，策划制作和落地实施科普影视和会展等项目，联合举办科普类的赛事活动等。比如在全国高校范围内每年举办的创新创业大赛，就是鼓励科技创新应用和转化的高校赛事，联动了高校师生、高校和企业的密切合作，借助赛事平台和项目演示，能够很好地带动科技创新和科普传播，发挥创新效应。

四、高校加强科技传播和科普工作的主要策略

（一）发挥教学科研优势，搭建线上线下的科技科普体系

高校为了开展和实施教学和科研活动，在明确学科专业、建设师资队伍的基础上，要开发设计和不断完善课程体系和配套教材。科普不仅是一种依托大众媒体的信息传播活动，更是一种独特而重要的教育领域，但现有的科普资源，除了大众化的读物和影视作品外，在专业的课程和教材上比较欠缺，

科普资源没有形成专业化和体系化。而这恰恰是高校开展科技传播和科普活动的最大优势，也是高校科普的重要突破口。

在线上，高校要组建教师队伍，将科普作为重要而紧急的研究主题，研发和推出系列化、特色化的科普课程和教材，还可邀请高校外的专家、学者和文化科技企业负责人，共同研发科普课程，合作撰写科普教材，增强课程和教材的适用性。这些课程和教材，可以先在高校系统内部使用，再逐步推向全社会，不断更新优化，从而引领科普的专业化发展。在线下，高校需要加大对高校的实验室、科技孵化器、科技展馆、博物馆等场地的资源共享、科学利用和有序开放，充分发挥这些场所在教学科研之外的科普价值。通过线上线下的融合贯通，建立高校主导、产学研协同、社会化应用的科普教育体系。

（二）加强高校组织管理，完善科普服务的机制化

一方面，要加强高校科普资源包括软硬件等各种资源的有效开发、利用和管理。高校的实验室、图书馆、展览馆等场所在满足校内需求的基础上，可以面向社会公众进行定期开放，尤其在全国科普日、北京科技周等重要活动期间可延长开放时间，既可以借机促进科普工作的开展，又可以借势营销高校的高科技形象。另一方面，要加强人力资源的组织和鼓励机制。高校师生作为科技传播的主体，是科普活动的主要力量，学校可设立科普部门和由师生组成的科普协会，持续开展科普活动，促进科普服务的体系化和机制化。

高校还可以拓宽视野、面向社会，联动政府部门、行业协会、企业等机构，搭建产学研的科普联盟或科技创新基地，联合举办大学生科技节、科技展、科普赛事等活动，创新科普活动的组织形式和传播方式。比如中国科协每年举办科普征文、科普视频评选等活动，在发动高校学生参与上取得了较好效果，但这些赛事偏于文学和影视类，科技特色不是特别突出。可发挥高校在信息、技术、理工、生化等方面的专业优势，组织更具科技特色、更多样化的科技科普活动，增强高校科普对科技创新、科技传播的促进作用。

（三）加强新技术的转化应用，提升沉浸式科技传播效果

随着新媒体技术的更新和转化应用，高校在利用图书馆、实验室、博物

馆等空间场所开展科普活动时,要注意交互展示的技术和方式创新,营造沉浸式的传播体验,吸引青少年和社会公众来参观和学习,提升科普效果。随着虚拟现实和影像技术的进步,强调视听交融、个性交互、全身心体验的沉浸式传播已经成为热点,也由此形成了沉浸式展览、演出、文旅等数字经济新业态。沉浸式新业态,也将开创科普的新阶段和新模式。

现在社会上的科技馆都在积极推进数字化战略,推出数字展、云展览、虚拟现实展等,在沉浸式科技传播上积极探索,具有开创意义和示范效果。高校里最不缺的就是人才和技术,可以在沉浸式科技传播活动上做更多创新和投入。在资金支持和项目实施上,高校既可以申请政府部门的资金扶持,又可以和当地企业联动,以校企合作的方式推出科普项目,还可以率先自投入,做高校科技传播的表率,发挥示范引领作用。

(四)激发师生创意力量,提升科普传播力

科普的内容大都是自然科学,强调科技知识的核心,但科普的形式需要生动形象,就更强调文化元素的融入。高校里除了自然学科,还有很多人文社科的专业,比如文学、影视、艺术专业等。这些人文社科专业的师生,具有创意策划、艺术创作和媒体传播的理论素养和专业技能,善用新媒体创意形式进行科普产品的开发设计。人文社科专业的师生积极参与高校科普活动,能让科普从简单生硬的宣传式、说教式推广变成生动的故事化、艺术化演绎,让科普的表达方式和表现形式更加富有感染力和影响力。高校可以在科普管理部门的带动下,依托科普项目或者科普活动,发动影视类、艺术类、新闻类、文创类专业的广大师生参与,拍摄制作科普类的纪录片、影视剧、短视频等,再利用新媒体平台进行社交传播,真正让科普走进网民和年轻大众;还以让师生们结合专业技能,创建科普网站,创作和发布科普故事,运营科普微信公众号、视频号,开展在线科普直播讲座等,通过丰富多元的科普传播形式,进一步提升科普的传播力和影响力。

参考文献

[1] 李成范,周时强,刘岚,等.高校科普工作中存在的问题及对策[J].科技传

播，2017（9）：100-102.

[2] 王慧琳，梁智娟. 高校开展科普活动的现状研究［J］. 科技视界，2020（10）：17-19.

[3] 谢晓东. 论如何构建高校科普生态系统［J］. 科教文汇，2021（12）：21-23.

[4] 黄炎，刘先国，刘安璐. 高校博物馆科普教育策略研究［J］. 科教导刊，2022（11）：34-37.

[5] 孙玉超，师文淑. 全媒体环境下中国科普影视发展的基本特征和推进路径［J］. 科技传播，2022（8）：41-44.

[6] 步海洋. 论高校科普人才队伍的建设与培养［J］. 人力资源，2019（22）：130-131.

论生涯规划发展理念下新闻学专业学生创新创业教育研究

——以省属T大学为例*

邵 将**

【摘要】本文积极落实政策指导，依托当前教改形势，结合新闻学专业学生创新创业教育与职业生涯规划的现状，考虑创新创业教育要融入人才培养全过程的现实情况，有针对性地参考生涯教育理论，以田野调查法、文献法、综合分析法等方法为依托，提出以职业生涯规划发展为基础的创新创业教育实施的具体方法与步骤，切实帮助学生通过创新创业教育和产教融合的专业实践方式，提升自身的职业生涯规划能力，同时也可以为应用型高校创新创业教育和职业生涯规划教育提供一些理论与实践参考。

【关键词】生涯教育理论；职业生涯规划发展；产教融合

科学发展与社会进步给人类社会带来了深刻影响，在很多方面重塑了职业环境，改变了传统的职业形态，给大学生的就业创业和生涯发展带来了巨大的挑战。对新闻学专业的学生来说，媒体的转型升级已进入深度发展阶段。

---

* 本文为北京联合大学教改项目（项目号：JJ2023Q001）的阶段性研究成果。
** 邵将，博士，北京联合大学应用文理学院讲师，研究方向为网络新媒体与影视剧研究。

在当前全媒型、专家型的新闻传播人才培养的需求下，培养既具有扎实新闻传播理论及实践能力，同时又具有创新创业精神的新型新闻传播类人才已是大势所趋。职业环境的快速变化和工作任务的不断更新，使得既定的工作思路、工作模式不足以应对。媒体工作者必须怀有创新意识和精神，用新的工作思路、工作方式来解决新问题，勇于变革、敢于变革、善于变革将是未来工作的常态。

创新创业教育在培育大学生创新创业精神能力方面起着重要作用，职业生涯发展决定着大学生面向充满不确定性的未来的选择与规划。创新创业教育要让大学生认识自我，并且不断完善自我。从生涯教育的角度来说，就是要让学生学会做出正确的选择，学会给自己定一个发展的方向。职业生涯规划与创新创业教育的结合具有重要意义，可以让学生反思创业的经验教训，进而获得成长，而创新创业实践又去验证职业生涯规划理论，使学生不断调整自我认知和自我定位，从而使其职业生涯规划更具有操作性。在这种情况下，大学生只有将创新创业教育与职业生涯规划有机融合，以生涯发展的大局观进行创新创业教育领域的学习与实践，并以创新创业教育之所学促进职业生涯的发展，才能不断赋予生活和人生以价值和意义，积极悦纳职业生涯的不确定，始终对职业生涯持开放和灵活态度，培育受益一生的生涯适应力、生涯构建力、生涯创新力。

一、新闻学专业学生创新创业教育的背景和意义

缓就业、慢就业、逃避就业，甚至"躺平"，是当前描述大学生就业的网络热词。虽然这不能代表高校毕业生就业现状的全貌，但根据对新闻学专业学生的调查，媒体行业整体生存难、离职频繁、就业稳定性不高，尤其在当前新媒体发展迅猛的态势下更是出现了主流媒体从业者离职潮的现象。在培养人才时，新闻教育一直强调"铁肩担道义"的新闻理想，而真正到了择业阶段，尤其是在当前的社会发展情况和媒体行业生态下，大多数新闻学专业毕业生都主动选择分散到远离这一"理想"的各类高新热门行业或"体制内"，脱离新闻专业教育的培养目标。在当前就业人数创新高和经济下行的双重压力情景下，职业世界的一系列变化让我们看到职业生涯发展规划教育与创新创业教育结合的重要性，我们需要以新的思路重新界定大学生的生涯发展与就业成功。

（一）新闻学专业学生需要努力建构自己的生命意义

在复杂多变的世界里，当外界的规范和指导减少，又面对很多人生选择和发展道路时，我们内在的生命意义能够引领我们作出决定，克服迷茫与困惑。生命的意义感有很多来源，有对未知真理的探索，有对美的艺术追求，也有对公平正义的坚守。作为当代中国的大学生，要自觉地把个人的发展、国家的发展和社会的需要等联系在一起；作为新闻学专业学生，应回归媒体的本质与价值。这就需要通过基于职业生涯规划发展的双创教育让学生明确理想信念上的问题，用先进的思想和崇高的理想来武装大学生的头脑，让学生认识到不管是创业还是就业都可以给社会创造价值，实现社会价值与自我价值的统一。

（二）新闻学专业学生需要努力提升自己的生涯适应力

媒体行业发生着日新月异的变化，"互联网+"背景下，媒体发展又迎来新一轮的战略机遇期，同时也会催生对新闻传播类专业人才的旺盛需求。而此时，行业对专业人才的要求将会更高。新闻学专业学生只有不断提升自己的生涯适应力，才可以在快速的变革中得以很好地生存与发展。而职业生涯适应力与创新创业精神与能力存在着直接关系。在新媒体时代下，很多高校新闻传播类专业着重培养能够适应多媒体形式的多元化、技能型人才，未能很好地凸显出对学生创新创业能力的要求。而媒体行业恰恰是一个需要创新能力的行业，同时也是具有巨大创业潜力的行业。基于职业生涯规划发展的双创教育要与时俱进，结合当前形势，培养既具有系统扎实的专业理论及实践能力，又具有创新创业思想和较强生涯适应力的新型复合型人才。

（三）新闻学专业学生需要提升专业实践能力

新闻学专业的发展虽有无限机遇，但也面临着人才培养方面的巨大挑战。一方面，专业培养跟不上时代发展趋势，人才培养的质量标准和用人单位的要求不一致，存在较严重的脱节现象，不能有效适应行业快速变化对人才需求的变化。另一方面，在人人都是自媒体的大背景下，行业门槛不受专业限制，其他掌握一定媒体运营、视频制作等能力的文学、法学、财经类专业毕业生大量涌入传媒业，给本专业毕业生就业造成了极大冲击。作为与创新创业关联度较高的专业，新闻学教育和创新创业教育的融合是人才培养供给和社会产业迭代的共同需求，应制订富有创新思维的教学内容和实习实训方案，尤其是在实践教学中培养新闻学学生跨媒体、跨学科、跨文化的视野，推动其知识应用能力和知识转化能力的双重提升，强化其创新意识与创业意愿，训练学生的创新创业能力，帮助学生做出创新创业成果，最终促进专业与产业的良性互动及学生职业发展能力的提高。

基于职业生涯发展规划的双创教育对于帮助新闻专业学生建构自己生命的意义、提升自我生涯适应力、提升专业实践能力均具有较深刻的意义。同时，对于学校创新创业教育来说，融入职业生涯发展规划观念与理论体系，一方面，有助于创新高校人才培养机制，基于生涯规划的创新创业教育模式通过将创新创业教育融入职业生涯教育实践活动中，构建自主导向的人才培养机制和需求导向的创业培养结构，使创新创业教育不仅有效促进高校大学生成才发展，同时与个体生涯发展、行业市场发展、社会经济发展紧密衔接；另一方面，基于生涯规划的创新创业教育模式有助于与学校现有的就业职业指导平台充分衔接，有助于依托学校就业部门建立学校就业创业信息服务平台，整理发布最新创业政策、行业技术动向等信息，提升就业创业一体化服务质量，引导学生把握创业机会、捕捉创业商机。

二、职业生涯规划理念有机融入创新创业教育

职业生涯规划是指个体在职业生涯历程中所经历的职位、职业及相关社会角色、活动、成就的总和，是个体发展与组织发展相结合，对决定个体职业生涯的主客观因素进行分析、总结和测定，确定个体职业奋斗目标，并选择实现这一事业目标的职业，确定发展目标和途径，根据社会发展和自我发展现状调整发展策略实现自我职业发展的一种策略和安排。

职业生涯规划理论由职业指导理论发展而来，起源于20世纪初的美国，佛兰克·帕森斯的专著《择职业》的出版标志着职业指导理论的创立。20世纪50年代美国生涯教育家舒伯提出了生涯发展理论，强调个体的全方位发展并尊重个体差异。20世纪70年代，职业生涯规划理论在美国各高校已经普及，主要内容有生涯察觉、生涯探索、生涯决定、生涯准备等生涯发展理念

和技术。学者们致力于研究如何在政策上实现全面就业的同时，又在微观上研究个体如何增强自身技能和就业能力，以实现自我价值。至今职业生涯规划理论已经形成了一系列的职业生涯规划理论和技术，对促进当前的大学生就业具有重要意义。

每个人的生涯发展都不是一成不变的，都是需要人们主动改变、探索加以创新才能实现的。在当今多变的世界，唯有将创新与生涯发展有机融合，才能帮助我们找到更多的可能性。创新者行动的4个步骤分别为：自我认知（创新基础）——思考（创新想法）——行动（创新创业行动）——审视（成果反馈）；而生涯的4个步骤分别为：自我认知（生涯认知）——思想（生涯唤醒）——行动（生涯行动）——成果（生涯评估）。创新创业教育与职业生涯规划之间有着充分且必要的联系。基于此，本文将新闻学人才培养过程中的实践教学环节与双创教育融合，以大三学生见习为例，将其见习内容与本文所搭建双创平台相融合，旨在丰富新闻学专业人才培养过程中的学生自主创新创业能力。

（一）职业生涯规划理念融入创新创业教育的必要性

1. 职业生涯规划中的自我认知有助于创新创业的方向选择

职业生涯规划的第一步就是自我认知，通过认知自己的性格、兴趣、能力、价值观等，来选择自己合适的方向，在自我认知过程中，发现自己的优势，并且充分运用自身优势，实现职业生涯目标。职业生涯规划中的自我认知对创新创业也尤其重要。对于新闻学专业的学生来说，不管是媒体品牌塑造还是个人品牌塑造，均需要对自己的能力、优缺点等有充分的认知，唯有如此才能够在创新创业的选择中找到最合适的路径，释放个人的最大潜能，取得最大程度的成功。笔者统计了省属T大学新闻学专业近五年（2013级~2017级）毕业生去向情况，如图1，根据统计数据可知在本专业相关行业领域工作占比仅18.83%，体制内工作占比22%，考研并被录取占比11.04%，自主创业占比0.04%，其他占比48.09%。由此可见，学生在本专业领域就业和自主创业的人数占比很低，通过本文研究和平台搭建，将针对T大学2018级新闻学专业毕业生进行跟踪统计，预计本专业领域就业率和自主创业率会有所提升。

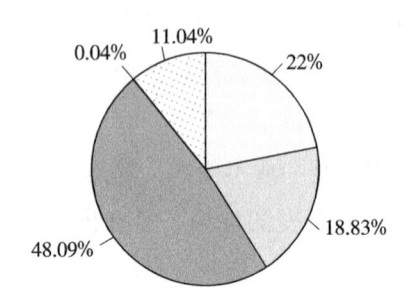

□本专业相关行业领域　□体制内工作　□考研并被录取　■自主创业　▩其他

图1　省属T大学新闻学专业（2013级~2017级）毕业生去向情况饼形图

2. 职业生涯规划的大局观有助于创新创业的可持续发展

职业生涯规划是为职业生涯这一场马拉松做准备，是对整个人生的通盘考量。创新创业不是一蹴而就的事情，而是怀着理想信念的长期坚持与坚守。创新是一项复杂而艰苦的工作，不仅需要锲而不舍的意志品质，还需要高涨的创新热情。创新热情是创造性思维的催化剂，使创新者在进行创造活动时情绪振奋，精神饱满，始终保持着旺盛的创新活力。创新成果的取得不是一蹴而就的，往往要历经坎坷和锲而不舍的长期奋斗过程。创新者需要呕心沥血、自强不息，要具有百折不挠、坚忍不拔的奋斗精神。而保持创新热情，静待创新成果，就需要职业生涯规划的大局观为创新创业持续输入动能，不因一时得失而放弃，也不因一时的辉煌而骄傲自满，不断为人生补充燃料，实现创新创业的可持续发展。就业地区的选择也是作为职业生涯发展的重要参考指标，经济发达的就业地区有助于职业发展，但相对落后地区的经济社会转型、发展同样需要人才补给，基于此，笔者统计了T大学新闻学专业近五年（2013级~2017级）毕业生就业地区，如图2所示，新闻学专业的毕业生大多数在内蒙古地区工作，由此可以看出，新闻学人才培养目标基本达成，真正做到了服务地方发展。

地区	人数
内蒙古托克托县	1
内蒙古鄂尔多斯市东胜区	1
辽宁省盘锦市	1
上海市虹口区	1
内蒙古包头市青山区	1
四川省茂县	1
内蒙古乌兰浩特市	1
内蒙古二连浩特市	1
山东省滨州市	2
河北省石家庄市	2
北京市朝阳区	3
广东省广州市	3
内蒙古乌兰察布市	4
内蒙古通辽市	5
内蒙古赤峰市	18
内蒙古呼和浩特市	59

图2　T大学新闻学专业（2013级~2017级）毕业生就业地区条形图

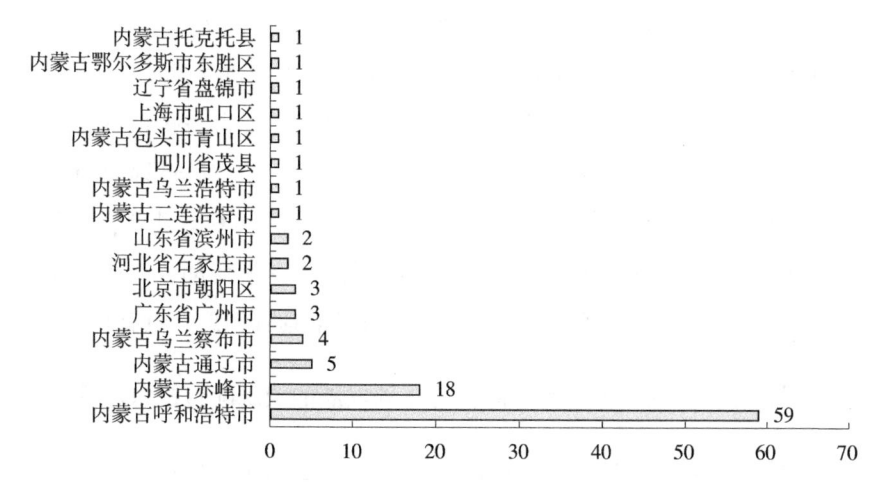

（二）创新精神对职业生涯发展的促进与提升

1. 创新激发生涯唤醒意识，创新提供生涯体验的各种新方法

清华大学副校长杨斌在《创新创业教育对学校和学生究竟意味着什么》一文中提到，"要想深化改革，促进创新创业人才培养，就要理解'创'的本质规律"。"创"的本质规律是什么？创新的第一步该怎么走？"创"的本质是改变是变化，而人是创造的主体，所以创新的第一步是要考虑如何激发创造者本身的主体意识和内生动机。只有创造者的主体意识被成功唤醒，才有可能更加主动积极地创造、创新，才可以挖掘自身更多的发展潜能。正如美国库克大学黄天中教授在《体验式全程生涯规划》（第四版）一书里提出：有了创新，我们的生涯体验就有了解决问题的方法和途径。创新是用创新思维找到多种解决办法，提供更多解决思路和方法，融合创新艺术，创造行业奇迹。

2. 创新是实践的创新，创新精神促进个体生涯自信，落实行动

创新是实践的创新。当今社会的发展日新月异，在科学技术、文化传播方式、舆论环境深刻变化的今天，我们更要以创新精神砥砺奋进，做创新的实践者，展现我们的生命活力。创新精神是一个国家和民族发展的不竭动力，

也是一个现代人应该具有的素质。创新精神是指能够综合运用已有的知识、信息、技能和方法，提出新方法、新观点的思维能力和进行发明改造、改革、革新的意志、信心、勇气和智慧。一个人如果想要实现自身价值的转变和成功发展的生涯之路，创新必然是其中关键的环节。而创新与风险相伴而行，这就需要创新精神促进个体形成积极向上、自立自信、不畏风险、勇猛精进的拼搏态度。创新精神是指一个人有能力将想法转变为行动，因此它是一种核心竞争力，能够帮助年轻人在从事任何工作时都具有创意、更有自信。

3. 创新提供了生涯行动的方向，为生涯发展的资源配置提供思路

著名经济学家约瑟夫·熊彼特说过一句话：创新是对已有资源进行更有效的重新组合，达到更高的效率。如何体现出更高的效率是在双创教育中不断钻研的命题，一要有洞察力，就是直击事物本质的能力，要擅长忽略不同行业的细节。太多的人高估了行业的差异性，低估了彼此之间的相似性。二要抓住机遇，整合资源，大胆创新。只有成功创新的人，在未来多变的世界中才不会被淘汰。因此创新提供了生涯行动的方向，为生涯发展的资源配置提供思路。通过创新我们知道了如何定义自我，决定了我们有什么勇气做什么层次的事情。当我们觉察到自己想要更好地拥抱这个不确定的时代、发现机会时，就会有效地配置自己身边的资源，不断行动，从而在成为自己最好的样子的路上走得更远。当我们赋予了行动的意义时，也就给了自己更多的动力，每个人都是生涯问题的决策者和解决者，都有能力成为自己的生命专家，设计自己的精彩人生。

(三) 职业生涯规划理念融入创新创业教育的方式

1. 将职业生涯规划理念与知识植入创新创业教育课程

职业生涯规划和创新创业教育在学校中是两套独立的体系，由于课时安排的问题，无法将两者很好地结合在一起，经过笔者调查研究，如前文所讲，职业生涯规划理念融入创新创业课程有其必要性。因此，在工作室的运行以及团队的培养过程中，学校导师团队与企业导师团队共同合作，将职业生涯规划的自我认知、职业认知、外部环境认知、生涯目标建立、生涯行动与调

试等内容与创新思维、创业方向选择、项目目标设立、创业行动等内容有机地融合在一起，让学生从生涯发展观的视角看待创新创业进程。

T大学新闻学课程在创新创业教育的基础上融入职业生涯规划理念，整体课程框架还在不断完善中，已有的课程更新已经得到了学生不错的反馈，即生涯发展的理念可以帮助学生更清晰地认识到创新创业对自我成长的帮助以及对未来职业发展的影响，更明确了方向与路径。同时工作室可以定期开展与职业生涯规划相关的讲座与分享会，指引工作室明确发展方向，帮助团队成员建立职业生涯发展概念，清晰人生规划，建立更明确的目标，实施更具体的行动，促进工作室发展，增强自身竞争力。

2. 团队成员撰写职业生涯规划书明确未来发展路径

无论创业与否，创新精神都应该伴随整个职业生涯的过程。而对于大学生来说，单纯地参加创业项目、创业教育，很难真正地理解创新创业精神、能力对自身的影响，也很难认识到创新创业教育的重要性。为了解决这一问题，新闻学专业的学生需要在导师的指导下撰写职业生涯规划书，通过对自己的认知，对新闻传媒领域的职业发展、行业发展、国家社会发展与需要进行充分的认识，树立自己的生涯发展目标，选择未来的职业方向，建立大的职业生涯发展框架后，再考虑创新创业教育的重要性，就可以发现创新创业精神、能力的培养能够极大地促进自身的职业发展。建立这样的认知后，学生在参加创新创业教育培训以及具体项目中，更具有方向性，进而产生更强的内驱力。

三、产教融合背景下新闻学专业工作室模式的创新创业教育新探索

新闻学专业就业具有实践性强的特点，新闻学专业人才培养的主要任务是培养应用型人才，毕业生相对缺乏其他领域的专业知识，需要在工作岗位上有针对性地补充学习。院校人才培养更加侧重知识学习，若要提升学生创新创业能力及就业能力，有必要依托产教融合增强学生的知识应用能力。

对于新闻学专业的大学生来说，无论是创新创业还是职业生涯发展，都需要通过实践来检验自己的专业能力、创新能力、理论知识习得能力以及自我规划能力。产教融合的一大特点就是将学校的知识带入现实职场环境中加

以实践与检验，促进学生在玩中学、做中学、错中学，在实践中发现问题、分析问题、改进问题，从而使学生更好地成长。理论知识与实践知识存在一定鸿沟，只有通过产教融合的形式才能快速有效弥补。

T大学新闻学专业教学团队没有将创新创业教育局限在教室里与理论层面，而是以工作室的形式实践融入了职业生涯规划的创新创业教育课程体系。工作室模式的课程体系建设着眼于开发以项目课程为核心的模块化课程体系，立足新闻学专业课堂教学内容的理论补充，体现技能操作与理论知识的融合。针对不同工作室的特点与学生理论知识学习的梯度，撰写以项目运作为核心的教案，并制作出课件，利用现场教学对学生进行创业模拟训练。

（一）模拟新闻媒体的工作环境，构建由专业指导教师辅导、学生自我管理的专业实践工作室

在笔者的调查中，T大学新闻学专业学生在学校与企业导师的共同辅导下和在汉诺威清洁能源国家级众创空间的支持下，成立了摄影工作室、纪录片工作室、广告片工作室、新媒体工作室。工作室模拟新闻媒体的工作环境，导师指导，学生自我管理。在筹备期间，学生自行制定了工作室章程、工作室规章制度、工作室人力资源管理制度、工作室发展规划等，并且根据不同团队的特点，为工作室注入不同的文化元素。工作室的筹备工作基本完成，还需要通过项目运行来检验学生的自我管理能力和创新创业能力。在校外众创空间开办的工作室，既具有学校的理论支撑，又有企业提供真实的职场环境与新闻媒体工作环境，学生可以更加身临其境地工作，由被动接受变为主动探索。

（二）充分发挥产教融合优势，利用众创空间平台，引入实践项目

T大学新闻学教学团队与汉诺威清洁能源国家级众创空间合作，结合国家"碳达峰碳中和"的政策目标，由学院教师与众创空间导师共同指导学生完成一系列新闻访谈报道、拍摄活动照片等项目。学校团队与众创空间通过沟通协作建立了友好、高效的合作关系。校外众创空间具有更大的开放度，学生可以接触到更多的社会资源。汉诺威众创空间主要是以清洁能源为主，这为学生工作室进行"碳达峰碳中和"领域的媒体工作提供了技术、知识、资源支撑，工作室也拥有更多的实践项目与机会，因此学生能够不断通过实

践来增强创新创业能力，产教融合取得良好效果。同时，新闻学专业的教学团队还与当地的电台、电视台、媒体人等建立联系与开展合作，使学生能在行业前辈的指引与熏陶下开展工作。

（三）完善工作室建设，为学生提供更专业更齐全的设备和模拟工作环境

T大学没有将创新创业教育局限在教室里与理论层面，而是以工作室的形式实践融入职业生涯规划的创新创业教育课程体系。工作室模式的课程体系建设着眼于开发以项目课程为核心的模块化课程体系，立足新闻学专业课堂教学内容的理论补充，体现技能操作与理论知识的融合。针对不同工作室的特点与学生理论知识学习的梯度，撰写以项目运作为核心的教案，并利用现场教学对学生进行创业模拟训练。

作为媒介，新闻学专业创新创业工作室为融合环境下学生的创新性思维与个性化能力的发展营造了提升空间，使学生成为兼具专业知识、职业素质、综合能力的优质传媒人。但是在运作过程中，还有很多问题有待深入探索并逐步完善，工作室的模式还需要继续通过项目进行验证。

综上，本文以省属T大学为例，通过将职业生涯规划理念融入创新创业教育，尝试为新闻学专业学生的培养提供创新、有效的思路，但文中提到的模式、课程仍需不断完善更新与持续研究，以期研究成果更为完善与精准。

参考文献

[1] 张伟."互联网+"时代新闻传播类专业"双创型"人才培养研究[J]. 教育教学论坛, 2018（42）: 153-154.

[2] 杨柳青, 李蔚然. 高校创新创业人才培养现状调查分析[J]. 学校党建与思想教育, 2017（16）: 80-82.

[3] 张兄武. 高校创新创业人才多元协同培养机制的构建[J]. 国家教育行政学院学报, 2016（4）: 30-37.

[4] 王雪梅, 陈锦宣, 郝雯婧. 智媒时代传媒教育与双创教育多维融合生态体系构建[J]. 成都中医药大学学报（教育科学版）, 2020（12）: 26-29.

[5] 乔秀峰. 项目化：地方高校新闻专业实践教学的有效路径[J]. 传媒, 2019（3

上）：85-87.

[6] 卓泽林，赵中建. 高水平大学创新创业教育生态系统建设及启示[J]. 教育发展研究，2016（3）：64-71.

[7] 谢伟. 职业生涯规划理念下大学生就业促进机制研究[J]. 山西农业大学学报（社会科学版），2011，10（4）：340-343.

[8] 韩艳霞. 创新基础[M]. 北京：高等教育出版社，2021.

[9] 应中正. 美国高校的实践教育与创新创业教育考察[J]. 思想教育研究，2015（12）：93-95.

一体两翼：从育人视角看高等院校科研对教学的促进作用[*]

吴惠凡[**]

【摘要】 教学与科研对于高校教师而言，是一体两翼、相辅相成的关系。教学是科研的基础，科研对教学具有重要的促进作用，为高校的育人工作提供动能和载体。科研成果丰富课堂教学的理论厚度，促进教学质量的提升；科研发现提升思政育人的现实高度，对学生起到思想引领和价值纠偏的作用；科研项目引领学生的成果产出，对人才培养提供强有力的支撑和保障。只有厘清教学与科研的辩证关系，将二者从分离甚至是对立的状态拉回到统一的状态，才能最大程度地发挥教学和科研在育人方面的功能与作用。

【关键词】 育人；高校；科研；教学

一、问题的提出

教学与科研是大学教师的两项重要本职工作，两者之间存在着相互促进、

---

[*] 本文系北京市教育委员会科研计划项目"首都网络意识形态传播中意见领袖的作用机制研究"（项目批准号：SM201911417004）阶段性成果。

[**] 吴惠凡，北京联合大学应用文理学院副教授，硕士生导师，北京联合大学网络素养教育研究中心副主任，主要研究方向为新闻实务、网络传播。

相辅相成的辩证关系。一方面，教学是高校科研的基础，"这不仅体现在一所学校专业和学科的基础与规模和教师的基本收入都是由教学工作所给予的，也体现在相当多的教学环节中，如本科学生的实践科目、毕业设计（论文），与科研工作的难分彼此，为科研工作的顺利进行提供了大量的思想活跃、勇于探索和创新的、高素质的生力军"[①]，同时学生参与科研工作的能力，也是教学环节需要培养的一项基本技能。另一方面，科研工作对于教学具有重要的促进作用，为高校的育人工作提供动能和载体。

本文结合新闻与传播学专业教师的科研工作对教学的促进作用进行分析、阐释，探讨科研对教学产生的积极影响及其发挥作用的具体路径，同时进一步思考其中可以改进和提升的方向，从而使科研和教学能够成为高校教师工作的两个重要抓手，实现一体两翼、紧密结合，彼此互为基础和动力，教学的感悟能够启发科研的思路，科研的成果能够促进教学质量和育人水平的提升，教学与科研并驾齐驱，相辅相成，缺一不可。只有将二者统一到育人的维度上来，才能真正实现持久、和谐、有序的发展。

二、科研成果丰富课堂教学的理论厚度

新闻与传播学科是一门实践性极强的学科，其课程体系基本涵盖史、论、业务三大块内容。本人主要从事新闻实务的教学工作，日常讲授新闻采访与写作、新闻评论等专业课程。在科研方面，我主要围绕新闻实务和网络传播这两个方向展开，从中得出的研究发现和研究成果，能够紧跟学术前沿。将这些成果有机融入课程教案，有效转化为课堂教学内容，能够创新教学模式，丰富课程案例，对所授课程发挥强有力的理论支撑作用，使得新闻实务类课程不仅注重实践，易于上手，同时也具有理论积淀，能够在具体的操作中有章可循。

比如《新媒体时代传统媒体如何"突围"——基于新闻业务层面的探讨》一文，针对当前的媒介环境和媒介竞争态势，探讨传统媒体应该如何顺应时代发展，寻找差异化生存策略。论文指出，"在这样一个强调'轻质化阅

---

① 宋海农，王双飞，黄显南. 高校本科教育中教学与科研的关系[J]. 高教论坛，2004（1）：45-48.

读'的分享时代，带有厚重感和思想张力的深度报道依然具有强大的生命力。无论以何种传播渠道抵达的信息，优质的内容依然是最具竞争力和稀缺性的核心资源。作为传统媒体的从业者，只有在报道中叙述好新闻故事、刻画好新闻人物、解释好新闻背景，产出具有质感的新闻内容，才能在未来的媒介竞争中立于不败之地。"[1] 围绕这一研究发现，在新闻采访与写作的课堂上，本人通过具体的案例讲授，启发学生思考如何在新闻的快与准、时效与深度之间找到平衡，增加报道的厚重感、专业性和权威性，实现"内容为王"，同时利用新媒体工具，实现渠道融合，增强自身的信息传播力和舆论影响力。

由于新媒体技术的发展日新月异，因此新闻传播实践领域始终处于一个快速变化、迭代的状态。作为新闻学专业的教师，必须时刻关注媒介发展前沿，唯有如此才能在课堂上将最新的理念、知识和技能传递给学生，更新他们对专业的认知，提升他们的综合素养，增强他们的就业竞争力。对此，本人一直关注新闻传播前沿动态，并且围绕特定选题展开研究。在针对算法对新闻传播的影响研究中，我重点关注了"信息茧房"的生成和影响。对此，在新闻评论课堂上，我组织学生围绕"信息茧房"展开探讨，并且强调拓展信息接收途径，扩大信息接收范围，突破认知局限的重要性。这也从另一个侧面对本人研究的网络素养问题做出了呼应，对学生信息接收和传播行为进行了分析和指导，启发学生转变网络使用习惯，更好地利用网络服务自身的社交、学习、工作和生活，最大限度地降低网络可能带来的负面影响。

此外，围绕研究项目，本人也进一步拓展了课堂教学的内容。比如以北京联合大学人才强校优选计划项目"环境议题下的北京城市形象传播研究"为依托，我先后发表《表意与叙事：城市文化传播的符号学解读》《从冲突到协作：新媒体时代环境传播的挑战与转型》《城市文化传播的符号及策略》《从莎草纸到互联网：新媒体环境下城市文化传播的路径重塑》等论文，并结合研究案例和研究发现，在新闻传播前沿课程中开设题为《城市形象传播研究的前沿问题》的讲座，对城市形象传播问题展开较为深入的探讨。

---

[1] 吴惠凡. 新媒体时代传统媒体如何"突围"：基于新闻业务层面的探讨[J]. 采写编，2018(1)：21-23.

三、科研发现提升思政育人的现实高度

新闻传播研究中经常会涉及伦理道德问题，这些问题的探讨能够厘清人们在进行新闻报道过程中的道德底线和行为准则。这些研究发现反馈到教学当中，能够成为思政工作的价值引领，对于塑造学生的职业观、人生观和价值观，帮助学生建立历史使命感和社会责任感起着至关重要的作用，真正达到育人于无形、润物细无声的效果。

比如，《浅析新闻报道中的道德与法律问题》一文探讨了"新闻寻租"这一新闻报道领域的热点问题，指出"新闻寻租"是指媒介机构及其从业人员利用掌握的新闻报道权利，为自身谋取不正当的政治、经济利益的行为。新闻媒体作为"第四权力"的象征，具有监督社会、引导舆论的作用，如果记者自身的职业素养不高、自律意识不强，就容易为一些别有用心之人所利用，成为"新闻寻租"的对象。[1] 对此，我在新闻采访与写作的课堂上，专门安排了一讲内容，讲授新闻报道的社会功能，并且组织学生围绕"记者和新闻媒体的使命"展开讨论。

通过讨论，学生进一步明确了新闻工作者的职业理念和职业操守，明白了新闻媒体应当是社会发展进步的守护者、监督者，新闻记者应该拥有"铁肩担道义，妙手著文章"的理想和胸怀。早期报人"不党、不卖、不私、不盲"的主张，在各类压力和诱惑层出不穷的今天，对新闻从业者来讲不失为一个很好的提点和警示。"新闻寻租"行为不仅有违新闻职业道德，而且严重损害了媒体的公信力，破坏了正常的市场秩序，理应杜绝。对于新闻从业者个人而言，如果不能慎重地对待和珍惜手中的新闻报道权利，而是用这种权利去交换不当的政治、经济利益，那么损失的不仅是自己的信誉，甚至会葬送自己的整个职业生涯。这种紧密围绕现实问题的讨论，对学生的思想引领和价值纠偏作用特别显著。

又比如，本人在研究网络传播和网络素养的过程中，关注到近几年"网络暴力"已然成为一个严峻的问题。"网络暴力"是社会暴力在网络上的延伸，其本质也是一种暴力行为，属于一种社会现象。"网络暴力"借助互联网

---

[1] 吴惠凡. 浅析新闻报道中的道德与法律问题 [J]. 新闻知识, 2017 (11): 67-69.

这一虚拟空间，通过污蔑性的语言文字或其他形式对他人进行伤害，无论是语言文字还是非语言文字都具有恶毒、尖酸刻薄等典型特征，超出了对事件的正常评论范围，甚至将这种伤害行为从虚拟网络转移到现实社会中，将被网暴对象的真实身份、姓名、照片、生活细节等信息公布于众，侵犯了当事人的隐私权。这种做法，给被网暴对象造成了极大的精神压力，破坏了当事人正常的工作、学习和生活秩序，甚至可能造成严重的后果。探究这一问题产生的根源，将"网络暴力"扼杀于摇篮之中，成为学界和实践领域亟待解决的问题。对此，在新闻评论的课堂上，我指导学生围绕具体案例对"网络暴力"展开深入探讨。从刘学周到粉发女孩，从打赏快递小哥的上海姑娘到痛失爱子的武汉妈妈，一个个鲜活生动却又让人扼腕叹息的案例，激发起学生对"网络暴力"的深刻批判和反思。由此，这些讨论成为对学生进行网络素养普及的一种直接且有效的手段，对于规范和矫正他们在网络活动中的言行具有积极的现实意义。

四、科研项目引领学生的成果产出

科研项目是支持高校教师开展科学研究的一个抓手，对高校教师的科研工作起到方向引领和资金资助的作用。在教师开展项目研究、产出科研成果的同时，往往能够指导学生在科研立项、竞赛获奖、论文发表等方面有所收获。这也成为科研对教学发挥促进作用的又一个重要且不可或缺的方面。

第一，围绕教师的科研项目，可以指导学生获得科研立项。例如，以北京市属高校青年拔尖人才项目"首都大学生网络接触与网络素养调查研究"为依托，指导学生以"首都大学生互联网使用习惯调查"为题，获得校级"启明星"大学生科技创新项目立项；以北京联合大学人才强校优选计划项目"环境议题下的北京城市形象传播研究"为依托，指导学生以《网络直播在北京文化形象塑造中的应用研究——以北京文博会为例》为题，获得北京联合大学应用文理学院导师制下的本科生科研素养提升计划项目立项，同时指导学生以《非物质文化遗产——古琴技艺与文化传承探究》《"北京青年"纪录片创制》为题，获得北京联合大学应用文科综合实验教学中心创新性实验项目立项。这些项目成为学生关注和思考专业领域的前沿问题、提升科研能力和综合素养的有力支撑和保障。

第二，围绕教师的科研项目，可以指导学生参与竞赛获奖。例如，以北京联合大学人才强校优选计划项目"环境议题下的北京城市形象传播研究"为依托，指导学生完成新闻报道作品《千年古刹，有去来处》，该作品获得第五届全国红枫大学生记者节新闻作品大赛文字报道类优秀奖；指导学生完成新闻报道作品《我记忆中的北京城》，该作品先后获得北京联合大学 2017 年暑期社会实践优秀成果三等奖、北京联合大学京津冀地区社会记忆传承与保护大赛二等奖。这些奖项的获得，是对学生能力的充分肯定，也体现了科研项目对人才培养的强有力的支持和促进作用。

第三，围绕教师的科研项目，可以指导学生的论文写作。以国家社科基金青年项目"社会责任视角下的网络意见领袖传播效能评价研究"、北京市属高校青年拔尖人才项目"首都大学生网络接触与网络素养调查研究"、北京市教委社科计划项目"首都网络意识形态传播中意见领袖的作用机制研究"等项目为依托，指导学生确定本科学位论文和硕士学位论文的选题，写作完成论文并且通过答辩，取得相应学位，是这些项目在人才培养方面发挥的重要作用。其中，以北京联合大学人才强校优选计划项目"环境议题下的北京城市形象传播研究"为依托，指导的本科学位论文《从城市宣传片看城市形象建构——以〈We are 厦门〉为例》，获评院级优秀本科毕业论文，并收录于《城市文化传播》第一辑。在本人主持的科研项目的支持下，先后共指导 4 位学生在国内期刊和论文集发表 6 篇论文，这也成为科研促进教学最为直接且显著的成果。

此外，围绕教师的科研项目，可以指导学生完成新闻作品。例如，以北京联合大学人才强校优选计划项目"环境议题下的北京城市形象传播研究"和应用文理学院课程建设重点项目"新闻采访与写作"为依托，开发设计创新型课程实践模式，提高实践教学的质量和效果，在实践课程全媒体采访写作设计、新闻采访与写作设计的教学过程中，指导学生围绕"+文化"完成新闻报道作品，主题涉及北京城市文化的各个方面，对城市文化的挖掘与传承起到了积极作用，进一步推动了实践教学的成果导向。

五、从对立到统一：关于教学与科研关系的再思考

"教学相长"是高校教师耳熟能详的一句名言。毋庸置疑，这里面的

"教"指的是教学，而其中的"学"，除了教师的自我学习、自我充电、自我成长，通过科研工作的推进达成专业领域前沿知识、观点、理论和方法的习得，也是学习的一种重要且有效的途径。在推进教学和科研工作形成一体两翼、相辅相成的关系的过程中，需要厘清二者的辩证关系，将二者从分离甚至是对立的状态拉回到统一的状态。在这一过程中，"教学工作的运作机制的改变，其指导思想应该是从'刚性'转变到'柔性'，其主旨在于使教学与科研一体化，而不再是相互分离的两项工作。实现这一转变，应该说是教学促进科研所应具备的必要条件之一"[①]。

教学和科研作为高校教师的重要工作，二者之间的平衡关系一直都为人们所重视。如何在保障教学质量的基础上，稳步推进科研工作的开展；在实现科研突破、收获科研成果的同时，实现教学水平的持续提升，理应是每一个高校教师孜孜不倦的追求。从育人的维度上看，二者的关系并不是非此即彼的，而是可以有机地统一到学生的能力拓展和教师的自我提升上来。只有实现了二者的和谐统一、相互促进，才能真正从内在理顺教师的个人发展路径，同时也能在人才培养上实现"1+1>2"的效果。

"教学和科研是高等学校的两大基本职能，教学质量及科研水平是衡量一所高等学校的重要指标。它既决定了学校的社会地位，也体现了学校的整体办学实力。将科研融入教学、以科研促进教学，是提高教学质量、培养创新型人才的重要途径。"因为"科研是教学改革和教学创新的推进器，是促进学科发展、改革课程体系的动力"[②]，同时也是助力人才培养、实现成果导向的助推器。多年来的教学工作和科学研究的实践经验表明，教学与科研是相互依存、相互促进、不可分割的统一体。从育人的视角来看，二者的关系是互为助力、密不可分的。只有将教学和科研同步推进，实现二者的平衡发展，才能保证教师和学生的持续成长，最终实现高等院校综合实力的稳步提升。

---

① 王伟廉. 试论高校教学对科研的促进作用 [J]. 高等教育研究, 2001 (1): 49-52.
② 袁修孝. 以科研促进教学的探索与实践 [J]. 高教论坛, 2008 (5): 12-13, 20.

网络与新媒体专业教学与科研如何相互促进

钟 静[*]

【摘要】 在互联网教育蓬勃发展的社会环境下，如何让线下教学更富有吸引力，对于新兴的网络与新媒体专业尤为重要。通过强化教学过程中的科研融入，以科研促进教学，是卓有成效的途径。本文从教学方法理论研究入手，结合课堂教学实践，对网络与新媒体专业中的教学与科研如何相互促进提出了一些思考和见解，包括如何利用专业课程搭建"教学—科研"闭环、如何抓住新媒体时代课堂创新的核心关键词，以及借力专创教育提出培养符合社会行业需求的新媒体人才的路径等。

【关键词】 网络与新媒体专业；教学；科研；专创教育；

作为在互联网和新媒体催化下诞生的新型专业，网络与新媒体专业既是新时代国家高等教育体系中的重要组成部分，也是新兴产业对人才迫切需要的社会体现。由于正处于持续上升期，伴随着互联网信息技术的快速发展，网络与新媒体专业对人才培养模式的创新探索也日益迫切。在新媒体盛行的环境下，许多传统的旧模式显然已无法适应新时代的需求，特别是对于发展

---

[*] 钟静，硕士，北京联合大学应用文理学院新闻与传播系副教授，主要研究方向为营销传播、媒介研究、新媒体广告。

历史还相对较短的网络与新媒体专业而言。如何将科学研究与教学实践相结合，是教学改革的一个重要方向。本文主要从网络与新媒体专业的教学实践出发，探讨教学过程中如何利用科研推动网络与新媒体专业的教学创新，提出一些思考的同时，分享一些教学实践中摸索出来的做法和案例。

一、网络与新媒体专业中的教学与科研

网络与新媒体专业是 2012 年教育部颁布的新增专业，2013 年在全国开始招生。迄今为止，全国已有 307 所高校开设网络与新媒体专业，其中广东 20 所、北京 11 所、四川 20 所、湖北 24 所，开设网络与新媒体专业的高校数量也在逐年增加。[①]

互联网作为新时代的学习工具，是大学生获得更广泛知识的首选渠道。据统计，截至 2022 年 2 月底中国大学慕课的用户规模以选课人次计算接近 8 亿，学习人数居世界第一。[②] 而慕课还仅仅只是互联网学习资源中很小的一部分。作为网络与新媒体专业的学生，对新媒体教学资源的敏感度和应用程度相较于其他专业学生只高不低。如果高校教师还不改变传统教学方式，积极主动地去拥抱和使用互联网这一现代化学习工具，教师的课堂就会渐渐失去吸引力，进而失去课堂教学这一阵地。

那么，如何让课堂教学保持与时俱进并充满活力？著名教育家洪堡最早提出"教学与研究统一"和"通过研究进行教学"的重要思想。从洪堡提出上述思想的 19 世纪初直到现在，关于教学与科研如何相互促进的探索从未停止。教学和科研的相互依赖、互相促进，使彼此呈现出一种正向发展的关系。这一关系同样适用于互联网时代中网络与新媒体专业的教学实践。教学和科研既是联系理论学习与行业应用的枢纽，也是将书本知识快速转化并运用到现实社会中的有力推手，更是内化理论知识、提高学生动手能力、培养学生创新意识的重要步骤。

在网络与新媒体专业教学中，科研与教学具有天然的一体性，具备相互

[①] 党宁. 新文科背景下网络与新媒体专业课程探索与实践：以传播学概论课程为例［J］. 传播与版权，2023（2）：103.

[②] 张兴芳. "互联网+"背景下基于 OBE 教育理念的课程教学改革：以《国际贸易实务》课程为例［J］. 商业经济，2023（6）：194.

之间有机结合和相互促进的天然优势。通过强化教学过程中科研融入，以科研促进教学效果，是一个卓有成效的途径。和许多专业相比，网络与新媒体专业的研究对象和教学对象之间存在着高度吻合的现象。网络与新媒体专业课堂中，所学习、探讨和关注的东西相对而言更具有现实意义，也更贴近生活。而课堂面对的学生群体正是伴随着互联网发展而成长起来的互联网原住民一代，他们自诞生起就与互联网深深地联结在一起。无论是对互联网的熟悉程度，还是思维方式、行为方式等，都深受网络影响。然而，互联网在带给青年学生极大便利的同时，也出现了过度娱乐化、浅阅读、失焦、信息茧房、数字鸿沟等问题。[①] 这些现实中存在的问题，正好可以成为教学过程中值得关注和研究的议题。

在这种情况下，将相关的科研思维、科研方法及科研结果应用到课堂教学中，就会让课堂成为学生理解和掌握蓬勃无序的互联网社会现实的窗口，自然而然会提升课堂教学的吸引力和教学效果。

二、利用专业课程搭建"教学—科研"闭环

在今天这种互联网360度无死角包围的环境下，学生的学习模式绝不能够脱离现实。而过去那种以教师为中心、以单向传授模式为主的、传统的、满堂灌式的课堂教学模式，也注定无法吸引新一代的学习者。传统教学模式不能完全满足新时代学生的需要，任课教师也不是同学们获取知识的唯一来源，学生对新教学理念教学方法的需求呼声日高。然而"解铃还须系铃人"，解决方案往往就藏身于问题当中。网络与新媒体专业在利用专业课程搭建"教学—科研"闭环方面做了一些探索和尝试。

在网络与新媒体专业的社交媒体运营课程中，在学习社交媒体的定义时，会让同学们先从相关书籍和理论中学习社交媒体的基本概念，再去广泛关注社会中现有的社交媒体平台和类型，然后专注于某个类型或者平台产品，结合基本概念与定义展开详细研究，再回到课堂中进行交流分享和研讨。如此一来，教学中遇到的抽象的定义、概念和理论，能够与实践中的应用有机对应和关联起来。这种教学模式，无形中加深了学习的印象和扩大了学习的

---

① 林才仟. 新媒体环境下青少年媒介素养的提升研究 [J]. 品牌研究, 2021 (11): 79.

效果。

再比如，在网络与新媒体专业的网络与新媒体调查与分析课程中，教师会以分组作业的方式要求学生自主挑选某一种手机软件（即APP）或者内容平台作为研究对象并设计问卷，了解其用户的使用与态度，并通过互联网产品"问卷星"来发放问卷、收集数据。在整个实践环节中，学生能够全方位全流程地体验到，一个小型研究项目，是如何从最初一个简单的想法落地到实际生活当中。在这个过程中，课堂上学习过的知识、概念、理论和方法，都能够得到全面的应用。学生通过研究项目的实施，对自己平时习以为常的互联网产品也会有更加深刻的认知。

在教学实践中，网络与新媒体专业任课老师还会开通各种形式的第二课堂，择优挑选学生日常完成的小型研究型作业，通过第二课堂的窗口发布。事实证明，这种方法能够极大激励学生对新媒体领域内更多热点的关注与挖掘。教师也能够第一时间将自己的教学科研经验转化和应用到课堂教学中，带领学生以更高层次的研究视角去重新关注身边的新媒体现象。这类以作业、作品或者项目方式完成的结果形式，都可以以新媒体内容的形式发表到课程配套的第二课堂平台中，进一步延伸课堂教学的影响力。如此一来，"教学—科研""教师—学生""作业—成果"之间，就形成了一个正向循环的闭环。各类线上线下的教学资源也因此盘活，教学过程因此而充满了魅力。

三、抓住新媒体时代课堂创新的核心关键词

以互联网、移动通信、云计算和人工智能为代表的数字化技术，正全面渗透和改变人类的生活环境，也极大地改变了人的行为方式。当今大学生百分百都是互联网用户，对各类电子产品应用耳熟能详。作为伴随着互联网成长起来的一代，他们在生活中的方方面面都离不开互联网，如阅读、网购、电子支付、手游、网上社交等。而基于互联网的自媒体平台的出现，为学生群体提供了更为广阔的自我表达空间，其中就包含着大量值得研究的细节。作为网络与新媒体专业的学生，更是出于自身专业的原因，对新媒体的发展和应用格外关注。

这些变化也为网络与新媒体专业课堂创新提供了丰富的物质基础和环境条件。各种开放性教育资源让教育者和学习者都有机会在课堂之外看到更丰

富的教学平台资源，这也为课堂创新的探索和实施提供了有力保障。互联网被称为是"没有围墙的学校"，也是广大学生了解世界、认识事物、获取知识的"第二课堂"；学生学习的内容不再局限在教材教案等传统形式的学习资料上，教师和学生很容易借助互联网工具打破传统的学习方式、学习内容、学习方法，把新时代教育推向数字化、网络化和智能化。

关于如何开展网络与新媒体专业课堂创新，已有的诸多教学方法理论，都可以有所应用。例如 O2O 混合式教学模式，提倡利用现代网络信息技术，把师生面对面交流的线下课堂教学（offline）和网上学生在线（online）自主学习两种模式结合起来，兼具线上线下优势，有效突破时空局限提升教学质量。再比如最早由 20 世纪 80 年代美国学者斯派蒂提出的 OBE 教学法（Outcomes based Education 的简称，即以预期学习产出为中心），先给出同学们完成一段时间的学习以后应达到的目标，然后围绕该目标清晰地、有针对性地对教学过程进行设计，最后予以评价。还有区别于传统课堂教学模式"OER 翻转课堂"，能有效弥补传统课堂中"满堂灌"现象，发挥学生的主体性，实现课堂的互动性，还为学习速度较慢的同学提供了课后的学习平台。[①] 还有问题链教学法，可根据教学目标和内容，围绕目标所提出的若干具体有条理且与教学内容相联系的问题建立独特教学路径[②]等。

上述理论在网络与新媒体专业课堂创新的探索中，都能视情况与现实社会相结合。不管具体采用哪一种或者哪几种教学方法，有一些重要的关键词都不可避免——"以学生为中心""任务型""合作型""主动学习""个性化学习"等。如何在课堂创新过程中实践这些关键词，既是课堂创新的目标，也是课堂创新的基本出发点。

进行课堂创新的互联网工具，可以是发布配套的课程视频资源（可通过慕课、学堂在线或者蓝墨云课堂实现）或者一些互联网公开的数据资源（如发现报告、飞瓜数据、百度搜索、B 站等），也可以是教师个人运营的自媒体发布平台，有时还会用到一些经由学校搭建的沟通平台，如企业微信课程群、

[①] 郑学成，邓洪波. 以创新创业为导向的"OER 翻转课堂"教学研究：以化学化工学院"HSE 管理体系"为例 [J]. 四川化工，2023，26（2）：52.

[②] 袁晓冬. 浅谈问题链在数学课堂教学中的创新应用方法 [J]. 天天爱科学（教育前沿），2023（5）：197.

雨课堂等。

教师全面学习课堂创新教学法的相关理论，并最大限度有效利用上述新型互联网工具和互联网资源，就能掌握网络与新媒体课堂创新的制胜法宝。学生能够积极参与教学活动，同时不受时空地域限制；能够根据自己的知识水平和兴趣爱好，灵活地进行个性化学习，是创新课堂希望达到的理想境界。[①]

四、新媒体专创教育："课程—实践—比赛"三者联动

网络与新媒体专业课程肩负着为蓬勃兴起的新媒体行业输送新鲜人才的重大任务。因此，培养学生的创新创业思维，是专业教学的内在要求，也为学生将来能够从事新媒体行业、从事创新创业工作等奠定可持续发展的基础。

专创教育是专业教育与创新创业教育的结合体，是指在充分发挥学科、专业特点的基础上，为提升理论知识储备和专业技术水平而进行的各种创新创业专业实战练习和跨专业联合教学模式。所谓的"专创"融合教育，是以专业教育为基础，将创业技能融入专业知识中，在实现专业基础上的创业目标。[②] 在网络与新媒体专业教学体系中，特别强调通过专创教育开展人才培养，将专业人才和人市场需求进行价值嫁接，通过专创教育这种形式实现新媒体专业为社会服务的功能。

专创教育思想体现在课程体系设计中，主要包括开设的一系列相关课程和与之配套的实践活动。例如，网络与新媒体专业开设有创新思维、社交媒体运营、新媒体数据分析、电子商务等一系列与创新创业相关的课程。学生在校学习期间，还有机会参加各种与互联网创新创业有关的比赛，如中国"互联网+"大学生创新创业大赛、"挑战杯"中国大学生创业计划大赛、全国大学生广告艺术大赛，等等。这些大学生创新创业项目包含前期投入比较大、有国家政策扶持的实业类项目，形式多样、产品多元化的电商类项目，强调低成本运营和分享经济的互联网创业项目等，加上配套的校内外实训实

[①] 赵彦芳. 基于POA理念的大学英语线上线下混合式教学实证研究[J]. 湖北开放职业学院学报，2023，36（9）：153.

[②] 徐军玲，周袁. "从知到行"需要几步："专创融合"人才培养的田野观察：以社会组织管理创新课堂为例[J]. 高教学刊，2023，9（14）：52.

践课程。通过上述"课程—实践—比赛"三者联动的课程体系设计，能让网络与新媒体专业的课堂学习与学生未来工作以及社会服务实现无缝链接，同时也能进一步扩大课内教学的影响圈。

先通过教学体系和课程讲授，帮助学生搭建起专业的知识体系框架；再借助实践和实训类课程，在认知和行动之间架设桥梁；再通过参加创业创新创意比赛，将专业理论知识完整迁移到实际行动中①；最后，将实践现象或问题转化为学术研究问题的双向融会贯通的能力。当学生的创新精神、创业意识及创新能力被培养出来，就能够以不变应万变。学生在掌握创新能力后再步入社会，哪怕遇到的是从未见过的新问题，也能找到相应的解决办法。

五、结论

在互联网教育蓬勃发展的社会环境下，如何让网络与新媒体专业的教学更有吸引力，是本文关注的根本问题。本文从教学方法理论入手，结合课堂教学实践，对网络与新媒体专业中教学与科研如何相互促进等问题开展研究，提出了利用专业课程搭建"教学—科研"闭环、抓住新媒体时代课堂创新的核心关键词，以及借力专创教育让新媒体专业服务社会等思想。以上思考和实践，希望能够对网络与新媒体专业后续的发展提供有益的帮助。

---

① 徐军玲，周袁."从知到行"需要几步："专创融合"人才培养的田野观察：以社会组织管理创新课堂为例［J］. 高教学刊，2023，9（14）：56.

考古文博类研究生毕业论文指导的探索*

黄可佳**

【摘要】本文探讨了考古文博类研究生毕业论文的指导方法和写作经验，总结为"以兴趣为中心，紧盯学术前沿"；"做到'五个早'，即早引导、早发现、早跟踪、早培养、早分类"。同时，本文提出考古文博类研究生毕业论文指导过程中"师生协同成长""主辅结合""知行合一、走出书斋"的新思路、新方法、新模式，构建"三位一体"研究生人才培养途径，进一步提升考古文博领域研究生培养质量，促进该领域的学术繁荣和实践应用。

【关键词】考古文博类研究生；研究生教育；毕业论文；人才培养

我国作为历史悠久的文明古国，拥有丰富的文化遗产和考古资源，国家高度重视文化遗产保护与考古研究。2020年9月28日，十九届中共中央政治局专门以"我国考古最新发现及其意义"为题举行集体学习。习近平总书记在主持学习时发表重要讲话，站在更好认识源远流长、博大精深的中华文明，坚定文化自信的战略高度，精辟论述我国考古工作的重要性。

考古文博类人才的培养质量事关中国文博事业的发展，在考古文博领域，

---

* 本文获得北京联合大学研究生教研教改项目（项目号：JY2020Y001）资助。
** 黄可佳，北京联合大学应用文理学院历史文博系教授。

毕业论文质量高低是衡量研究生人才素质的直观指标之一。在研究生阶段，通过撰写毕业论文，研究生能够展示自己的研究成果和学术能力，不仅可以获得学术界的认可和肯定，还有助于扩大学术影响力，提升学术声誉。因此，撰写高质量的毕业论文是研究生在学术领域建立声誉和实现职业发展的重要途径。毕业论文是一种思想性的写作，仅有研究生个人思考是不够的，还需要有正确的指导方法。

目前我国考古文博类研究生毕业论文的指导方法还处于探索阶段，学界缺乏对其重要性的认识。但是随着社会对文博人才素质的更高要求和教育改革的不断深入，该类毕业论文的指导成为评价文博专业教学、科研和人才培养水平的重要因素。纵观高校研究生毕业情况，毕业论文指导环节还存在较多的问题，诸如毕业论文的创新性不足、学生实践能力总体水平低、考核评价体系不完善等方面，需要对其进行专门研究，探索改革新的毕业论文指导方法。

本团队在北京联合大学应用文理学院历史文博系开始摸索新的毕业论文指导方法，面向的对象是文物与博物馆专硕、考古学学硕研究生。经过多年的探索和改进，在如何能够更好提高学生兴趣、追踪学术前沿、更好应用专业知识方面有较大进展，已经逐步形成一套针对考古文博类研究生毕业论文的指导方法。

一、考古文博类研究生毕业论文的重要性

考古文博类研究生毕业论文的重要性体现在以下几个方面。

(一) 学术方面的贡献

研究生毕业论文是研究生在考古文博领域深入研究的重要成果。通过论文的撰写，研究生可以深入探讨某一特定问题，为该领域的学科发展贡献新的思想和见解。同时，撰写毕业论文是研究生培养独立思考、解决问题和研究实践能力的重要途径，在独立完成一个研究项目的过程中，研究生需要设计研究方法、收集和分析数据、得出结论等，这些过程培养了研究生的科研能力和实践经验。考古文博领域涉及文物保护、博物馆展览等实际应用问题，研究生毕业论文可以针对这些问题进行深入研究，提供解决方案和实践经验，

为考古文博领域的实践工作做出贡献。总体来说，考古文博领域研究生毕业论文在学术贡献方面对于学科的发展和实践应用有着重要的意义。通过研究生的努力，该领域可以得到持续的推动和提升。同时，研究生毕业论文也可以为后来研究者提供启示和借鉴，为专业领域的学术繁荣发展作出贡献。

（二）实践能力的培养

撰写毕业论文不仅是案头工作，实地研究能力的培养在考古文博类学生的毕业论文中至关重要。实地研究是指学生需要亲自前往考古遗址、博物馆、文物保护单位等现场，进行数据采集、考察和调查等实地工作。这种实地研究能力的培养对于研究生的学术成长具有重要意义，部分研究生毕业论文可能涉及考古发掘或文物保护方面的研究。这些项目的实施，使得研究生可以学习和运用考古发掘技术、文物保护方法等专业技能，提升他们在文博考古领域的实际操作能力。同时，研究生毕业论文涉及数据的收集和分析，他们需要运用统计学方法、数据库技术等进行数据处理。这样的实践锻炼可以帮助研究生熟练运用数据分析工具，提高他们在数据处理方面的实操能力。

（三）助力职业发展

在撰写毕业论文过程中，研究生需要明确研究方向和研究问题，这对于未来的职业规划非常有帮助。通过论文研究，研究生可以更好地了解自己的兴趣和擅长领域，有助于为将来的职业发展定位和决策。同时，根据社会发展需要，招聘单位也会看重候选人的研究能力和学术水平，优秀的毕业论文可以为研究生在求职过程中增加亮点，提高他们被录取和聘用的机会。考古文博类研究生毕业论文的研究成果可以作为研究生在职业生涯中的学术资产，为日后从事文博考古相关行业或进一步深造提供有力的支持和证明。

总体来说，考古文博领域研究生毕业论文在实践能力方面的重要性和意义，是通过实地研究、考古发掘、文物保护等实际操作，锻炼和提升研究生在文博考古领域的实践能力和技能。这样的实践经验不仅对研究生个人的职业发展有益，也对该领域的实际应用和学科发展有学术贡献。

二、考古文博类研究生毕业论文指导过程中存在的问题

经过多年的观察和调研,我们发现北京联合大学考古文博类研究生在撰写毕业论文时,主要存在下面的问题。

(一) 缺乏明确的研究方向

这是在考古文博类毕业论文指导过程中常见的问题。这意味着一些研究生在开始论文研究之前并没有明确的研究问题或研究方向,导致研究课题的模糊性和不确定性。造成此问题的原因有很多,一方面是学生兴趣不明确,研究生可能对多个研究领域或课题都有兴趣,但并没有明确地选择一个具体方向。另一方面可能是资料不足,一些研究生可能在开始论文研究之前对相关领域的资料不够了解,导致无法确定合适的研究方向。再者,指导教师在论文指导中起着至关重要的作用,但大部分指导教师在论文指导初期可能未能引导学生明确研究方向,导致学生比较迷茫。

(二) 困于书本知识,写作思路狭隘

教师在课堂上讲授的多是已经比较成熟的知识体系,这些知识是采用何种研究方法、如何经过一代一代学者积累下来的,学生所知甚少,所以大部分学生过于依赖已有的研究成果和观点,缺乏独立思考和创新思维,导致写作思路受限。而考古文博类研究涉及多个学科领域,如历史学、人类学、艺术史等,学生可能过于关注某一学科而忽视多学科交叉研究,影响了写作思路的广度和深度。

(三) 毕业论文与人生规划脱节

在培养研究生过程中,我们考古文博系绝大多数研究生视毕业论文为不得不过的一门考试关卡。考古文博类毕业生的就业面相对较窄,就业要求较高,工作挑战性大,留在行业内工作的机会较少。许多学生面临考博、实习、考公考试等众多事情,很多学生认为毕业论文与未来的人生规划脱节,只是在最后毕业关头,草草应付,敷衍了事,学术不轨现象时有发生。

三、采取的措施和方法

根据发现的问题,我们概括为"以兴趣为中心,紧盯学术前沿";"做到'五个早',即早引导、早发现、早跟踪、早培养、早分类"的指导方法,具体如下。

(一)课堂引导,时时提醒可供研究的选题

改革教学方法和教学内容,达到教学相长,以研促教。在教学过程中及时补充最新研究成果,引领学生深入研究学术界尚未涉及的领域,在教学方法上,翻转课堂,留出一部分时间让学生分组展示某个专题,教师对其所讲的内容进行点评。有不少学生经过深入搜集某个研究专题,发现了一些学术界未关注的问题,进而将其作为自己的毕业论文选题进行研究。

(二)发现兴趣,对学生早跟踪、早培养

在课堂教学中,我们有意观察不同学生的兴趣点,单独辅导对指导教师研究领域感兴趣的学生,推荐阅读的参考书,带领学生参与科研项目,用研究项目培养学生。

(三)立足前沿,力争解决重要的学术问题

指导教师应使学生铭记创新是学术的生命力,要求其写毕业论文前必须先搜集前人有关方面的所有研究成果,写出对这些研究的述评,找出未来可以突破的方向,撰写的毕业论文或者在方法上有创新,或者在资料上填补空白。如我们指导学生对马家窑彩陶纹饰、西周墓葬进行研究,这些本就是学术界研究的热点和前沿。有些学术问题,指导教师没有时间去具体实施,会由研究生负责,教师时时与学生共同探讨,相互启发,师生在学术上共同成长。

(四)注重实验,强化论文的实际应用效果

就跨专业考研的研究生而言,由于知识的积淀不够,很难驾驭过于宏大的学术问题,如果勉强为之,论文内容往往显得很空泛。我们在指导学生毕

业论文时，针对联大学生喜欢实践、动手能力强的特点，因势利导，尽量选择一些切入点小、学术界尚未涉及但相对容易出成果的实验考古类题目，并且这类实验类题目往往能解决许多学术界多年来的疑问。例如我们指导学生模拟制作古代玉器、古代陶器，通过显微观察制作痕迹来复原古人的制作技艺，取得了较好的效果。同时这些结论不仅对学术界，而且对文物鉴赏也有很好的启发，许多学生毕业后从事相关的工作，将此方法应用到实际工作中，应用效果显著。

（五）分类培养，尊重学生的未来人生规划

将学生划分为学术型、职业型、综合型。部分有志于从事考古学学术研究的学生，可以利用暑假安排其参加特定区域的田野考古发掘或资料整理。对于对博物馆工作感兴趣的学生，我们会引导其关注某种文物，如青铜器、玉器、陶瓷，让其参与博物馆陈列设计的实践，逐步培养特定方面的研究能力和实际动手能力。对于未来想进入文化创意类公司工作的学生，我们会引导其做一些社会调查类题目，这些研究能力会对以后市场调研、创意文案的撰写提供很大帮助。

（六）协同育人，形成论文指导的教师梯队

根据学科特点和论文内容，我们在教研室内部形成多个指导小组，协同合作，就论文的不同方面和不同角度给出指导。在定期举行的教研室会议上，指导教师会就所指导论文遇到的问题进行讨论。指导小组会注意老中青结合，资深教师减少具体带毕业论文的数量，将主要精力用于指导青年教师，担当青年教师的顾问，实现论文指导教师的梯队布局。

四、在人才培养方面的创新

以上做法，在人才培养的理论、毕业论文的指导方式、模式上有所突破和创新。

（一）人才培养新思路——"师生协同成长"

本文提出"师生协同成长"的新思路，指导教师早介入，全程参与学生毕业论文的实验和撰写过程。改变了过去教师单纯传授知识的误区，在论文指导和写作的过程中，师生之间增强了互动。指导老师从学生入学开始关注其学术兴趣，并根据其兴趣让其参与自己的科研项目或田野发掘活动，进一步强化了学生的学习兴趣。当开始撰写毕业论文时，学生往往已经有了明确的选题，以及对未来的人生有了明确的规划。在毕业论文的撰写过程中，由于有指导教师的全过程参与，学生研究的动力增强，教师和学生就有关内容进行讨论，互相学习、交流，教师和学生的研究能力都得到了同步提高。

（二）毕业论文指导新方式——主辅结合

创新毕业论文指导的方式，突破单个老师指导的知识局限，以教研室为单位，群策群力，全体教师协同育人。我们在全校率先开展根据学生毕业论文题目灵活设立多领域指导教师小组的方法，采用以指导教师为主，教师指导小组与教研室会议会诊的辅助方式，老中青结合，全面带动，交叉融合。此种新方式使得团队指导的毕业论文质量较高，获得校级奖励的数量在全系最多，每年占据一半以上，成绩突出。

（三）毕业论文指导培养新模式——知行合一，走出书斋

创新毕业论文指导培养的模式，知行合一，走出书斋，实现毕业论文培养与行业需求动态和职业发展有效衔接。根据学生兴趣，让学生积极参与教师科研项目，利用校文科中心的有利条件，培养学生的动手能力和实践能力，在文科论文中融入大量实验考古内容。论文的内容有针对性地与行业需求动态结合，把握行业学术前沿。同时对学生进行分类指导，根据未来职业发展，因材施教，在论文选题方面有效衔接，为学生未来的职业发展奠定坚实基础。

五、取得的实效

经过多年探索，我们一是明确了考古文博类研究生毕业论文指导方法在考古文博人才培养中的作用。毕业论文是对研究生三年教学成果的一次检阅，是学生综合素质的集中体现，同时又对学生未来的人生规划有着重要的影响，是考古文博类人才培养的关键。二是构建了"一中心，五个早"的研究生不同阶段毕业论文的指导方法体系。即以学生的兴趣为中心，紧盯学科发展前

沿，从研究生入学开始，早引导、早发现、早跟踪、早培养、早分类，全面提升研究生三年的学习目标和学习动力。三是实施了"三位一体"的毕业论文培育途径。构建课程教学体系，改革培养方法，建设实践基地"三位一体"的毕业论文指导与人才培养教育途径。教师参与人才培养的全过程，在教学中引导学生思考前沿问题，尽早让学生参与指导教师的科研项目，师生共同进步，提高人才培养的质量。四是实现了毕业论文与人生规划相结合的人才培养目标。根据学生未来规划，将学生划分为学术型、职业型、综合型，对不同类型学生有不同的培养目标，引导他们选择不同方向的论文选题。

以上做法取得了明显实效，由于从研究生入学即开始着力培养，多数学生的专业素质强，专业兴趣浓，毕业生专业对口率和对口质量大大提高，毕业后或继续深造，或进入对口文博单位，这些毕业生中许多已经成长为行业或单位的翘楚。不仅如此，由于我们在毕业论文指导过程中采取了分类培养模式，学生根据兴趣和未来发展选择论文题目，论文选题往往与未来的职业发展契合度较高，呈现出基础扎实、宽口径、毕业生多样化发展的趋势。部分学生毕业后继续从事相关的工作，甚至将毕业论文的有关内容转化为创业基础。有的毕业生并非直接从事考古文博类研究工作，但将毕业论文的研究方法应用到相关工作中，涌现出很多多样化发展的例子。这都与我们在指导毕业论文时根据学生的人生规划和职业发展因业选题、因材指导的方法密不可分。

参考文献

[1] 陈大伟. 教师职业道德 [M]. 北京：高等教育出版社，2022.

[2] 穆献中，孔丽，孙喆人. 研究生培养和学术指导教程 [M]. 北京：经济管理出版社，2019.

[3] 杨丽. 走出困境之希望：有机教学理论 [M]. 北京：高等教育出版社，2023.

[4] 李润洲. 研究生学术论文写作的专业指导：一种人文社会科学的视角 [J]. 学位与研究生教育，2022（4）：45-49.

[5] 张斌贤，李曙光. 文献综述与教育学博士学位论文撰写 [J]. 学位与研究生教育，2015（1）：59-63.

［6］赵琪. 人文学科是理解世界的重要方式［N］. 中国社会科学报，2023-06-19（003）.

［7］毛金德. 研究生教育场域的"游离部落"：场域视角下地方高校文科硕士生"在场"状态研究［J］. 学位与研究生教育，2015（8）：31-35.

［8］高岩. 文科研究生学位论文写作：选题、整合与阐释［J］. 宁夏大学学报：人文社会科学版，2022（1）：36-40.

［9］李燕凌. 文科硕士研究生学术论文选题三原则［J］. 学位与研究生教育，2010（10）：21-24.

立足学术,实践育人

——基于国家社科基金青年项目的育人案例[*]

张登毅[**]

【摘要】 基于国家社科基金重大项目及青年项目的支撑,学术界取得一系列有关出土绿松石产地指纹研究的科研成果,在"科研促进教学,教学推动科研,教学科研有效融合"的指引下,探索基于国家社科基金项目的育人案例。立足学术,实践育人,展示教学科研有效融合应用的创新实践,探索教育教学改革创新取得的新探索、新模式、新成效。

【关键词】 科研促进教学;学术育人;实践育人;绿松石;矿源示踪

一、立足学术:基于出土绿松石产地指纹系列研究

绿松石是人类较早使用的一种装饰品材料,在世界各地均有大量出土。中国在距今 8200 年至距今 6500 年的新石器时代中期裴李岗文化贾湖遗址便出现绿松石制作的耳坠等。新石器时代晚期黄河流域发现较多绿松石镶嵌制

---

[*] 本文是国家社科基金重大项目"绿松石产源视角下先秦文化互动与交流研究(22&ZD243)"阶段性成果。

[**] 张登毅,博士,北京联合大学应用文理学院副教授,研究方向为科技考古、先秦考古。

品，重要的如黄河上游青海宗日马家窑文化遗址出土的镶嵌绿松石腕饰，黄河中游襄汾陶寺遗址出土的镶嵌绿松石骨笄，临汾下靳墓地出土的镶嵌绿松石腕饰，黄河下游泰安大汶口遗址出土的镶嵌绿松石骨雕牙筒。随后的二里头时期绿松石使用达到登峰造极的高度，典型器物有绿松石龙形器及镶嵌绿松石铜牌饰，这突出体现了绿松石在二里头时期人们观念中的重要作用，这样的观念一直持续到商代，并在之前基础上有了新发展，如镶嵌绿松石武器及镶嵌绿松石金饰的大量出现。

中国绿松石矿分布主要集中于秦岭周边、新疆哈密及安徽马鞍山等地，分布范围很有限，但是绿松石制品却在中国大量出土，这样看来，中国早期绿松石文物存在着跨区域贸易或交流的可能。近些年考古发现的陕西洛南、新疆哈密与内蒙古阿拉善右旗古绿松石矿遗址为我们探索考古出土绿松石文物的矿源及早期珍稀矿产资源的交流传播等学术问题奠定了基础。

基于此，北京联合大学绿松石与矿业考古研究课题组长期关注出土先秦绿松石矿源示踪研究，并孵化出一系列国家级省部级课题。如国家社科基金青年项目"古丝路贸易背景下河西走廊先秦'绿松石之路'的建构与实证研究"；国家社科基金重大项目"绿松石产源视角下先秦文化互动与交流研究"子课题"考古出土先秦绿松石制品产源研究"；北京市社会科学基金青年学术带头人项目；香港特区政府研究局基金项目"中国史前绿松石饰原料来源及工艺——贾湖及二里头遗址个案分析"等。

课题主要对先秦重要遗址如舞阳贾湖遗址、巫山大溪遗址、兴县碧村遗址、襄汾陶寺遗址、偃师二里头遗址、黄陂盘龙城遗址、广汉三星堆遗址、安阳殷墟遗址、随州叶家山遗址等出土的绿松石制品进行矿源示踪。在科技分析数据基础上讨论不同时期不同地域"绿松石之路"的具体传输路线，如黄河沿线、长江沿线、沟通两河的峡江地区、洛河沿线、太行山东西麓、河西走廊、海岱及长三角地区、汉江沿线、随枣走廊等。结合类型、制作工艺、科技数据等展示的绿松石产源及技术文化交流，阐释绿松石这一文化符号如何促进文化间的交流和融合，促成先秦稳定内敛、井然有礼、朴实执中的文化内涵的形成（见图1）。基于科研项目，产生了一系列学术成果，如：山西临汾下靳墓地出土绿松石制品的矿源研究；河南驻马店闫楼墓地出土绿松石制品矿源特征探索；安阳殷墟出土绿松石矿源初探；汉江流域出土先秦绿松石制品初步研究；甘肃金塔一个地窝南遗址绿松石制品矿源研究；甘肃齐家坪遗址和磨沟遗址出土绿松石产源探索；中国古代矿冶文化在高校"三全育人"和"课程思政"中的价值研究；伊朗高原及西奈半岛绿松石考古；新疆哈密两处古绿松石矿遗址初步考察；山西三处先秦遗址出土绿松石制品的产源特征探索；中原先秦绿松石制品产源探索；陕西洛南河口绿松石矿遗址调查报告；商周时期绿松石嵌片的标量化研究；山西出土先秦绿松石制品初步研究等。尤其是在国家社科基金重大项目的支持下，团队赴三星堆遗址开展出土绿松石的科技检测与工艺研究工作，以期解读三星堆珍稀矿产资源的来源信号，窥探绿松石产源视角下中国先秦文化与文明交流。

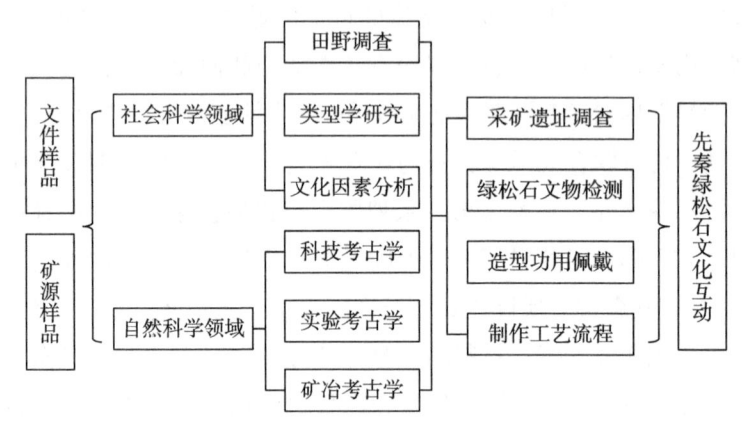

图 1　绿松石矿源研究"两跨界多元融合"技术路线图

二、实践育人：基于课程的学术分享

高等教育的基本职能就是培养人才，而人才培养的中心环节就是教学，因而高校科研应为教学服务，专业科研成果转化为教育教学资源，这样可以更有效地提高教学质量，以达到"科研促进教学，教学推动科研，教学科研有效融合"的目的。在出土绿松石矿源学术项目及系列成果的指引下，基于冶金考古、文物分析检测、考古信息技术等课程的教学与建设，在教学理念、课程思政、教学方法等方面探索科研促进教学相关理论、应用创新实践，探索矿冶考古研究与教育教学改革创新新成效。

（一）教学理念方面

课程中本着"授人以鱼不如授人以渔"的宗旨，注重对学生能力的培养，落实 OBE 教育理念，不仅注重学生知识性的提高（比如，中国先秦绿松石考古出土、绿松石矿源分布及成矿原因），而且强化学生能力的提高（比如如何辨别真假绿松石、如何佩戴绿松石等）。

除此，基于绿松石矿源的示踪，在课程思政方面落实教学育人的理念。教师的使命是教育，而教育的本质是"生命影响生命的过程"。课程"冶金考古学"通过对出土绿松石文物的讲解，强化文物出土背景的重要性，丰富和深化文物作为文化遗产的内涵和外延，把习近平总书记的重要指示精神落到课堂，让文物"活起来"，深化保护文物及文化遗产的意识。帮助同学们树立思想：文物是历史文化研究和现代科技文化创新、发展的依据；历史文物是道德教育的好教材，这对加强德育教育具有重要意义。

新石器时代尤其是仰韶龙山时期遗址处于早期社会复杂化关键阶段，课题结合该时期中国重要的考古学文化圈，从绿松石产源视角佐证区域间的文化互动交流，研究中华民族一体多元形态面貌。商周时期边疆各文化与中原地区存在着紧密联系，表现为墓葬形制及随葬器物兼具中原与边疆文化相融合的特点。由于中原文化的强烈感召力及包容性，各边疆文化最终融为中华文化大一统的潮流。通过对新疆地区、河西走廊地区、滹沱河上下游、东北地区等地出土绿松石制品进行产源研究，试图从科技数据方面探讨夏商时期边疆地区等地基于绿松石的交流产生的文化互动。

在出土绿松石文物研究及绿松石矿源科技示踪研究方面，可揭示中华民族几千年来形成的博大精深的优秀传统文化，这为挖掘课程思政元素提供了深厚力量和重要资源。课程通过文物见证历史、以史鉴今、启迪后人，让文物说话、把历史智慧告诉我们，引导学生坚定文化自信。积极落实"课程思政"和"专业思政"建设要求，如深入理解文物是历史文化研究和现代科技文化创新、发展的依据；历史文物是道德教育的好教材，对加强德育教育、以德治国具有重要意义；文物是古人为我们留下的宝贵财富，具有正史、借鉴及教育等重要作用。

(二) 教学方法方面

在教学中注意分析学生的特点,根据不同学生采用灵活多变的教学方法,如案例教学、问题引导式等,加入"操练体验式"和"实验体验式"教学。在考古信息技术课程上,结合矿冶考古发掘方法及绿松石文物研究,有目的地切入主体性活动,让学生亲自动手、亲自操练,在"试一试、做一做、画一画"等活动中获得最直接的体验,保证教学效果。比如在"考古发掘系统图"一节的讲解中,老师进行相关理论讲解之后,给出一个考古层位关系图,让学生们用纸和笔在线画出系统图。之后又反过来,老师给出一个叠压打破的系统图,然后学生来画出原始的剖面图。通过灵活多变的教学方法,营造一种平等和谐、活跃有序的课堂氛围。

此外,结合科研项目及成果,还注意使用多种教学方法,如网络课堂、MOOC、SPOC 等混合式教学模式,充分利用网络资源,将绿松石考古研究相关视频、技术方法及影音材料引入课程教学,加强导入及课程讲解方面的资源,并且探索使用微助教等现代信息手段来激发学生学习兴趣,提高课堂效率。

三、结语

绿松石制品是先秦人们使用较为广泛的一种装饰品材料,在先秦遗址中有较多出土,然而中国绿松石矿的分布范围却很有限,因此考古出土的绿松石制品存在着远距离开采、交流和贸易的可能。对绿松石矿源的示踪,有助于了解中国先民获得绿松石资源的途径、范围、传播路线等诸多问题,为有效揭示早期国家的资源策略、探讨早期社会复杂化和文明化进程具有重要意义,对早期珍惜矿产资源的开发利用研究有重要启示意义。对先秦"绿松石之路"的深入挖掘、具体构建与数据论证,是对"一带一路"具体含义的深入解读,丰富了这一历史符号的内涵与外延。

基于绿松石科研项目和成果,在本科生教学理念、教学方法及课程思政方面,将教研纳入科研的视野范围,重视最新学术思想、科研成果向教学内容的渗透、转化,建立了"科研—实践—教学—育人"相协调的教学与科研相融机制。在冶金考古、文物分析检测等课程的教学过程中充分融入科研成果，整个教学过程按照视频导入—内容讲解—探究新知—归纳总结—课外作业进行，利用网络资源引入话题，自然过渡，通过有效的教学过程设计，强化"三全育人"意识，落实应用型人才培养目标。

参考文献

[1] 开封地区文物管理委员会，新郑县文物管理委员会. 河南新郑裴李岗新石器时代遗址［J］. 考古，1978（2）：73-79.

[2] 中国社会科学院考古研究所河南一队. 1979年裴李岗遗址发掘报告［J］. 考古学报，1984（1）：23-52.

[3] 王青. 镶嵌绿松石牌饰的初步研究［J］. 文物，2004（5）：65-72.

[4] 庞小霞. 中国出土新石器时代绿松石器研究［J］. 考古学报，2014（2）：139-168.

[5] 李延祥. 陕西洛南河口绿松石矿遗址调查报告［J］. 考古与文物，2016（3）：11-17.

[6] 曹建恩，孙金松，孙建军. 内蒙古阿拉善右旗浩贝如古代绿松石矿业遗址调查简报［J］. 考古与文物，2021（3）：23-32.

[7] 陈刚，等. 科研反哺引领热能工程专业省级教学团队建设的改革与实践［J］. 高等工程教育研究，2023（S1）：28-32.

[8] 房德琳，陈彬，张勇. 本科生导师制下科研反哺教学创新模式与实践研究：以生态环境系统工程课程为例［J］. 地理教学，2023（8）：53-56.

[9] 丛静，王建. 基于OBE理念的高校财经类专业课程教学改革研究［J］. 黑龙江教育（理论与实践），2023（8）：66-68.

[10] 张俊玲，等. "双一流"背景下科研反哺教学促创新人才培养的探索与实践［J］. 高教学刊，2022，8（9）：33-36.

[11] 刘玉荣，等. 基于高校科研平台反哺教学的探索与实践［J］. 高教学刊，2022，8（34）：91-95.

田野求真促进辽金元考古教学内容的实践与探索*

张雯　靳雅群**

【摘要】 随着高等教育的改革发展，越来越多的高校在突出教学型或研究型特色的基础上，将教学、科研更好地贯通起来，相互促进，彼此给养。具有学科支撑、交叉融合的高水平科研是促进专业教学、提高教学质量、培养高素质人才的关键。当前形势下，与考古文博相关专业的教学和研究既要梳理、巩固已有的理论基础、知识内容，也要跟随推陈出新的考古发现不断拓宽融通的研究视野，深入探究该领域亟需解答的前沿重大问题、国家与区域考古文博事业的需求与态势，旧有的课程内容需要拓宽、更新，才能适应现在高等教育对挑战度、创新度和高阶性的需求。本文以"北京房山金陵调查与资料整理"的阶段性成果补给、更新"辽金元考古"教学内容为例，探讨新技术新方法支持下，科研实践对教学的促进作用和重要意义。

【关键词】 科研；专业教学；金陵；辽金元考古

---

* 本文为北京市教委社科一般项目"北京地区辽金佛塔与造像研究"（SM202011417006）、北京市文物局委托项目"北京房山金陵调查与资料整理"的阶段成果。

** 张雯，副教授，就职于北京联合大学应用文科综合实验教学中心/文化遗产传承应用国家级虚拟仿真实验教学中心，研究方向为考古学及博物馆学。靳雅群，实验师，北京联合大学应用文科综合实验教学中心/文化遗产传承应用国家级虚拟仿真实验教学中心，研究方向为文物档案管理。

一、引言

随着科研与教学相结合思维的兴起、高校教学改革优化的推进、考古文博行业的公众影响力扩大，实践能力的锻炼与培养在高等教育中越来越受到重视。[1] 现如今的考古文博单位普遍要求从业人员掌握跨专业知识，在实践能力强的同时还要具备较高的学术研究能力。[2]

近些年来，许多高等院校都在尝试将科研内容融入理论教学课堂，提倡让学生参与考古科研项目。对于北京联合大学来说，作为高水平应用型大学，如何平衡发展科研与教学两方面的工作，在提高教学质量的同时如何激发学生的学习兴趣、工作责任感及学术思维，在科研与教学相融合的探索中至关重要。本文以2022年4月开展的"北京房山金陵调查与资料整理"科研项目为例，探讨科研项目融入专业课教学的思路与成果。

二、科研探索思路与实践

（一）探索思路

高校的历史学、考古学、文物与博物馆学等学科课程设置大多以考古学通论、考古学概论等考古学基础理论课程为起点[3]，配合田野考古技术等实操技术课程，形成以"科学理论+实践操作"为核心的专业课程体系。结合现有教学情况，想实现科研与教学互相促进，达成应用型创新实践人才的培养远景，应合理采用多方位引导性的思路，借此开展将科研成果转化融入实践教学的长久探索。[4]

在考古学通论的教学内容之中，辽金元在其中占据了相当重要的部分，

---

[1] 习近平. 建设中国特色中国风格中国气派的考古学 更好认识源远流长博大精深的中华文明[J]. 求是，2020（23）：4-9.

[2] 张昌平. 课堂之外：关于考古专业研究生教学的几点思考[J]. 南方文物，2020（4）：278-281.

[3] 刘庆柱. 中国特色考古学解读：百年中国考古学史之思考[J]. 考古学报，2021（2）：161-176.

[4] 吴敬. 浅谈考古学专业本科生的通识教育和实践教学[J]. 黑龙江教育（理论与实践），2021（12）：58-59.

而金陵是辽金元三朝唯一一处修建于北京地区的帝王陵寝，更是北京辽金元考古与遗址研究中的关键，对研究中国帝陵制度发展脉络和变化规律具有较高的学术价值。① 以此为调研主旨，金陵调查与资料整理工作项目在推进中采用实验教学与科研结合的模式，由教师带领，学生全面参与科研项目。学生在教师提供相应指导的前提下，相对独立完成资料查询、收集、现场调研、调研报告撰写等环节②，在学生与科研接触的过程中，将问题融入实践，将研究融入理论。利用科研成果丰富了辽金元考古在考古学通论课程中的教学内容，突出了教学的实践性，从而实现科研与教学的双向促进融合。

项目推进过程中主要贯彻以下几点。

（1）主动探索，学生亲自参与科研项目的每个环节。金陵调查项目从立项到验收，会经历计划制订、资料收集、实地勘测、拍摄、文字图像记录、寻访记录、资料汇总等环节，学生在教师的指导下全面深度参与，实实在在体会到课堂知识与科研实际的结合。一些学生初次参与科研项目，可以借此了解并熟悉科研项目的完整流程，不仅为学生提供了亲身实践的经验，而且从头到尾的完整参与会帮助学生完成身份转化，引导学生从被动接受逐渐转变成主动探究。

（2）课题"翻转"负责制，项目采用学生负责人制度，教师从负责人变为顾问。由学生掌握项目具体情况，细化产出科研项目的成果，教师适量提供方向指导，进行质量把关。由部分学生担任小组负责人，起到统合科研小组、时刻向教师反映进程与科研问题，方便管理沟通，也起到了培养学生责任心和合作协调能力的作用。

（3）贯通研究，将项目和学生的课程研究选题相结合。推荐鼓励学生将科研项目中感兴趣的内容或遇到的问题作为下一步的研究课题和论文主题。有效利用科研项目获得的实践经验和科研成果，节省了学生新开课题重新寻找资料的精力和时间，有利于让学生专心于一个课题，对自己经手过的研究数据的理解也更透彻，有利于学生在研究过程中发现新的问题，开阔研究视

---

① 秦大树. 宋元明考古[M]. 北京：文物出版社，2004.
② 岳建平. 中国特色考古学建设背景下高校公众考古教育研究：以安徽大学为例[J]. 赤峰学院学报（哲学社会科学版），2021，42（7）：95-98.

野，培养科研思维。

(二) 探索过程

经过几个月的实地调研和室内整理，课题已经取得了以下收获。

1. 专项文献的集中储备，形成课题前期资料汇编

课题组在前往实地调研前明确分工，根据全面调查和重点调查相结合、陵域内遗存本体信息和载体环境信息相结合、学术调查和现状调查相结合的原则确定金陵调查的整体安排，并提前做好充分准备。在准备阶段，课题组的学生搜集查阅了与金陵内容相关的现存资料，例如《金史》《大金集礼》《营造法式》等历史文献古籍，《北京金代皇陵》《北京房山区金陵遗址的调查与发掘》《北京金墓发掘简报》等以往发掘报告、著作、简报以及调研档案，《金陵通考》《大房山金陵考》《"因山为陵"葬制初探》《金太祖完颜阿骨打陵址》等学术界现有研究成果，《房山县志》《金史简编》《金代陵寝宗庙制度史料》《中国古代陵墓考古研究》《金代宗室研究》《宋辽金史论集》等研究或纪实类书籍，其余还包括《金上京城及其文化》《考史游记》《中国古建筑装饰》等国外学者著作及论文，金陵出土谥册拓片，记录金陵遗址全貌的卫星照片、遥感照片，金陵遗址的气象资料、风向频率、水温测试等环境调研结果，等等。课题组成员根据整体项目的实施方案制订了全面的文献资料搜集计划，充分利用时间，针对此次科研项目可能涉及的方方面面，广泛收集了各类资料，并细致考察解读。

完成有计划的搜集，对金陵现有情况和学术研究现状有了一定的了解之后，课题组汇总了全部搜集的数据，利用空闲时间数次召开汇报会，探讨分享彼此的文献研读结果，共同思考并举出了诸多在后续项目推进时希望能得到解答的问题。最后还分工对以上的海量数据记载重新汇编，得以形成整体项目的前期参考材料集，为以后的实地调研及数据分析、资料整理提供了丰富的资料支撑。

2. 确定遗址范围，多种技术方法核查遗址点位

在完成前期资料收集后，课题组动身前往遗址，对北京市房山区西南大

房山东麓金陵遗址开展调查。调查对象包括前期资料收集列出的十帝之陵[①]及在中都安葬的五代皇帝之陵、埋葬后妃的坤后陵及诸王兆域等，遗址分布于大房山东麓、九龙山、连三顶东峪、三盆山鹿门谷及大房山南侧长沟峪，面积约60平方千米。金代皇陵由于明朝的破坏与清代的重修，基本原貌已失。当前陵区既包括金代陵寝遗迹，亦包含明代拆毁山陵所建之关帝庙、清代重修陵园所立之大小宝顶、棂星门遗迹，课题组在资料收集阶段汇总出了资料中出现的一部分数据不明确有待考证的遗存，以便在调研过程中依次排查，除去不符合此次调研标准、数据记录有误、又或者完全损毁的遗存对象，确保了科研调查的全面性和完备性。

课题组对符合调研标准的金陵域内地上遗存及陵寝实施现场调查、记录及数据采集。金陵主陵区是金代皇室陵寝的重要组成部分，平面布局采用中国传统的建筑模式，以神道为中心轴，两侧对称布局，由石桥、神道、石踏道、东西台址、东西大殿、陵墙及地下陵寝等组成。因其建在九龙山下的缓坡台地上，依山而下，北高南低，故称"山陵"。课题组经过长距离的走访，全面勘探金陵的范围，基本明确了皇陵主陵区的遗迹布局，了解并记录了部分重要地面建筑遗存的数据资料以及形制，厘清了金代、明代、清代各遗迹的保护现状及存在问题。为了方便后续研究对金代皇陵的陵寝结构的复原，课题组为遗存对象全方位拍照、摄影，详细填写了遗迹情况登记表，以撰写现状描述的方式记录了包括夯土神道、石桥、东西碑亭、石踏道、排水系统等遗迹的现状布局，同时绘制陵园形制、行宫及陵寝布局图。在探查过程中，课题组进一步明确了金太祖睿陵、太宗恭陵、德宗顺陵的位置关系，勘察睿陵的地宫形制及目前立于睿陵前的"睿宗文武简肃皇帝之陵"汉白玉碑。探寻了清代大宝顶遗址南侧，调查金太祖睿陵北侧的五座竖穴石圹墓的位置及形制，并对其性质、地位采取系统性推论。

在整个调查过程中，课题组使用了专业外业采集设备，如利用三维激光扫描仪硬件对遗址本体扫描采集点云，利用全站仪对金陵广域扫描留存数据，使用无人机采集金陵上空影像。此次实地调查明确了当前金代皇陵主陵区的陵寝布局、遗迹现状和保护状况，确定项目下一阶段的工作目标和方法，为

---

① 北京市文物研究所. 北京金代皇陵[M]. 北京：文物出版社，2006.

进一步研究奠定了基础。

3. 汇总、分析调查资料和信息数据，完成报告、更新教学课件内容

实地调查结束后，课题组将调研采集到的详细测量数据导出存档，对拍摄的照片编号筛选，以遗存为单位分类整理，形成了每一个遗存的调研数据文件包。另外在专业工程人员的指导与协助下，课题组的学生学习使用点云处理软件，将金陵遗址的扫描点云配准、裁剪、生成平面三角网等模型制作和绘制图形工作，以及利用图形建模编辑软件形成了遗存的初步模型[①]。许多学生第一次接触扫描及进行建模工作，借助此过程学习了点云建模以及照片建模等常见建模方法，基本能够独立完成对数据的初步分析和处理，增长了实践经验。下一步梳理了所有的调查资料和信息数据，并针对科研项目的课题以及前期提出的问题进行剖析研究，整合从前期到后期的所有资料、调研表格、数据、照片等，保证调查资料、信息及调查成果的真实、完整和科学，做到有理有据、客观准确地完成调研结果数据的录入，形成一份完整的金陵调查整理报告，完成整个项目的收尾工作。

与此同时，已经应用了至少三年而未能更新的"考古学通论（三）"中"辽金元考古"部分，大量引入本次调查研究的成果，所有平面图、鸟瞰图、遗址现状图、遗物信息及相关数据，全部得以替换、增补，为2023版培养方案中"考古学通论"授课内容的更新储备了重要材料。

三、成果与反思

此次金陵调查科研项目作为科研充实专业教学内容的探索，在传统科研项目模式上尝试创新，使科研活动对专业教学内容的改进带来了积极影响。

项目调研帮学生积累了科研与实地调研的经验。在项目过程中，学生通过搜索文献、汇总资料、实地考察、数据处理等环节，独立学习运用专业软件，自主分析数据得出结论，提高理论联系实际的能力，也能培养一丝不苟的工作态度和团队合作精神，在推动研究的同时让学生做到主动充实、总结自己学到的专业知识。历史文博专业的课程实践性、综合性要求颇高，让学

---

① 刘建国，钟建. 遥感考古勘探技术[N]. 中国文物报，2005-02-18（5）.

生以这种形式参与科研项目，可以帮助学生将所学的课程知识运用到实际工作中，不仅对课程知识有了理解和实践经验，也有了利用科研立体思维看问题想问题的研究员意识。学生对科研工作的积极参与让学生提前把自己带入了研究工作情境当中，帮助学生尽快脱离本科的"学生"身份，进入"研究人员"的工作模式，从课堂被动地接收知识到以探索、研究、发现为基础的主动学习，体会在研究中自己发现问题、分析问题、解决问题的过程，从而提高对知识整体的掌握能力和创新能力。

调研充分印证、扩充了课堂教学内容。对金陵采取实地科研调查，也是对辽金元考古现有课堂内容的考察与更新。实地调研优化了以往教学的内容，还将教学资料中年代久远、不符合现状的教学内容进行比对印证，在此基础上更新了金陵现阶段遗存的保存现状与存在问题，为辽金元以及金陵方面内容教学提供更准确完善且拥有时效性的教学资料。不仅为将来的科研活动奠定了更夯实的基础，给予理论性较强的通论教学更细致具体、更有实际依据的教学素材，也为学生制造了接触正统科研活动的机会，让学生能通过调研印证自己学习、研究的内容，加深对课程的理解。

调研丰富了学生对金陵研究的认识，让学生能以实际调研的资料为基础，站在更宏观的角度理解金陵的内涵与历史意义。详细的实地调研数据实现了对遗存的细致测量与数字化，归纳汇总了金陵的遗存数据，为以后的金陵遗存虚拟复原提供了重要的研究土壤。相对于较狭义的理论教学，调研通过实打实的调研数据和田野工作经历，使学生在前期准备阶段查阅文献资料的过程中，接触了涉及辽金元时期北京地区考古的大量参考文献书籍，广泛的阅读分析使研究的整体视野不局限于金陵，而是放远到整个金中都。学生在研究过程中，还自主学习了地理信息系统（GIS）的应用方法，对金中都内的遗址系统梳理排列，并通过列表、提取坐标等方式最终将成果落实到金中都地图上，实现了金中都现存遗址情况的可视化，不但加深了对金中都遗址分布的宏观印象，也为辽金元的金中都教学提供了比数字、汇总表格更直观的地图，对探索金中都的遗址分布规律大有帮助。在这一过程中，培养了学生的宏观研究思维，扩大了研究视野，利用实实在在的调研数据与案例为学生营造了充分的研究空间，引导学生将课程内容灵活运用到科研中，并激发了学生对科研的兴趣。

调研对后续的相关科研产生了一定程度的助力。现阶段产生的科研数据与成果转化为后续的金陵研究的基础资料，有助于将来研究的持续发展，利于后来的研究者形成更加科学全面的分析认知。优化完善了文献资料，并实现了与现阶段遗存数据的结合，为金陵的遗址布局的系统性分析提供了充分的资料，也便于将金陵乃至北京辽金元墓葬放在同时期疆域内发现的墓葬和相关考古学系统中实施全面考察。经过阶段研究对辽金元遗址建立合理的分期体系，探索北京地区辽金元墓葬的地域特色，拓宽现阶段的帝陵研究视野，探究区域间民族文化交融互动的过程与规律，分析其在北京建都史上的历史意义。通过梳理探究辽金元遗址，揭示北方少数民族文化面貌与内涵，对其在中华民族多元统一进程中的作用和地位有更深认识，为相关综合研究以及遗址保护、活化利用提供翔实资料和学术支撑。

综上所述，有系统成体系的科研实践可以在培养学生思维能力、实践能力的同时，也对教学课程内容实现同步改进和补充。在科研过程中引导学生自我学习，主动运用课程教学的内容进行自主性较高的科研活动，不仅提高了学生的研究思维与增加了实践经验，也合理优化充实了现有辽金元考古的教学内容，在教学以外也帮后续研究打下基础，开阔了具有全局意识的研究视野。

四、结语

日常教学过程中，引发了对前沿问题的深入思考，也就有了科研课题的申报立项和实施，有针对性地解决这些问题，使得授课质量高、更科学、更顺畅，学生也更有获得感；而以适宜的科研项目为契机，以教师作为指导者、领路人，引导学生参与科研活动，则更能从角色和立场上激发学生自主获取学习资源，形成学习课题组，养成讨论研究问题的风气，是引发思考、启迪科研思维、激发创新视角、引导学生成为高水平应用型复合人才的重要渠道，是当下创新性学习的重要形式。针对目前在科研与教学相促进的教学模式中存在的问题，两者互相促进的机制还需要进一步改进和摸索，我们希望能创新出更高效率的互促模式，在新文科建设背景下，全面提升人才培养质量。

高校教师科研项目融入教学路径探析

——以北京联合大学相关专业为例[*]

吕红梅 陈 曦[**]

【摘要】 教学和科研是高校教师工作内容的重要组成部分，教师的科研项目是深耕其研究领域的体现之一，投注了教师大量的精力，它应该更好地促进教学内容的深化，与教学相辅相成。教师的科研项目，从理论课教学上来讲可以将学术前沿信息带入课堂，促进教学内容的与时俱进；从实践课上来讲可以将行业需求与技能实践带入课堂，尤其是科研项目可以与集中类实践课程进行对接。科研项目与教学的融入，还可以塑造引领学生的科研视野，进而培养其科研能力，为后续的深造奠定基础。

【关键词】 科研视野；学术前沿；理论教学；实践教学

高校是培养人才的重要阵地，各高校在科学论证的基础上，根据各专业特点设计课程体系，确保专业知识点全面且又有侧重地在有限的时间内（一般为四年）传达给学生。而教师的重要任务就是教书，是将知识传达给学生

---

[*] 本文是北京联合大学通识核心课程"以雨代田：中国传统文化精研"成果之一。

[**] 吕红梅，北京联合大学应用文理学院副教授，研究方向为中国古代史、北京地域文化。陈曦，通讯作者，北京联合大学应用文科综合国家级实验教学示范中心助理实验师，研究方向为遗产保护。

的首要负责人。学校对教师的职业道德有诸多的文件规定，自不待言。高校教师的考核标准还包含各级别科研项目的申报与完成，而这会花费教师很多心血，教师如何平均投放在教学和科研方面的精力，一直是学校和教师本人都很关注的问题。将科研与教学有机融合，相互促进，是一个理想的目标和状态，而实现路径会因教师的项目和学校的育人定位而有所不同。基于此，拟以北京联合大学为例，结合相关专业，对教师科研项目与教学有机融合的路径进行分析，以期对此类情况有所借鉴。

　　北京联合大学是北京市属综合性大学，其下应用文理学院的前身是北京大学分校，学院坚持"应用为本、学以致用"的人才培养特色，学院历史学为国家级专业综合改革试点专业以及市级特色专业，拥有考古学一级学科和中国史一级学科硕士授予点。历史学一直秉承"应用为本、学以致用"的人才培养理念，多年来致力于应用型史学人才的培养。近些年来，历史文博系又新增了文物与博物馆专业，与历史学科并肩，共同进行文物保护与修复应用型人才的培养，其主要目标是面向文化遗产单位、文物与博物馆事业发展需要，培养具有历史学和博物馆学基本理论和基础知识，具有人文素养、科学思维以及先进的文化遗产保护理念，具备文物勘察测绘、科学分析、保护处理等科技保护技术，古建修复、复制等技能人才，分为本科班和中专本科贯通班。历史学、文物与博物馆学本科及贯通班的设立，为教师的科研项目融入教学增加了契合和途径，更好地围绕育人目标努力，培养出服务首都的复合型人才。基于实践及理论的探讨，从以下几个方面对教师科研项目融入教学的路径进行阐述。

一、以科研项目与学术前沿的融合，促进课堂教学内容的与时俱进

　　这条路径理论课使用居多。一般有国家级、省部级理论研究课题的教师，其项目都是教师深耕自己科研方向的成果，大多是"理论创新和学术创新具有支撑作用的一般性基础研究"，项目负责人必须非常了解学术概况，在此基础上结合自己的研究，形成前沿性研究成果。虽然可能是针对专业领域内的个别问题，但在授课过程中，可以重点对该问题进行融入，设计成教学重点与难点，精讲、深讲该问题的通识，激发学生的研究兴趣，尤其是对立志考研深造的同学，具有极强的引领作用。

该路径的应用需要注意的是要结合本科生的认知，在一年级、二年级、三年级的应用上都不尽相同，注意融入的深度和广度。既不能以偏概全，过多占用课本其他知识的课时，也不能在还不太具备专业知识的大一新生的课程中过多使用。教材是课堂的主要依据，教学大纲、教学重点难点都是依据教材设定，也是学生预习、听课、课后复习的主要依据，科研成果不但要融入课堂，更要融入教材的知识点中，这样的融入就使科研成果像是教材这棵苹果树上的一个红苹果，有心的同学摘到了就能品尝到甘美的果实，进而对如何种树、如何再结硕果产生兴趣，激发学习积极性，达到或者远超预设的教学目标，促进师生的共同成长。

检索已经发表的论文中发现，科研融入教学的研究，均是依托于具体的科研项目和课程而言，各说各话，虽然不能广泛使用，但也表明了科研融入教学不容易找出一个普遍适用的路径，只能根据具体情况具体而言。对历史学、文物与博物馆学专业而言，中国通史课程、考古学理论课程均属于专业必修课，一般在大一开设，以中国通史为例，中国通史课程在人才培养方案中处于打基础的地位，有为其他专业课提供基础知识的作用。学生通过本课程的学习，认识中国通史发展的基本规律，掌握中国通史的基本史实，了解中国各历史时期的政治、经济制度和相关政策、措施，重大历史事件与重要历史人物，以及主要的文化、科学技术成就，并在了解基本历史史实的基础上，能初步运用历史唯物主义基本原理去分析、研究中国通史，辩证看待祖国的历史，批判地继承历史文化和传统，能阅读和运用一般的文献资料，撰写有一定水平的史学论文，更善于从历史的角度看待今天的一些社会问题并理性地古为今用。基于这样的教学目标，如教师的课题"秦汉廉政建设及对当下的启示研究"（北京哲社课题）就可以融入秦汉通史的讲述部分。秦朝二世而亡，西汉建立后及时吸取秦亡教训进行法治建设、思想教化。虽然科研需要深入研究，但依据《史记》《汉书》的基本史料，用案例的形式将教师的科研成果融入课堂，教师凝练出"汉武帝的酷吏政治""四知太守杨震的廉政故事""汉代文化中的廉政因素""秦汉士人的忠孝观及启示"等思政与知识融为一体的授课单元，结合课本当中"汉代的政治""汉代的阶级关系""秦汉文化"章节内容，进行深入讲述，以故事带动知识点，激发了学生的学习兴趣，并用史料，尤其是学界前沿的秦汉简牍史料带动学生深入挖掘知识点的能动性，激发科研热情。通过课堂实践，取得了很好的教学效果。尤其是对中国历史研究感兴趣、立志考研的同学而言，是他们接触科研、加深兴趣的第一步。

纵向课题的前沿性是其能够促进课堂教学的最大特色和优势。课题本身就是创新性活动，纵向课题的前沿性使其创新要求更高，课程教学的内容依据培养方案和课程大纲，具有相对的稳定性和持续性，科研促进教学的切入点就需要在原有的授课内容中进行挖掘和结合，找准着力点才能使得科研的促进作用恰到好处。如果是孤立于本科教学大纲或者培养方案之外的前沿科研项目，则是"曲高和寡"，其价值会大打折扣（当然，此说法仅限于高校教育系统而言）。

二、横向课题对接行业与实践，在实践课程中发挥更重要作用

横向课题是指研究人员直接与委托单位和部门签订立项合同，是委托方在现实工作中遇到的急需解决、自己又无法完成的课题。横向课题往往具有应用性强的特点，一般课题的成果可以直接解决委托方遇到的问题。横向课题一般时间要求比较紧，具有时效性的特征。

教师的横向课题一般是与行业对接，解决行业热点与急需问题，立足于行业的前沿，实践性很强。在课程体系的设置上，实践课程重在锻炼学生的知识应用能力。北京联合大学历史学、文物与博物馆专业设立了非常完善的校内外一体的实践教学体系，如图1所示。

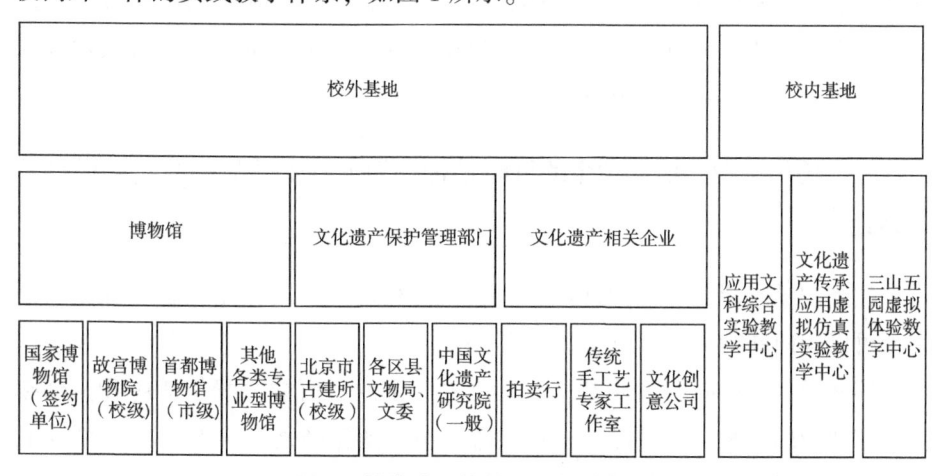

校外基地			校内基地	
博物馆	文化遗产保护管理部门	文化遗产相关企业	应用文科综合实验教学中心	文化遗产传承应用虚拟仿真实验教学中心	三山五园虚拟体验数字中心
国家博物馆（签约单位） / 故宫博物院（校级） / 首都博物馆（市级） / 其他各类专业型博物馆	北京市古建所（校级） / 各区县文物局、文委 / 中国文化遗产研究院（一般）	拍卖行 / 传统手工艺专家工作室 / 文化创意公司			

图1 校内外一体的实践教学体系

在这样的课程设置基础上，学生有充分的机会接触行业实践和实习，但如果能依托教师的横向课题进行，那将更具有针对性。历史学注重文化遗产的保护与利用方向，文物与博物馆专业还有文物保护与修复贯通人才的培养任务，结合横向课题的特点，将之与学生的实践课程紧密结合，会使得师生的科研合作更加紧密而具体，师生都将会获得巨大的收获。

鉴于横向课题的特征，应注意以下问题：

（1）针对横向课题与行业紧密相连的特性，教师让学生参与横向课题时，需要注意学生知识的前期储备，即需要充分做好前期培训工作，切忌让学生在没有充分了解相关知识的前提下，做一些片段的、技术含量不高的工作，又匆匆结束工作，仅仅是"浅浅参与"了教师的课题，不但对整个课题不了解，更是无从收获知识和技能。

（2）针对横向课题的时效性，学生在校时间也有限，学生可能在大学的不同年级接触到不同的课题，教师应在课题的进展中总结一些与专业结合紧密的、规律性、可传承的内容，系统地传输给学生，在学生中间也有"传帮带"的作用。教师也应该充分发挥课题的延续性，使参与的学生能够完整地感受课堂知识的应用和行业需求之间的关系，进而形成自己的收获与思考，能更好地指导学习和将来的考研深造、就业等。

（3）横向课题的操作地点可以是校内也可以是校外，针对其特点，这是使学生走出校园接触行业和社会的绝佳机会，带着对专业知识的了解，在此基础上走入行业，既可以得到实地的锻炼，又可以增长见识，与课堂理论学习相结合，给学生双重的收获。

三、巧用课题，培养学生的科研精神，为本科生导师制的实施提供具体路径

教师的纵向课题和横向课题，只要发挥科研项目的作用，融入课堂，师生便可以同向同行，共同成长。

培养学生的科研精神非常重要。培养学生的科研能力既是适应我国创新型国家建设的需要，也是提升学校核心竞争力的路径之一。教育部早在2001年发布的《关于加强高等学校本科教学工作提高教学质量的若干意见》中就已经特别提出："要根据科技进步的要求，注重更新实验教学内容，提倡实验

教学与科研课题相结合,创造条件使学生较早地参与科学研究和创新活动。"

清华大学在考察了美国麻省理工学院的 UROP 计划(The Undergraduate Research Opportunities Program,1969 年美国麻省理工学院首创的"本科生研究机会计划"项目)后,在已有的学生课外科技活动基础上,1995 年首次提出了大学生科研训练计划(Student Research Training,SRT)。2007 年教育部推出国家大学生创新性实验计划(National Undergraduates Innovating Experimentation Project,NMOE),把我国本科生科研创新能力的培养层次推向了一个新的高度。[①] 这是对学生科研能力培养的重视和探讨,结合本文的论述,其实,教师课题是培养学生科研精神的重要切入点之一。

教师用自己的课题带动学生做科研,可以直观地让学生感受教师的认真、敬业、严谨的科学态度,进而对自己的学习产生正面、积极的影响,建立科研的信心和热情。

教师的横纵向课题就是学生参与科研的便利平台。纵向课题、理论性较强的课题,可以让学生充分了解学术前沿和科研路径、方法;横向课题可以让学生锻炼思考和解决问题的能力,能够提前感受行业的需求,进而思考学习之外的能力的培养,各学校虽然为学生搭建了平台,但与参与教师的课题相比,缺少了具体操作和教师指导的紧密性。

学生参与课题还可以充分发挥本科生导师制的作用,使本科生导师制更加落地。导师制是 15 世纪初期由英国牛津大学的威廉·威克姆首创的。根据这一制度,每位学生(包括本科生)都有自己专业或课题方面的导师,负责专业方面的辅导。北京联合大学实施本科生导师制已经多年,本科生导师制的实施具体来讲就是教师要在学习、生活等各方面对几个学生进行具体的指导和负责,如果仅从课业学习上指导不免有些单调和枯燥,而课题就提供了一个很好的路径和方法。教师可以从大一的学生开始,为学生参与课题指定计划,由浅入深,并且高年级的学生还可以带低年级的学生,形成不同年级、不同科研层级的小团队,并且在四年的学习生涯中互相交流、学习,获得班级以外的帮助和收获。

学生还可以通过毕业论文(设计)参与教师的课题。毕业论文是历史学、

---

① 吕莹,陈璧州. 教学研究型大学学生科研能力培养探析 [J]. 教育教学论坛,2014 (3):69.

文物与博物馆专业本科学生最重要的实践教学环节，是学术论文的一种，也是授予学位的重要依据。毕业论文是大学毕业生在导师指导下，运用所学的基础理论、专门知识和基本技能，来分析和解决历史学及相关学科的某一基本问题的总结性作业。毕业论文是大学生掌握正确地提出问题、深入地分析问题、科学地解决问题的方法，培养科研能力、从事专门技术的能力和写作能力，提高思维能力和创造力，为以后独立地从事科学研究和专门技术工作打下良好基础的一次综合训练。毕业论文的写作要求符合学术规范，还要有一定的创新性，如能结合教师的课题，教师能够在充分把握毕业论文学术要求的基础上，根据学生的特点，进行题目的选定与指导，师生双方都会受益。

综前所述，教师科研课题成果可以充分融入理论教学、实践教学，促进教学效果的提升，并在其中发挥培养学生的科研精神，使学生提前了解行业需求，培养就业技能，在大学四年中能够理实结合，成为教学目标所设定的"复合型人才"。

参考文献

[1] 牛畅. 中美研究型大学本科生科研能力培养比较 [J]. 长春工业大学学报（高教研究版），2007（3）：98-101.

[2] 邓玲玲，文桂林，方燕红，等. 研究型大学本科生科研能力的培养方法 [J]. 广州化工，2012（21）：34-39.

[3] 贺文慧，李光龙. 教研型高校本科生科研能力培养探究：基于安徽大学的调查 [J]. 高教论坛，2012（4）：45-49.

[4] 吕莹，陈璧州. 教学研究型大学学生科研能力培养探析 [J]. 教育教学论坛，2014（3）：69.

[5] 桑国元，郑立平，李进城. 21世纪教师的核心素养 [M]. 北京：北京师范大学出版社，2017.

[6] 老踏. 教师力：教学、科研和终身成长 [M]. 北京：清华大学出版社，2022.

经典史学论著研究对于历史学教学的促进意义

——以东晋建国史为例的教学案例分析*

祁 萌**

【摘要】 东晋建国史是中国古代史领域的经典问题，多位历史学巨擘曾就这一问题发表论文，但所得出的结论大相径庭。通过研究东晋建国史的经典论著，可以揭示出历史叙述者的历史观、所处时代背景等主观因素对历史叙述的影响。在历史学教学，特别是历史学理论教学中，这一科研素材可以将抽象而晦涩的历史理论问题转化为具体而生动的史学研究案例，从而引导学生自下而上、循序渐进地理解历史学主观性等抽象理论问题，并进一步引导学生建立多元、开放的史学思维。

【关键词】 东晋建国史；历史主观性；历史教学；史学理论；中国古代史

4世纪初是中国历史上极为特殊的一个时期。这一时期中，中国历史历经八王之乱，到永嘉之乱，再到衣冠南渡与东晋门阀政治。在经历了复杂的政治军事斗争后，中原王朝得以在中国南方延续国祚。东晋建国史也因此成为

---

* 本文为北京联合大学教育教学研究与改革项目青年专项"教师指导下的课外读书活动与历史学本科教育教学"（JJ2024Q002）研究成果。

** 祁萌，北京联合大学应用文理学院历史文博系讲师，主要研究方向为中国古代史。

学术史上经久不衰的经典论题，多位史学大家就此问题展开研究，至今仍是中古史研究领域的前沿问题之一。

东晋建国史不仅有着厚重的学术意义，而且能在教学中发挥重要作用。通过对东晋建国史的学术史进行深入研究，能指导学生更好地理解课本的深层次含义，引导学生认识历史学的学科特点和专业性质，帮助学生建立起对于学术研究的概念和认知。笔者在"史学概论"① 等理论性较强的课程中将东晋建国史的学术史融入课堂的教学，探索了结合学术史分析历史学学科特点与历史学理论教学的新路径。

一、东晋建国史经典论著研究

关于东晋建国问题，近半个世纪以来中外学界积累了数十篇高水平论著。总体而言，既有研究多聚焦于司马氏皇室、北方士族（侨姓士族）、江东士族（吴姓士族）之间的关系，或侧重其中若干组政治力量之间的斗争，强调若干政治势力之间的合作与妥协，借以分析中国历史上极为特殊的东晋门阀政治的基础。对于东晋建国问题学术史与经典论著的研究既是魏晋南北朝史的重要问题，又关乎近现代史学史、思想史问题，笔者近年来在该领域进行了深入的研究。

陈寅恪、唐长孺、川胜义雄、田余庆的论著在东晋建国史研究中最具代表性。

陈寅恪（1890—1969），中国近现代著名史学家，中国史现代学术范式的奠基人之一，在魏晋南北朝史、隋唐史等领域的建树尤其重要。陈寅恪对于东晋建国问题的探讨主要见于《述东晋王导之功业》（下称陈文）②。陈寅恪指出，西晋王朝在中原的中枢被摧毁后，司马氏能否在江东重建王朝，关键取决于江东士族是否愿意支持外来的司马睿。但司马睿本人实力不强，血脉疏远。司马睿之所以能够得到江东士族的支持，主要有赖于北方士族王导的支持。因此，陈寅恪试图论证，东晋得以建立，主要功劳在于王导所搭建的南北士族合作。

---

① 北京联合大学应用文理学院历史文博系历史学专业2019版培养方案称"专业导论"，2023版更名为"史学概论"。为明确学科特点，下文统称"史学概论"。

② 陈寅恪. 述东晋王导之功业［M］//陈寅恪，陈美延. 金明馆丛稿初编. 北京：生活·读书·新知三联书店，2001：55-77.

陈寅恪此说高度强调北方士族与江东士族的合作，而江东士族在北方士族代表人物王导的拉拢下，方愿意与司马氏皇室合作。在陈寅恪看来，王导为代表的北方士族对于司马氏皇室的效忠是不证自明的，王马关系被假设为王马合作。因而，在其论述中，北方士族的另一代表王敦所发动的叛乱被刻意回避，也即刻意回避了司马氏皇室与北方士族的矛盾（也称王马矛盾）。

陈寅恪之所以提出此说，与其本人所处的近代史的历史环境有很大关系。在深受传统文化与士大夫情结沁润的陈寅恪看来，"五胡乱华"的西晋末、东晋初不啻20世纪前半期中华民族所面临的危亡局面。之所以高度褒扬王导，正是基于对民族危亡的认识，使其相对倾向于将象征华夏正朔的司马氏皇室与北方士族视为一个内部团结的共同体，甚至类似于内部彼此认同"nation"，进而高度肯定其危亡之际的"民族功臣"。

不同于陈寅恪的立场，唐长孺对于东晋建国问题的分析则更侧重地主阶级内部矛盾视角。唐长孺（1911—1994），魏晋南北朝隋唐史领域巨擘，尤精于精微考证与史料分析。唐长孺对于东晋建国问题的分析主要见于《王敦之乱与所谓刻碎之政》（下称唐文）①。唐文指出，司马氏皇室与北方士族之间存在着尖锐的矛盾，最终引发了王敦之乱。又因为司马氏皇室在王敦之乱中失败，因而形成了臣强主弱的特殊君臣关系，甚至奠定了东晋门阀政治的基本格局。而这种格局下的皇权被定义为"以司马氏为首的门阀贵族联合为内容的君主专制政体"。

唐文的看法与其理论基础密不可分。之所以高度强调王马矛盾，本质上所探讨的是唯物史观下地主阶级内部矛盾问题；而其结论最终指向"专制政体"，事实上亦处在20世纪30年代社会史论战中所提出的新民主主义历史观的延长线上，即将帝制时代视为"封建专制"。

与陈文不同的是，唐文高度强调王马矛盾，而几乎不谈王马合作。士族只是在利用皇权，一旦被皇权侵扰，甚至不惜发动战争。唐文所关注的并不是陈寅恪心心念念的华夏文化与民族危亡，而是专制主义的政体性质与地主阶级内部矛盾——导致两位史学巨擘所论南辕北辙的关键原因，实际上是彼

---

① 唐长孺. 王敦之乱与所谓"刻碎之政"[M]//唐长孺. 魏晋南北朝史论拾遗. 北京：中华书局，1983：151-167.

此不同的历史观。

日本学者川胜义雄亦探讨过东晋建国问题。川胜义雄（1922—1984），日本著名中国史研究学者，京都学派第三代代表人物，主要研究魏晋南北朝史，尤精于政治史、思想史等领域。川胜义雄对于东晋建国问题的分析主要见于《东晋贵族制的确立过程》（下称川胜文）[1]。此文详细分析司马睿南下以来江南的王敦之乱、苏峻之乱等历次战乱，梳理了缺少军事力量的北方士族如何一步步征服南方的军事力量，掌控了江南社会。

川胜文中，东晋被视为以华北流亡贵族为中心建立的政权，本质是典型的"贵族制社会"视角。东晋被视为有着先进的中原士族文化的北方贵族在江南移植的贵族制社会。东晋建国过程表面上看是军事实力的对抗，背后是先进文化——乡论主义的胜利。

"贵族制社会"视角是日本京都学派对魏晋南北朝史的基本判断。此说认为六朝社会以贵族为中心，结合宇都宫清吉、谷川道雄等人强调的"非阶级原理"[2]，六朝贵族以德行而非生产资料的占有向下实现对民众的整合与团结，向上支撑国家。"贵族制社会"视角存在两个源头。一方面，京都学派的奠基人内藤湖南提出"唐宋变革论"，即以魏晋隋唐为贵族主导的中世社会，经历唐宋变革后，中国历史进入了近世。[3] 此说后经宫崎市定进一步就近世问题进行了丰富和深化。[4] 川胜等人所持的"贵族制社会"视角则是对"中世社会说"的继续探索。另一方面，二战前日本叫嚣中国历史停滞，借此为日本侵华制造口实。二战后日本东洋史学界反思中国历史停滞论，试图将中国历史代入西方历史发展脉络，从而论证中国历史也在按照西方的"古代—中世—近世"渐次发展。"贵族制社会"视角，正是希望将魏晋比附于西方的中世纪，从而实现以世界历史脉络解释中国历史。可以说，川胜文的深层次思考，

---

[1] 川胜义雄. 东晋贵族制的确立过程：与军事基础的问题关联 [M] //川胜义雄. 六朝贵族制社会研究. 李济沧，徐谷芃，译. 上海：上海古籍出版社，2008：54-186.

[2] 谷川道雄. 中国中世社会与共同体 [M]. 马彪，译. 北京：中华书局，2002：61-106，263-285.

[3] 内藤湖南. 概括的唐宋时代观 [M] //刘俊文. 日本学者研究中国史论著选译：第一卷：通论. 北京：中华书局，1992：10-18.

[4] 宫崎市定. 东洋的近世 [M] //刘俊文. 日本学者研究中国史论著选译：第一卷：通论. 北京：中华书局；1992：153-242.

其现实根源之一恰是近现代中日矛盾关系。

相较于陈文、唐文，川胜对于东晋建国过程中各个政治势力的分析更为细致全面。在琅琊王氏问题上，川胜不重视王导的作用，重点在于王敦。在王马关系问题上，川胜不重视王马关系，重点在于南北士族矛盾。在南北士族关系上，川胜所讲的是王敦消灭江南力量，亦可以说陈寅恪重合作、川胜重冲突。北方、南方士族的合作，并非陈寅恪所说的王导的功劳，而是王敦、苏峻被利用而打出来的。目标亦非再造华夏或地主阶级内部矛盾，而是北方文化征服南方，移植贵族制社会。

田余庆则更加细致地勾陈出王马特殊关系的政治渊源。田余庆（1924—2014），著名历史学家，主要研究汉魏晋南北朝史学。田余庆对于东晋建国问题的分析主要见于《释"王与马共天下"》（下称田文）①，本文亦是近年来最为经典的政治史研究之一。田文指出，之所以是"王"而不是其他门阀与司马氏"共天下"，取决于西晋后期以来复杂的政治渊源。一方面，司马睿作为琅琊王时，已经与琅琊王氏代表人物王导建立了亲密的私交；另一方面，八王之乱中，司马睿属东海王司马越阵营，司马越与同属琅琊王氏的王衍的结合间接导致了司马睿与王导的结合。

在田文看来，东晋政权肇始于司马睿与王导南下，这是司马越等共谋的结果，即为中原政权准备南方避难所。当时准备的避难所不仅此一处，其余南下宗室由于不能与士族融洽相处，均告失败。司马睿之所以能成功建立东晋，主要是在王导的帮助下成功获得了江南士族的支持。东晋已经演化为门阀政治的装饰物，皇帝只是门阀的工具，而非效忠的对象。

相较于陈文，田文亦强调王马合作，但王马合作被视为八王之乱中政治关系的延续，而非陈文所讲的民族精神与民族英雄；皇权与门阀的结合亦被视为彼此利用与相互制衡，门阀政治本质上是"皇权的变态"。相较于唐文，田文淡化王马矛盾而强调王马合作，王与马共天下主要是八王之乱的结果而不是王敦之乱的结果，不过"皇权政治的变态"与"象征性的君主专制"则都落脚于皇权问题，亦存在相通之处。

---

① 田余庆. 释"王与马共天下"[M] // 田余庆. 东晋门阀政治. 北京：北京大学出版社，1996：1-38.

值得强调的是，田余庆指出国外学者（主要指京都学派）"一般不太重视中国古代久已形成的皇权政治传统这一历史背景"。以川胜为代表的日本京都学派确实相对忽视皇权而强调贵族，这与日本历史中天皇实际政治力量较弱而存在长期的幕府政治有关，田文所指出的"皇权政治的变态"则批评了京都学派基于日本历史的看法[1]，从更深层次讲，则是重新强调中国历史中皇权强大的特殊性，而不再用中国史套用西欧历史框架中的中世纪时代。

二、东晋建国史研究的教学实践案例分析

笔者在研究东晋建国史问题的基础上，尝试将上述研究成果应用于教学实践，试图以深入的科研带动教学的深化。

"史学概论"是大一新生的第一门专业课。该课程的教学目标旨在引导学生理解历史学的特点、性质、价值等问题，授课内容偏向史学理论与史学史。该课程以理论内容为主，对于尚未接触历史学研究实践的大一新生而言，较为抽象晦涩。教师教学与学生接受的过程均存在一定的困难。

历史理论领域的核心问题之一是探讨历史学的主观性，亦可以理解为历史学是否可以客观地描述过往。围绕这一问题，国内外史学界提出过"一切历史学都是当代史"（克罗齐语），"一切历史学都是思想史"（科林伍德语），"历史学是任人打扮的小姑娘"（总结自胡适）等经典命题。上述命题同样是"史学概论"等历史学理论教学中的核心问题，即需要引导学生理解研究者的主观性对历史学的影响。既往的教学实践中，往往需要对上述抽象命题进行理论剖析。对于尚未接触过史学研究实践的学生而言，对于抽象问题的理论剖析不易理解和接受。

针对这一困难，笔者在教学实践中试图结合史学研究的经典案例将上述抽象理论问题具体化、生动化。主观性因素对于历史学的影响，往往可以通过不同研究者对相同对象的差异性研究进行分析。东晋建国史即提供了一个很好的例子。东晋初年留下的史料很少，近一个世纪以来的研究所凭借的往往是相同的史料，这就避免了因为分析对象不同而产生差异化理解的问题。

---

[1] 钟鑫. 田余庆谈门阀政治与皇权[J]. 东方早报·上海书评, 2013 (1)：6-9.

如上述对东晋建国史的学术史分析所示，四位在专业技能上臻于完美的历史学大师凭借基本类似的史料得出了对东晋建国史完全不同的看法，这恰恰说明不同研究者的主观立场对历史学研究可以产生极大影响。

具体到"史学概论"等课程的教学实践中，如2022—2023学年第一学期的教学中，教师要求学生课前阅读本课程所选教材（姜义华等编著《史学导论》）[①]关于历史学主观性的抽象理论分析，并要求学生精读中国古代史方面的教材（张帆著《中国古代简史》）[②]对东晋建国史的叙述。课前布置思考作业"如果有两个以上的观察者同时描述同一段历史，会发生什么？"

在课堂上，教师要求学生根据《中国古代史》课本描述东晋建国的简要过程。在这一基础上，教师分别介绍上述四种经典论著，侧重揭示四种论著如何从不同角度剖析同一段历史，进而引导学生发现，四位学者写同一段历史竟会产生如此之大的差异。在教师讲授与对学生的提问中，一步步引出四种论著各自的时代背景、历史观、现实基础等问题，乃至启发学生思考近现代史对古代史研究的影响。《中国古代史》教材在东晋建国问题上篇幅较短，只有若干自然段的叙述。而通过上述教学过程，学生被一步步引导，发现短短数百字的叙述背后，实际上包含着宏大的历史背景与学术史积淀。

上述历史学主观性等问题相对抽象晦涩，难以接受，通过在教学中引入东晋建国史，将该抽象问题转化为生动而具体的史学研究案例；通过实际剖析不同人站在不同时代背景和不同主观思想立场上描述同一段历史所产生的差异性，引导学生理解"一切历史都是当代史""一切历史都是思想史"。

上述教学实践探索，可以总结为将抽象的史学理论问题转化为具体的史学研究案例，通过对具体案例的分析，引导学生正向提炼出抽象理论，以解决逆向灌输抽象理论的理解困难问题。这一教学探索的经验可以总结为以下四点。

第一，以实际的史学研究案例代替抽象的理论剖析，引导学生从具体的

---

① 姜义华, 瞿林东. 史学导论 [M]. 3版. 上海: 复旦大学出版社, 2018.
② 张帆. 中国古代简史 [M]. 2版. 北京: 北京大学出版社, 2015.

史学问题中循序渐进地认知历史学的专业特点。

历史学本质上是建构对于过往的一种理解，历史学对于过往的建构并不等于客观上发生过的过往。而历史叙述者对于历史的建构往往离不开其所处的现实背景和其本身的思想立场。结合克罗齐、科林伍德的名言，也可以说历史学对于过往的建构往往基于历史叙述者所处时代的思想基础。这就决定了不同学者描述同一段过往通常会有不同的结果。

在东晋建国史问题上，陈寅恪所受时代思想影响主要是民族危亡中的传统士大夫情怀与现代民族主义精神，唐长孺主要受新民主主义革命中对传统中国"封建专制"论断的影响，川胜义雄主要受京都学派中世社会说与日本侵华问题的影响，田余庆则相对回归对传统皇权政治的分析，相对回避将中国历史套进西方历史脉络的西方中心论观念。

通过剖析这四种论著，引导学生发现不同论著描述的同一段历史确实有差异，进而理解历史学对于过往的建构确实存在很大的主观性。相较于自上而下的抽象理论剖析，上述结合实践案例的教学方式是一种自下而上、从具体到抽象、从个案到一般的思维方式，更易被学生接受，也能更好地体现出历史学的学科特点。

第二，深化学生对教材的理解，培养开放性思维。

对于东晋建国史的剖析同时牵涉史学概论、中国古代史两门专业必修课。就教材特点而言，《史学导论》教材相对比较抽象晦涩，不易理解，中国古代简史教材相对比较简略，细节不足，学习过程中亦不太容易理解字面意思背后的深层理论与学术史问题。针对《史学导论》教材相对抽象的问题，通过东晋建国史的具体案例，有助于引导学生更好地理解教材中高度理论化和抽象化的论断。而《中国古代简史》教材，则能补充教材之外的大量细节，尤其是与这些细节相关的学术史与理论背景。

在与学生的交流中，教师发现相当多的学生对于《中国古代简史》等教材不够满意，认为教材中缺少其已有知识储备之外的新知识，亦有部分同学尝试自己搜集课外资料补充相关知识。在《史学导论》中讨论东晋建国史，也意味着从史学理论与学习方法角度，为学生提供自主探究教材之外的学习途径。通过引导学生深入学习东晋建国史的经典论著，启发学生举一反三，自觉搜集或向教师求助关乎其他重大历史问题的延展读物。

此外，在没有其他学说与论著做对比参考的情况下，教材中的说法往往会被学生误以为是唯一学说，从而影响史学的思辨性和多元性。就东晋建国史而言，补充课本之外的多种经典论著，能帮助学生明白中国古代史教材所持看法的局限性和特定立场，亦能帮助学生反思史学概论教材所持看法之外的不同声音。读懂教材字面意思之外的深层含义，才能真正提升学习深度：明白为什么课本这样说，是否还有别的不同看法，种种看法各自存在哪些前提假设、推导过程与现实基础，才能做到知其然而知其所以然。教师深入研究一个科研问题，将这一问题的各层面、各个学说全部吃透，才能完全明白教材中的说法有哪些长处和不足，存在哪些前提和假设，进而才能在教学中引导学生真正理解教材中的相关问题，建立起学生对教材的多层次认知，培养学生的开放性思维。

第三，强化学生阅读史学论著的能力，培养独立思考与判断学术问题的能力。

前述围绕东晋建国史学界积累了厚重的学术史，其中不乏影响深远的名家名著。为配合堂课讲授内容，史学概论等课程也会布置相关课下阅读作业。在教师课上导读和剖析的基础上，要求学生在课下阅读相关经典论著，并写读书报告。读书报告中，要求学生言简意赅地复述各篇论文的主要观点，在此基础上复述出各篇论文的分论点和论证过程，进而结合课堂上对论著思想立场、时代背景的导读，剖析为何作者会得出相应的看法。

历史学的专业素养既包括分析史料的能力，也包括分析今人论著的能力。从既往的教学经验来看，如果事先教师未能筛选出最值得精读的论著，学生往往很难找到有价值的论著，而在质量较为一般的论著上浪费时间；如果教师未能深入导读、事后反馈，学生往往很难抓住论著的核心精髓；如果教师未能指导学生读书的步骤和方法，学生往往不知道如何阅读论著并写读书报告。而围绕东晋建国史问题的经典论著，非常适合对学生进行阅读训练：培养学生如何读懂一篇论著，如何在此基础上对比阅读多篇论著，如何进一步提炼出各自的洞见与遮蔽。通过阅读同一问题的不同论著，培养学生对学术论文的鉴别能力，使学生能独立判断出论著的质量优劣，从而在其他史学领域与问题中，亦能独立分辨出众多研究中最值得深入阅读的论著。所谓"授人以鱼不如授人以渔"，教师将对东晋建国史经典论著的研究应用于教学的过程，实际上也是培养学生筛选优秀论著能力的过程。这种教学路径，也可以说是将教师对学术史的研究当作榜样和模范，作为学生阅读论著和梳理学术史时的参照标准和模仿对象。

第四，建立中国古代史与中国近现代史的联系。

学界一般将中国史约定俗成地理解为古代史与近现代史两个领域，彼此之间的研究范式、基本视角、核心问题均有较大差异。学界越来越注意到，当代历史学的研究范式、基本假设乃至基础概念，实际上都奠基于近现代史，诸多对于古代中国的宏大叙事都与近现代革命与思想密不可分。在历史学教学中，一般第一学年以中国古代史为主，第二学年以中国近现代史为主。古代史研究与教学中，往往相对忽视近现代革命与思想变革对于古代史的影响。如果说今人都是带着近现代的有色眼镜去观察古代历史，那么教学中恰恰没有很好地揭示出这副有色眼镜的存在。

如教师的研究所揭示的，陈寅恪、唐长孺、川胜义雄、田余庆所论彼此大相径庭，这种现象即与近现代史密不可分。这一研究成果提供了打通古代史与近现代史的典型教学素材。在课堂教学中，教师对于东晋建国史经典论著的分析尤其侧重强调近现代史的影响因素，一方面体现出"一切历史都是当代史/思想史"理论意义，另一方面又将近现代史对古代史的影响以具体案例的形式揭示出来。在后续的教学中，教师还会结合学界前沿研究分析诸如"专制""文明"等历史学基础概念①，乃至现代汉语常用概念在近代史中如何形成，从而引导学生进一步理解近现代所形成的学术范式如何影响乃至制约着我们对古代史的认知和思考。

三、结语

东晋建国史具有深厚的学术意义，不仅是中国古代史的经典问题，也是透过近现代学术史认识古代史研究的典型案例。在历史理论教学中，这一研究案例以生动而具体的形式，充分展现出历史学的主观性等问题，将晦涩抽象的历史理论结合进教学实践。而从更为宏观的角度而言，历史理论教学应

---

① 侯旭东. 中国古代专制说的知识考古 [J]. 近代史研究，2008（4）：4-28；甘阳. 从"民族—国家"走向"文明—国家"[N]. 21世纪经济报道，2003-12-30（2）.

在充分分析历史学科学特点、性质等抽象问题的同时，重视引导学生发现理论自下而上、循序渐进的提炼过程，充分结合学生所处受教于阶段的认知水平和理解能力。研读经典史学论著的过程，既是教学相长的过程，也是将科研成果应用于教学实践的过程。

"新文科"理念下科研项目促进文博人才培养的思考与实践

——以"北京地区出土古代服饰形象复原动态展示"项目为例

李若水*

【摘要】 在"新文科"理念的背景下,创新人才培养模式是时代所赋予的使命。北京联合大学考古研究院策划的"北京地区出土古代服饰形象复原动态展示"项目将北京地区丰富的文物资源和深厚的历史底蕴融入教学实践中,实现了优秀历史文化遗产的创造性转化和创新性发展。本文将以此来探讨文博专业与其他相关专业间的交流融合以及文博人才培养模式的优化路径。

【关键词】 新文科;文博人才;培养体系;培养模式

2020年9月,习近平总书记在中央政治局第二十三次集体学习时强调,"我们要加强考古工作和历史研究,让收藏在博物馆里的文物、陈列在广阔大地上的遗产、书写在古籍里的文字都活起来,丰富全社会历史文化滋养"。党的十八大以来,在中共中央的重视下,全国文物系统全面加强文物保护利用和文化遗产保护传承力度,不断为文化传承发展注入生机与活力。而在当前

---

* 李若水,北京联合大学应用文理学院讲师,研究方向为建筑考古。

时代，互联网应用全民普及、数字技术日新月异、虚拟现实技术日益成熟、人工智能方兴未艾、自媒体成为传播的主流，2021年教育部发布的《新文科研究与改革实践项目指南》中，要求文史哲学科要"夯实基础学科，推进文史哲之间、文史哲与其他学科的交叉融合，打破原有以固化学科专业培养人的'传统模式'"[①]。在这样的理念下，如何培养适应新时代科学技术特点和文化传媒形式，具备文物资源保护、研究、活化利用创新思维和应用能力的综合人才，是时代赋予高校文物与博物馆专业教育工作者的重大命题。[②]

在"新文科"理念和北京联合大学高素质应用型创新人才培养目标的指导下，北京联合大学历史文博系不懈探索以科研项目促进具有综合应用和创新能力的文博专业人才培养的新模式，不断将北京地区考古、文物中蕴含的优秀文化、艺术元素创新性地转化为高校人才培养的重要教学资源。同时，也在科研和教学实践中，传承弘扬首都优秀传统文化，展现北京古都悠久历史，服务社会大众。

2021年，在中国现代考古学诞生100周年之际，以北京联合大学考古研究院作为平台，组成项目制的科研教学团队，策划完成"北京地区出土古代服饰形象复原动态展示"项目，通过实际项目整合校内各学科在科研与教学方面的相关力量，以科研项目带动学生团队，促进本科生和研究生文物阐释与活化利用的综合能力，探索科研促进教学的新途径。

一、科研项目对教学的提升作用

（一）形成学科融合培养模式

以科研项目为引领，以项目团队形式进行教学，能够有效突破传统教学模式中的学科壁垒，组成跨学科专业的教学与科研团队。各学科在项目实践中，针对实际问题发挥各自专长，分工合作，即能有效增进各学科间的深入了解，也是完成综合性、创造性任务必不可少的条件。

[①] 黄启兵，田晓明. "新文科"的来源、特性及建设路径 [J]. 苏州大学学报（教育科学版），2020，8（2）：75-83.

[②] 董文强，杜昱民，孙旋璐. 新文科背景下文化遗产学科建设模式初探：以文物科学与技术为例 [J]. 西北工业大学学报（社会科学版），2023（2）：59-65.

在"北京地区出土古代服饰形象复原动态展示"项目中，团队需完成包括历史背景考证、文物内涵阐释、器物家具复原制作、服饰妆发复原、模特表演、宣传文案撰写、宣传物料设计、视频拍摄制作、公众活动策划组织等各环节的任务，涉及范围大大超出传统文物与博物馆学研究领域。因此由来自应用文理学院、艺术学院、师范学院的教师组成跨学科的项目团队，共同指导来自历史学、考古学、服装学、表演学、美术学、新闻学、汉语言文学等多个专业的四十余位本科生、硕士研究生进行项目实践。历史学、考古学团队成员主要承担服饰形象素材的收集与相关饰物考证、展示文案等部分，服装学团队成员承担服装的复原设计与制作，表演学团队成员承担模特训练，设计学团队成员承担宣传物料及视频的平面设计，新闻学团队成员承担视频制作与公众宣传。各学科专业的项目组成员在展示活动的相应环节中分工合作，共同完成在内容和形式上均充满新意的展示活动。

（二）提升学生的社会责任感

以科研项目为引领，能够使学生接触到行业一线工作状况，了解社会大众的实际需求，从而更切实地认识到自己所学专业与社会发展间的紧密联系，提升自身的专业认同感。

以"北京地区出土古代服饰形象复原动态展示"项目为例，项目实施的主要目的，是配合"北京公众考古季"活动，向社会公众生动展示北京各个时代的物质文化精华。在首期项目实践中，师生团队基于严谨翔实的学术研究，从能代表北京地区由北方军事、经济重镇向全国政治、经济、文化中心转变历史进程的重大考古发现中，筛选出代表贵族、平民、军人等不同阶层职业民众的15件文物作为展示主题。所复原人物形象全面覆盖北京建都史上最为关键的汉、魏、唐、辽、金、元六个历史时期，直观展现了北京地区从北方重镇到帝王之都的历史变迁。在第二期项目实践中，项目团队以北京石景山赵励墓这一能够反映金中都民生百态的典型考古发现为主题，全面复原赵励墓壁画展现的"备茶""备宴""进酒""散乐""床榻"五个生活场景。通过项目实践，项目组成员均对北京地区各不同时代的重要考古发现有了系统性的认识。参与项目的学生，能够根据自己的兴趣和专长划分工作小组，在教师指导下自主性地对各文物相关的历史背景、乐器、服装、器物、家具等方面物质文化的形制演变，以及相应时代不同身份人物的动作和精神面貌进行研究。这不仅是对文博专业文物学、考古学相关课程所学理论的综合应用，也大大扩展了学生的知识领域和研究视野。学生在研究的过程中，更深入具体地认识到物质文化发展与北京地区古代历史文化发展演变的重要关系。通过对这些文物阐释和复原的实际工作，加深了学生对北京地区历史文化的兴趣，提升了从自身专业出发、保护和弘扬本地区优秀传统文化的责任意识。

（三）激发学生自主创新精神

将本科生、硕士研究生纳入科研团队，可以弥补日常课堂教学中教师讲授为主、学生听讲为主、学习方式较为被动单一的不足，最大程度地提升学生的问题意识，促进其自主进行创造性的思考。尤其是在当前，青年学生对互联网、自媒体、数字技术等技术和传播模式均有广泛的应用和较为深入的了解，也能够从自身的实践出发，针对年轻群体的心理和行为特点开拓思路，探索文物活化利用的新形式。[①]

"北京地区出土古代服饰形象复原动态展示"项目的展示部分，即由来自各专业的学生团队参与完成，结合当下青少年群体的兴趣点和传播媒介，策划制作了多元化的综合展示。包括由真人模特穿着复原服饰，配合对应的化妆造型、手持物的真人动态展示；结合文字说明展示人物形象的文物来源、整体组合及服饰、器物、妆发等各细部特征的展示视频；结合相关的文物、图像、文献等资料，深入展现人物整体形象和服饰、器物等细部所反映的时代、地域、民族特色的平面展板等。

在进行展示策划和制作的过程中，充分调动学生的创造力，无论是服饰复原设计、动态展示，还是平面展示海报设计、视频拍摄剪辑等，都是在教师的指导下，由项目组学生自主创意、设计完成。在充分结合各自专业知识和能力的基础上，学生在服饰设计、美术设计、影视编导、传统手工艺、化妆、舞蹈甚至书法、古代文学方面的综合素养围绕古代文化融为一体，达成

[①] 刘玲，胡雨欣. 新文科背景下的文博文创设计人才培养研究［J］. 传媒，2023（5）：80-82.

了对相关知识整合运用和创新扩展。在项目完成后，学生自发组织团队，基于项目中的相关主题进行扩展，进行本科生科研和创新创业项目的实践，也在各类比赛中取得了优异的成绩。

（四）提升学生沟通合作能力

科研项目中，学生的学习和实践均在项目团队中展开，常以多人小组为单位开展工作。合作学习形式，虽在日常教学的小组作业中也会有所体现，但难以达到真实项目实践中合作沟通的强度。在项目实践中，学生除了需要与本专业成员合作，还需要与其他专业的项目组成员沟通解决相关问题。尤其是设计公众宣传方面的项目实践，学生甚至需要与校外不同年龄和职业的社会公众进行交流，了解公众对项目的认识与需求。因此科研项目引领的形式，能有效补充日常的课堂教学，充分锻炼学生的交流沟通能力，提升其合作意识和集体主义精神。

为提升"北京地区出土古代服饰形象复原动态展示"项目在北京联合大学校内外的影响面，项目团队还在项目实施过程中借助微信公众号、微博、抖音、哔哩哔哩等社交媒体和短视频平台，策划举办了一系列以青少年为主要受众群体的公众活动。其中，"你与古代华服有个约会——2021北京公众考古季模特海选活动"面向学校全体师生，系统介绍项目背景与复原人物形象及相关文物信息，同时为动态展示征召模特，结合复原人物形象的时代特点和职业特征，组织参加展示的模特进行了关于服装展示、舞蹈、古代容姿、礼仪的综合训练；"北京出土古代服饰形象动态展示设计师专访"，由项目组学生对复原服装的设计师滕雪梅老师进行专访，并在微信公众号发布视频，向社会公众展示解读复原服饰的设计制作过程；"'衣'你之名——北京地区考古与文物所见服饰形象展示征名活动"面向全社会介绍复原人物形象的时代特征和形象特点，并征集各套形象的名字；经项目组筛选得到的形象名配以古诗文进行"点题"，面向全社会公开发布；此外，还组织了"北京出土古代服饰形象动态展示倒计时"等活动。在活动实施中，项目组学生成员密切沟通，紧密合作，共同完成策划、组织、宣传等各方面的任务，极大提高了学生的合作意识和沟通能力。

二、科研项目对教学的提升成效

（一）实现教学相长，充实人才培养体系

共同参与科研项目，能够使教师和学生接触到不同层面的实际问题，而教师与学生间的关系，也由"教"与"学"的单向模式，转变为合作互动的双向模式。这有利于加深师生间的交流与理解：学生能够通过合作，从教师身上学习到短暂的课堂讲授中难以深入体现的科研精神与实际工作经验；教师也能够通过合作，更清晰地了解学生的生活状态与学习需求，了解当下社会青年群体中的关注热点与沟通习惯等，这都将有助于改进日常教学和科研工作的方式，提升教学效果。而不同学习阶段的学生之间的交流互动，也有助于推进不同层次人才培养体系的充实和优化。

以教师为主导的科研项目，也能够提升学生的创新能力，通过参与科研团队，学生能够了解科研项目的工作范式、科研团队的组织模式，从而有效推动学生的自主科研和创新创业实践，达到将第一课堂与第二课堂有效融合，从而丰富人才培养的系统性和全面性。

（二）整合产学研资源，探索开放人才培养模式

以科研项目为引领，是实现产学研各方相关教学资源和师资团队整合的有效方式。人才培养不再局限于高校本专业内的教学资源与团队，而是充分引入其他专业领域的教学资源，吸纳一切有助未来文博专业人才综合能力培养的行业专家与社会人士进入师资团队。在新一轮科技革命和产业变革的时代背景中，如此开放式的人才培养模式，是突破原有传统培养模式的局限，满足社会发展对文博专业人才知识体系和综合应用能力新要求的重要途径。而科研项目，正是实现开放式人才培养，探索"学分制""导师制"等新模式的有效媒介和有力平台。

（三）着眼社会需求，提升人才培养质量

在科技进步日新月异的当下，文博专业人才的核心能力与素养，已然不能局限于传统的文物学、博物馆学、考古学范畴，而必须具备将这些学科的

基础知识和能力与人工智能、大数据等现代信息技术和新的传媒方式深入融合的意识和能力。以科研项目融入日常教学，将学术前沿问题及社会需求热点作为人才培养的导向，能够紧跟经济技术发展的新趋势，更有针对性地聚焦新时代对文博专业人才必须具备的基础知识、核心能力、基本素质的要求，提升文博专业人才的职业适应性和胜任力。

三、小结

以科研项目促进教学实践，在"新文科"理念下，对文博专业的人才培养具有显著优势，能够促进文博专业与其他相关专业间的学科专业融合、提升学生的社会责任感和创新精神、强化学生的合作交流能力等。在专业建设层面，有助于人才培养体系的充实、人才培养模式的优化和人才培养质量的提升。但在目前高校文博专业中，仍需不断提升科研项目在教学体系中的作用，切实践行"科研促进教学"的理念，将科研项目持续融入日常教学，源源不断地作为人才培养的滋养和助力。为达到这一目的，不仅需要教师团队提供充足适宜的科研项目，作为本科生和研究生培养的教学资源，也需要探索将科研项目融入人才培养体系的有效模式和保障、评价机制，真正发挥科研对教学活动的促进作用。

基于产教融合的文化遗产保护与修复研究生培养的一点思考

周 华[*]

【摘要】文物与博物馆专业硕士学位点于2017年得到教育部的批复，2019年开始招生，培养方向为考古技术、博物馆学、故宫学及文化遗产保护与修复四个方向。2019级为该硕士点的第一届学生。其中9人从事文化遗产保护与修复研究学习。他们在研究生期间，坚定理想信念，树立优良学风，积极参与专业相关实践，用自己的行动为文化遗产保护事业做出自己应有的贡献，为建设中国特色、中国风格、中国气派的考古学做出自己的努力，做中国特色社会主义建设者和接班人。

【关键词】文物保护；产教融合；文物与博物馆专业硕士；考古

一、加强政治引领，坚定理想信念

2019级文化遗产保护与修复方向研究生在团委的指导下，在历史文博系研究生党支部及班委的带领下强化政治引领，积极参与"不忘初心、牢记使命"系列主题教育活动，学习习近平重要讲话精神，自发组织了"讲党史 悟

---

[*] 周华，博士，北京联合大学应用文理学院历史文博系副教授。

初心"线上读书分享会等。通过这些学习和交流，同学们更加坚定理想信念，不忘初心、砥砺前行。

2019年9月18日，在专业教师、党支部书记周华的带领下，2019级文化遗产保护与修复方向预备党员程倩、孙乐晨参与了文物修复志愿服务工作，同学们充分发挥各自的专业优势，协助共建支部开展圆明园内的受损文物修复工作。中央电视台朝闻天下栏目以"青春告白祖国 永远跟党走 传承红色爱国基因"为主题，采访报道了我校党员参与主题志愿服务活动。本次支部共建活动增强了支部党员的责任意识，以党建扎实带动学科专业建设，引导党员树立理想信念，贯彻落实学校城市型、应用型大学定位，自觉服务北京市"四个中心"建设，激发了党员服务社会、服务北京的热情，真正做到学以致用，为北京建设添砖加瓦。

2020年9月28日，习近平总书记在中央政治局第二十三次集体学习时强调，建设中国特色中国风格中国气派的考古学，更好认识源远流长博大精深的中华文明。这对我们考古人而言十分鼓舞人心，支部周华书记解析习近平总书记关于文物保护的系列讲话，并邀请了北京市优秀共产党员黄可佳同志解析习近平总书记在中央政治局第二十三次集体学习会议上的讲话，通过这次学习，我们更深刻地认识到，文物与博物馆专业硕士学生应当加强对于专业知识和技能的学习，热爱自己的专业，积极融入社会主义文化建设，为北京全国文化中心建设、北京历史文化名城保护、北京建设"博物馆之城"做出应有的贡献。

王柏轶同学受天津大沽口炮台博物馆邀请，开展了题为《我在炮台修文物——"95后"文物修复师的"指尖魔法"》科普讲座，将科学、正确的修复思想进行广泛宣传，通过幽默生动的语言讲授专业知识，受到小朋友的热烈欢迎。

二、加强思想建设，树立优良学风

我们深刻地认识到要成为中国特色社会主义建设者和接班人，除了要有坚定的信念，还需要过硬的专业本领。2019级文化遗产保护与修复方向研究生拥有优良的学风，这为同学们练就本领营造了良好的氛围。同学们在校期间自发组织开展系列讲座与研讨；积极参与导师的课题研究，不怕吃苦，肯于钻研，为北京地区乃至全国的文保修复事业做出了自己的贡献；积极参与学校的各项社会活动，积极申报启明星创新创业项目，申报北京学高精尖项目，同时申报致用杯、挑战杯等竞赛，并取得优秀的成绩。

（一）发起并组织开展北京联合大学文化遗产保护与修复系列讲座

（1）《拓展的视野——科技检测中的文物认知》

（2）《故宫官式古建筑传统技艺及其修缮》

（3）《清宫家具的艺术风格和装饰技法》

（4）《清代官式建筑内檐棚壁糊饰研究进展》

（5）《从造办处活计档看乾隆时期宫廷唐卡的装裱镶做活动》

（6）《古书画装裱修复技艺及在故宫博物院的发展》

（7）《青铜器修复工艺简述》

（8）《陶瓷文物保护与修复技术简述与案例》

（二）发起并组织开展故宫学系列讲座

（1）《明中后期江南出版的勃兴》

（2）《乾隆南巡匾额楹联通解》

（3）《故宫官式木构建筑的施工技艺——瓦作》

（4）《故宫官式木构建筑的施工技艺——木作》

（5）《故宫官式木构建筑的施工技艺——石作》

（三）获批校级致用杯奖项

奖项内容如表1所示。

表1 获批校级致用杯奖项

时间	题目	学生姓名	奖项
2019年	圆明园舍卫城遗址病害调查及保护方案设计研究报告	孙乐晨等	二等奖
2020年	天津大沽口炮台遗址博物馆铁炮保护修复记忆	孙乐晨、王柏轶	三等奖

(四) 发表论文

论文情况见表 2 所示。

表 2 学生发表论文情况

姓名	题目	期刊名称（年份，期数）
耿雨舟	美术基础在文物修复教学中的应用	美术教育研究（2020年，第14期）
刘婕	徐楼出土红铜铸镶青铜敦的腐蚀特征研究	考古学研究（2020年，第0期）
孙孝男	北京地区辽代砖塔保存现状及其病害评估	文化遗产与公众考古（第七辑）（2022年）
王柏轶	错金银工艺的研究与应用	北京联合大学研究生实践与创新论文集（2022年）
韩子楠	失蜡法复制首都博物馆馆藏明代释迦牟尼佛像	文物鉴定与鉴赏（2022年8月）
安欣	清乾隆刻本《续锦机》修复实践与研究	兰台世界（2020年，第10期）
柳凯	纸质文物油渍清洗材料的筛选及评估	文博（2021年，第3期）
刘宏帅	陶瓷修复中原有铜钉的处理方法——以光绪款粉彩缠枝花果纹壮罐的修复为例	陶瓷研究（2022年，第2期）
程倩	陶瓷文物修复常用3A超能胶的实验室老化与评价研究	粘接（2022年，第2期）
贾涵辉	气相二氧化硅改性对瓷器文物修复仿釉涂料性能影响	硅酸盐通报（2021年，第2期）
牛晓萱	陕西恒大会展中心出土鎏金铜饰的保护研究	文物鉴定与鉴赏（2021年，第8期）
孙乐晨	一件战国青铜鍪的保护修复	文物鉴定与鉴赏（2021年，第12期）

三、知行合一，学以致用，积极参与行业实践

2019级文物与博物馆班有9位同学从事文化遗产保护与修复方向研究学习。

(1) 2021年7月王柏轶、苏子华、孙乐晨、付柳、季子薇参与班主任/导

师周华老师项目，赴山东省烟台市，对烟台市博物馆馆藏 196 件文物进行分析检测及数据采集工作。

（2）江口明末战场遗址是 21 世纪明清史领域重大的考古发现，也是 2017 年度全国十大考古发现之一。2020 年 7 月至 2021 年 7 月，孙乐晨、王柏轶参与了四川省文物考古研究院及北京乐石文物修复中心有限公司的江口明末战场遗址部分出水金银器保护修复项目，该项目获评 2021 全国十佳文物藏品修复项目。

（3）三星堆古遗址被称为 20 世纪人类最伟大的考古发现之一。2020 年年底四川省文物考古研究院联合多家单位对新发现的 6 个"祭祀坑"进行发掘，并发现大量重大考古成果。2021 年 6 月，王柏轶、孙乐晨跟随校外导师马燕如研究员参与了三星堆三号坑出土金面具的修复工作。

（4）2021 年 5 月，王柏轶、孙乐晨跟随校外导师马燕如研究员参与北京乐石文物修复中心有限公司大钟寺古钟博物馆铜钟保护修复项目。

（5）2021 年 4 月，受国家珠宝玉石质量监督检验中心国检教育邀请，孙乐晨、王柏轶跟随校外导师马燕如研究员赴河南省洛阳市，对洛阳市博物馆馆藏带钩进行成分及制作工艺研究。

（6）2020 年 10 月，孙乐晨、王柏轶、程倩赴四川省甘孜藏族自治州德格印经院参与建设综合勘察研究设计院有限公司壁画数字化勘查测绘项目。

（7）2019 年 10 月至 2023 年 12 月，柳凯参与首都博物馆明代漆棺保护项目。

（8）2019 年 10 月至 2023 年 12 月，刘婕参与山西晋阳古城出土鎏金青铜器腐蚀特征与保护研究项目。

（9）2019 年 10 月至 2023 年 12 月，耿雨舟、牛晓萱参与中国文化遗产研究院"南海 I 号"船木监测与出水漆器脱水定型方法研究项目。

（10）2021 年 1 月至 2021 年 6 月，程倩参与中国文化遗产研究院不可移动文物自然灾害风险管理研究项目。

（11）2020 年 9 月至 2020 年 10 月，贾涵辉参与中国文化遗产研究院低温釉陶瓷器保护修复材料筛选项目，协助老师查阅整理相关文献资料并参与实验研究。

四、校内与行业导师结合，以行业真实需求进行论文选题

学生毕业论文情况如表3所示。

表3 学生毕业论文情况

学生姓名	毕业论文题目	校外行业导师	导师单位
安欣	酸性脆化古籍的修复保护研究	李莉	中国民族图书馆
刘婕	山西晋阳古城鎏金青铜器腐蚀特征与清洗保护研究	胡钢	北京大学
耿雨舟	PEG材料在"南海Ⅰ号"出水木材加固中的耐老化性研究	李乃胜	国家文物局国家考古研究中心
牛晓萱	"南海Ⅰ号"船木脱盐保护研究	李乃胜	国家文物局国家考古研究中心
程倩	突发公共安全背景下北京市不可移动文物防灾减灾研究	无	
贾涵辉	陶瓷文物修复粘接材料筛选和性能研究	无	
柳凯	基于低场核磁及物化性能分析的书画手工纸老化性能评估研究	何秋菊	首都博物馆
孙乐晨	江口明末战场遗址出水部分金银文物修复过程中焊接工艺概述	马燕如	国家博物馆
王柏轶	江口明末战场遗址出水帽顶的工艺初探	马燕如	国家博物馆

所选论文题目在文博相关学术文献和动态的基础上，结合各自不同专业方向进行论述、创新，在科学理论或专业技术上做出了一些创造性成果，具有一定的理论意义与实用价值。

从研究方法、研究思路、研究对象或研究结果等方面论述了自身论文的新见解、新发现，达到了一定程度的记录新科研成果，促进了学术交流、成果推广和科技发展。

安欣的《酸性脆化古籍的修复保护研究》论文围绕古籍的酸化和脆化问题进行探究，通过了解病害成因找到减轻或消除病害的最佳方法；根据古籍的突出问题，有针对性地提出修复方案和保护预案。将传统修复技艺与现代科学仪器分析相结合，采用文献调研、实验、对比等研究方法，探究古籍出现病害的原理，利用科学手段辅助完成修复工作。

刘婕的《山西晋阳古城鎏金青铜器腐蚀特征与清洗保护研究》论文中，对山西晋阳古城出土鎏金青铜器展开多学科多手段的检测和分析，揭示了鎏金层结构特征、腐蚀产物形态与组成。在此基础上，评估了器物现存状态，并提出了具体的保存措施和方法，还发现鎏金青铜器的腐蚀发展规律与金层形貌状态有相关性。

耿雨舟的论文《PEG 材料在"南海Ⅰ号"出水木材加固中的耐老化性研究》，以 7 种品牌的 PEG 材料为研究对象，通过涂片法和实际加固法对 PEG 材料和加固后的"南海Ⅰ号"出水木材样块进行实验室人工加速老化，筛选测试了不同级别、不同品牌、不同分子量 PEG 材料的耐老化性能。综合比较分析发现，相关工作应该以国产医药级、分析纯级或较为成熟的国产工业级品牌进行加固。

牛晓萱的《"南海Ⅰ号"船木脱盐保护研究》论文较为全面地分析了"南海Ⅰ号"三块散木含水率、含盐量及化学组分等病害参数。通过设计实施脱盐试剂筛选实验和温度条件筛选实验，对比五种脱盐试剂和高低温条件下硫铁化合物脱除情况及木材本体所受影响程度，提出 EDTA-2Na 与柠檬酸的复配和 50℃可以作为脱盐试剂和脱盐的温度条件。

程倩的论文《突发公共安全背景下北京市不可移动文物防灾减灾研究》，以北京市不可移动文物防灾减灾为主题，对其进行了统计整理，实地调查了当前保护现状等，基本理清了北京地区现存不可移动文物面临的主要突发安全风险，在此基础上拟定了应急处置的主要方案。该论文中不论是数据统计和实地调查结果，还是不可移动文物的防灾减灾存在的相关问题及其应对方案，均有较强的现实针对性和应用性。

贾涵辉的论文《陶瓷文物修复粘接材料筛选和性能研究》，以陶瓷文物修复粘接材料为研究对象，基于文物保护的基本原则，对目前陶瓷文物修复工作中常用的环氧树脂、丙烯酸树脂和聚乙烯醇缩丁醛三大类黏结剂中的六款产品进行黏接强度、操作性、耐老化性和可再处理性等方面的性能测试与科学分析，揭示出不同黏结剂的性能差异，并初步建立不同陶瓷器修复过程中选用黏结剂的评估标准，为陶瓷类文物粘接修复过程中选择合适的黏结剂提供重要参考依据。

柳凯的论文《基于低场核磁及物化性能分析的书画手工纸老化性能评估

研究》将无损分析方法——低场核磁共振技术引入纸质文物保护修复中,具有一定的创新性,从微观角度探讨了书画手工纸内部含水情况和孔隙情况,并与多项宏观指标相结合,以建立新的手工纸性能评估方法。

孙乐晨的论文《江口明末战场遗址出水部分金银文物修复过程中焊接工艺概述》,以江口明末战场遗址出土部分金银文物为研究对象,利用多种科学仪器对金银文物的基体以及焊药的化学成分、形貌结构进行科学分析,首次揭示了明代工匠制作金银器的焊接工艺,梳理了该批文物修复过程中的焊接方法,为认识明代金银器焊接技术及金银文物保护修复提供了重要科学依据。

8位学生的论文盲审平均分均为80分以上,其中4位学生的论文盲审平均分在85分以上。

五、毕业后投身文化遗产保护事业

2022年,就业十分困难,但同学们积极找工作。最终9位同学中的5位同学在文化遗产保护部门从事文保工作,其余4位同学在街道从事文化宣传与管理工作。具体如表4所示。

表4 学生就业情况

学生姓名	就业单位
牛晓萱	北京教育博物馆
程倩	中国文物信息咨询中心
贾涵辉	北京考古遗址博物馆
柳凯	故宫博物院
孙乐晨	点拍科技有限公司
王柏轶	北太平庄街道
安欣	温泉镇政府
刘婕	东华门街道
耿雨舟	紫竹院街道

六、结语

产教融合是我国高等教育开展应用型人才培养的重要出路，北京联合大学作为地方院校，自觉把人才培养和社会需求相结合，充分利用社会优质资源促进学校专业实践水平的提高，提升了北京联合大学文物与博物馆专业硕士生培养的质量。

文物保护人才有着广泛的发展前景和就业市场，在国家高度重视中华优秀传统文化传承发展背景下，加强高校与文博行业的融合，实施双导师制，聚焦文化遗产保护重大选题和真实需求，以新理念、新模式、新学科探索文化遗产保护高素质技术型人才培养模式，已经成为突破行业高端人才紧缺的重要途径。

参考文献

[1] 周华，顾军. 基于产教融合的文化遗产保护专业实践教学体系建设与探索[C]//高等学校学科专业一体化建设探索与实践. 北京：知识产权出版社，2019：46-55.

[2] 周华，顾军. 基于OBE模式的文物保护与修复人才培养探索：以北京联合大学文物保护与修复试点班为例[C]//基于OBE教育理念的专业与课程建设. 北京：知识产权出版社，2020：53-59.

[3] 柳友荣，项桂娥，王剑程. 应用型本科院校产教融合模式及其影响因素研究[J]. 中国高教研究，2015（5）：64-68.

[4] 曹丹. 从"校企合作"到"产教融合"：应用型本科高校推进产教深度融合的困惑与思考[J]. 天中学刊，2015，30（1）：133-138.

[5] 陈年友，周常青，吴祝平. 产教融合的内涵与实现途径[J]. 中国高校科技，2014（8）：40-42.

实践类课程双语教学改革模式探索

——以 GIS 技术与应用课程为例[*]

陈 静 李艳涛 付 晓[**]

【摘要】 双语课程建设是当前地理信息科学学科教学改革的必然趋势，也是我国地理信息科学行业与国际接轨的必然要求。本文从地理信息科学专业的特点出发，结合学科发展现状，研究和分析 GIS 技术与应用双语课程建设思路、教学模式及教学实践流程，针对双语课程教学实施过程中出现的问题，提出提高双语教学效果的有效途径。

【关键词】 双语教学；GIS 技术与应用；教学模式

一、引言

随着全球经济一体化及改革开放的不断深入，我国与其他国家的交流与合作日益频繁，各行各业与国际密切接轨，已然成为必然趋势。培养既精通专业知识又精通外语的高素质复合型人才已成为高校的一项迫切任务。GIS 技

---

[*] 本文是北京联合大学校级科研专项"新冠疫情背景下北京城市活力时空演变机制研究"（项目编号：ZK30203005）研究成果。

[**] 陈静，女，硕士，北京联合大学应用文理学院讲师，研究方向为企业管理、物业管理、管理信息系统。李艳涛，女，博士，北京联合大学应用文理学院副教授，研究方向为地理信息科学。付晓，女，博士，北京联合大学应用文理学院副教授，研究方向为自然资源监测与管理。

术与应用课程具有很强的国际共通性,目前主流的 GIS 技术与应用软件,无论桌面软件还是系统软件,绝大多数基于英语开发,并使用英文作为界面指示和联机帮助用语。从不断国际化的市场需求上看,市场需要大量既有专业知识又能在操作流程中熟练使用英语的专业人才,而高校培养的大多数学生虽具备一定英语基础,却不懂如何在地理信息科学课程中使用英语。

本文以地理信息科学专业核心课程"GIS 技术与应用"为例,探讨实践类课程双语教学改革模式、课程建设思路和实施过程中存在的问题及解决途径。

二、双语教学内涵

所谓双语教学,即用非母语进行部分或全部非语言学科的教学,其实际内涵因国家、地区不同而存在差异。我国早期双语教学实践集中于少数民族地区,即少数民族语言和汉语的教学环境。随着我国普通话教育的普及,现阶段高校双语教学多是指英语和中文双语授课。

教育部对高校本科课程中使用双语教学的要求为,引进原版教材和提高师资水平,每堂课使用外语讲解本学科知识的比例不少于 50%。

然而双语教学内涵并不局限于"双语授课",双语教学的最终目标是学习者能同时使用母语和英语进行思维,能在这两种语言之间根据交际对象和工作环境的需要进行自由的切换。即双语教学的目的不仅是在专业知识基础上运用英语,更是通过英语在专业领域中的运用,达到专业化英语思维的效果。就 GIS 技术与应用课程双语教学而言,其目的不仅使学生流利地运用英语,更重要的是能针对 GIS 专业问题,以英语思维方式进行深入思考。本课程在大学三年级开课,先修课程为地理信息系统原理、GIS 专业英语、地图学等。教学效果好,学生评教结果多次为优秀。

三、教学模式设计

GIS 技术与应用课程打破传统教学模式,将教学内容以模块化方式进行组织,具体包括两个模块:GIS 基本理论模块和 GIS 试验任务模块。双语教学属于特殊的教法,教学中要求针对学生的英语水平进行分层设计,遵循"循序渐进"的原则。在应试教育的惯性作用下,教师秉承知识本位的教学理念,学生思维过程未能在课堂上直观地展现出来，难以形成"以学生为中心"的教学模式。

因此，在两大模块基础上，应用"四层次"教学法。第一个层次是基础层（basic level），上课时，用英语对关键词和有关概念等基础知识进行简单讲述，如通过地理数据库 geodatabase、空间分析 spatial analysis 和空间可视化 spatial visualization 等模块构建知识体系，将理论系统化、清晰化，并通过实践模块加以应用；第二个层次是应用层（application level），授课时教师尽量用英语表达课程内容，以中文适当说明，由浅入深地讲解，注意交流并强调互动，使学生深入了解 GIS 课程知识体系，并能以英语为工具逐步表达其所学内容；第三个层次为双语思维层（bilingual thought level），为营造英语语言氛围，在课堂上的互动环节中教师提问和学生的回答均以英文进行，逐步转化学生惯性语言思维模式，真正实现地理科学化英语思维模式；第四个层次是实践模拟层（practical simulation level），以任务为导向，通过其他教学媒介如实际案例分析调动学生的积极性，不仅使学生掌握 GIS 技术与应用软件操作流程，而且在应用中巩固英语专业知识，锻炼英语思维和表达，进而真正实现语言作为交际工具和思维工具的社会功能，达到双语教学的目的。

模块化与层次教学法相结合的作用在于，可以将中文教学和英语教学灵活结合，充分体现"GIS 技术与应用+英语"复合型知识结构模式。这种模式有别于英语专业学生的培养，它所强调的是在夯实学科管理专业化教育的前提下，重视和突出对专业人才外语能力的培养，实现专业课教学与英语教学在学时比重与教学内容上的有机协调。

四、课程建设

GIS 技术与应用双语课程建设目标是建立以双语教学为主导、学生自主学习为补充的双语教学共享网络资源平台。通过理论模块和任务试验模块对教学内容进行有效组织，充分利用现有软硬件条件，以任务为导向，采用案例教学、录像教学、专题讨论等多元化教学手段，以"四层次"教学法来实现整个课程内容的组织，调动学生学习的主动性，建立以双语教学为主导、学生自主学习为补充的四维一体的教学模式。案例选取方面，以学生为主体，以实际生活中的问题为背景，学生通过查阅资料、小组讨论等各种方式找到解决问题的方法，使学生学习方式由被动变为主动，在探寻问题的答案中收获知识；在评价方式上，重视过程评价，创建利于学生全面发展的评价体系。

教材建设方面，采用国外原版英语教材，充分体现"原汁原味"英语魅力。结合我国地理信息科学行业特点，参考国内外相关资料，进行适当采集编辑。根据内容建立并完善 GIS 案例数据库，建立包括双语课件和媒体案例库在内的共享教育平台。课程建设框架如图 1 所示。

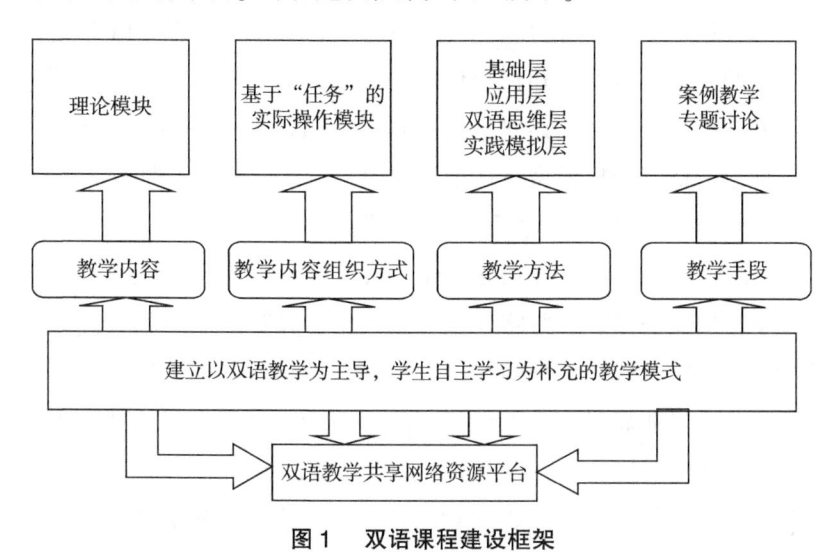

图 1 双语课程建设框架

五、课程实践

GIS 技术与应用双语课程建设，通过层次教学法完成两大模块教学内容，授课过程中应用实践教学贯穿始终。

具体操作如下，首先，课前 warm up，通过案例分析等引出，并以双语形式列出本节课的基本内容，如讲授第五章"空间分析"（spatial analysis）第二节"叠加分析"（overlay）时，以英文小视频"肯德基和麦当劳之间竞争"为课程导入，探讨选址在商业竞争中的作用，进而引出本节课的"任务"——选址（site selection）问题。列出关键词（key words），使用简单的英语句子，对选址相关的内容进行表述，讨论选址应考虑的相关因素及图层，再用中文进行解释。其次，对于较浅显的内容、专业术语等用英语讲授，由浅入深，并逐渐增加英语教学的比例。试验过程中，鼓励大家用 ArcGIS 英文版软件，结合 ArcGIS help 中对 site selection 的描述，同学们可以更深刻地理解教师所给的"任务"。最后，选址（site selection）任务实现后，鼓励同学们用 Python 语言结合地理建模（model builder）生成自己的选址工具。任务实现过程中，讲解什么是叠加分析、如何进行地理处理（geoprocessing）、如何进行地理建模。整个教学过程使用英语贯穿全流程，即从任务开始，到上机实践，在实践过程中讨论所遇到的问题，再到相关理论讲解，最后完成任务。

双语课程授课充分体现了以学生为本的教学理念，课程 PPT 建设为英语—中文对照，用英语进行知识点讲解、英语—中文结合对焦点问题进行透彻分析，并就重点问题用英语进行课堂讨论。通常采取提问、专题讨论等教学手段，如第二章"数据模型"讲述过程中，当大家理解了栅格（raster）数据和矢量（vector）数据的概念后，教师可提问"Can you tell me the difference between raster data model and vector data model?"

鼓励学生用英语回答，并将学生分成两组，以英语辩论的方式探讨两种数据模型优劣之别，这样使学生积极参与整个教学过程，不仅深化了专业知识，锻炼了英语专业思维，也调动了学生学习的主动性。每节课结束时，用中英文总结本节课讲授内容，根据下一讲授课内容将事先整理好的英文资料，分发给学生预习，使学生上课之前对内容有一定的了解和准备，能够主动提出问题，这样既培养了学生自主学习的能力，又扩充了其专业外语词汇量。同时列出其他中、英文参考文献，鼓励学生自行查找并自学英文资料，第二节课上与教师点评方式相结合，增大启发式教育效果。

在课后复习过程中强调英语论文作用，提高专业英文的应用能力。最后，充分利用校园网络体系，将相关英文资料、PPT 以及影像等教学资料共享，分单元列出重要名词、重要问题解答，巩固所学知识和难点，最终完成双语教学共享网络资源平台。

六、现存问题及对策

（一）授课难度大

双语教学对师资的要求较高。GIS 技术与应用课程双语教学模式不仅要求教师有扎实的 GIS 技术与应用专业知识，而且要用准确、流利的英语讲解专业知识，及时解答学生的疑问。教师是否具备良好的英语表达能力和深厚的专业知识是能否进行双语教学的最核心因素。现阶段，几乎所有高校教师均获得硕士及以上学位，都具备一定的英语水平和专业能力，但真正在课堂上能流利自如地使用英语讲授专业课的并不多。作为一线教师的我虽然有过在美国深造和学习的经历，也有一定的外语功底，但由于缺乏双语教学经验，深深体会到授课和驾驭课堂的困难及进一步提升的制约。如能到涉外地理信息科学企业进行兼职或定期进行双语业务培训，则可以有效地突破双语教学的瓶颈问题。

（二）学生英语水平

由于学生英语水平参差不齐，而且在本课程开设以前所接触的专业英语知识较少，在授课过程中，学生若读不完或读不懂教师布置的教材和相关阅读资料的内容，则很大程度上降低了学生的学习兴趣。部分学生英语基础较好，但也很容易徘徊于英语和专业知识之间，在学习专业英语与专业知识之间分配其时间和精力，影响了对专业知识的掌握。因此教学过程中应明确"专业第一、语言第二"的原则，积极鼓励学生，多与学生沟通，及时根据学生的接受能力调整教学，使学生有信心面对双语教学，提高学生积极性。

（三）课堂要求高

双语教学要求具有良好语言环境和思维情景，要求每位同学都能有机会参与课堂的听、说、读、思和写，因此课堂氛围至关重要，课堂人数应有严格限制。另外，GIS技术与应用课程双语教学本身即要求有两倍以上课时尚能完成教学目标，且由于部分学生阅读英文资料的速度慢也会影响授课进度，因此，应根据学生不同的外语水平进行分班授课（如每班10~15位同学），分别制订合理的教学安排、教学计划，分别设计教学大纲及教学教案，进而兼顾不同外语水平学生的学习。

（四）教材与参考资料

双语教学要求用国外相同学科的原版教材，但目前使用国外原版教材有很大困难。首先，地理信息系统相关原版教材大多价格昂贵，对于学生而言，负担过重；其次，原版教材内容多，学生读起来有一定压力；最后，外国原版教材不一定完全适合我国学生使用，尤其对基于案例或任务驱动的教学模式来说。由此，应根据学生和专业特点，制定教学大纲、课程标准，建议学校应给予适当资助，引进部分原版教材，组织行业专家和教师，结合我国地理信息科学行业状况，对其进行适当修改，或重新编写符合我国国情的《GIS技术与应用》双语课程教材。

参考文献

[1] 赵翔宇. 试析高校双语教学的必要性及其存在的问题[J]. 中国地质教育，2005 (3)：122-124.

[2] 宋京津. 对会计学专业双语教学的探讨[J]. 第四届会计与财务问题国际研讨会：会计教育改革与发展，2004 (10)，157.

[3] 孙晓丽. 汉英双语教学目标的几点思考[J]. 湘潭师范学院学报（社会科学版），2005，27 (3)：106-107.

[4] 王鹏，尹娟. 基于思维导图的双语教学探究：以水文学与水资源课程为例[J]. 高教学刊，2023，10 (6)：102.

[5] 赫永达，张卫国，陈亚丽. PBL模式在双语教学改革中的应用研究：以"计量经济学"教学为例[J]. 教育理论与实践，2022，12 (42)：49-53.

[6] 胡建林，杨和平，熊玮. 浅谈临床医学双语教学的问题及对策[J]. 医学教育研究与实践，2004 (1)：82-83.

[7] 马萍. 谈谈多媒体在专业课双语教学中的应用[J]. 长春大学学报，2005，15 (4)：97-98.

[8] 来茂德. 推进双语教学 适应教育国际化[J]. 中国大学教学，2005 (6)：17-18.

[9] 邹建华. 关于专业课双语教学的几点体会[J]. 中国科技信息，2005 (17)：154.

思政引领下的科研促进教学实践

——以土地管理课程为例[*]

刘贵利　张远索　周爱华[**]

【摘要】 应用型大学既注重课程思政和实践教学，又注重科研教学，如何在实践与思政中结合科研成为教学研究的重点内容，本文以土地管理课程为例，探讨从土地资产知识、地租理论应用、国家政策整合、热爱国土情感、土地评价价值以及土地管理研究等维度如何使科研促进教学。针对国家对相关法律的修订，提出思政引领下的科研选题，并对应创新教学方法，包括改变教学逻辑、拓展科研小组、项目引导实践、毕业导向化感悟知识等内容，通过土地评价教学案例探究研究过程和方法，最终促进学生各项能力的提升。

【关键词】 思政；土地管理；科研；教学实践

---

[*] 本文是教育部产学合作协同育人项目"绿色低碳式城市街区规划设计"、北京联合大学 2021 年度校级教育教学研究与改革项目"地理学研究生课程协同教学模式研究"（项目编号：JY2021Z001）研究成果。

[**] 刘贵利，博士，研究员，北京联合大学应用文理学院城市系，研究方向为国土空间规划。张远索，博士，教授，北京联合大学应用文理学院城市系，研究方向为土地管理。周爱华，硕士，北京联合大学应用文理学院副教授，研究方向为测量学。

将科研工作与课程教学有机结合，能够提高教师的教学水平，也是培养创新型人才的必由之路，更是提高高校办学水平的重要举措。应用型高校课程思政教学目标是为促进人的全面发展的主体性、彰显思政教育本质的时代性、遵循育人客观规律的实践性，其培养目标体现"红"与"专"的共轭，课程内容彰显"智"与"志"的耦合，教学手段突出"鱼"与"渔"的调谐。加强应用型高校课程思政、本科科研素养，提升教学水平必须真正把握其价值逻辑，在专业课程的实践教学中融入思政解读与科研工作，实现三结合。

一、课程理解

土地管理课程是人文地理与城乡规划专业本科生的必修课，其主要内容包括土地评价、地租、地籍管理、土地市场开发、农用地转用、耕地保护、土地利用规划等。该课程具有较强的政策性、理论性和技术性，其中，政策性指课程内容是对《土地管理法》以及我国国土空间用途管制制度改革创新的深入解读、内涵延伸、内容拓展和案例分析；理论性指课程内容基于地租理论在中国土地管理中的应用剖析；技术性是指我国实现土地管理的技术过程，包括土地评价、统计、规划、登记、用途管制等内容。因此，该课程的课程思政从国家现代化国土空间治理和相关政策角度进行；科研主要集中于对土地资源的保护、开发和利用方面。

本科生在该课程学习之前先修了自然地理学、自然资源原理、人文地理学和城乡规划原理等课程，对地理分析方法、自然资源结构和城乡规划体系具有一定的了解，在本课程学习之后又有房地产开发、房地产金融和国土空间规划、控制性详细规划等实践类课程。土地管理课程起到了承上启下的衔接作用。

该课程教学目标的实现是个循序渐进的过程，基本掌握中国土地管理框架，从土地资产角度理解社会主义核心价值观建立知识目标；应用地租、地价理论与实务知识参与国土空间治理和国土空间规划达到应用目标；深入理解我国现阶段房地产管理政策中的社会主义属性实现整合目标；在分组协作完成应用型科研题目的基础上，发扬团队协作精神，提升学生对国土的热爱上升到情感目标；在土地管理、土地评价学习实践过程中理解职业道德规范，建立价值目标；最终深入理解国家战略和政策、延伸土地管理方面的研究和分析技能，实现课程最终学习目标。如图1所示。

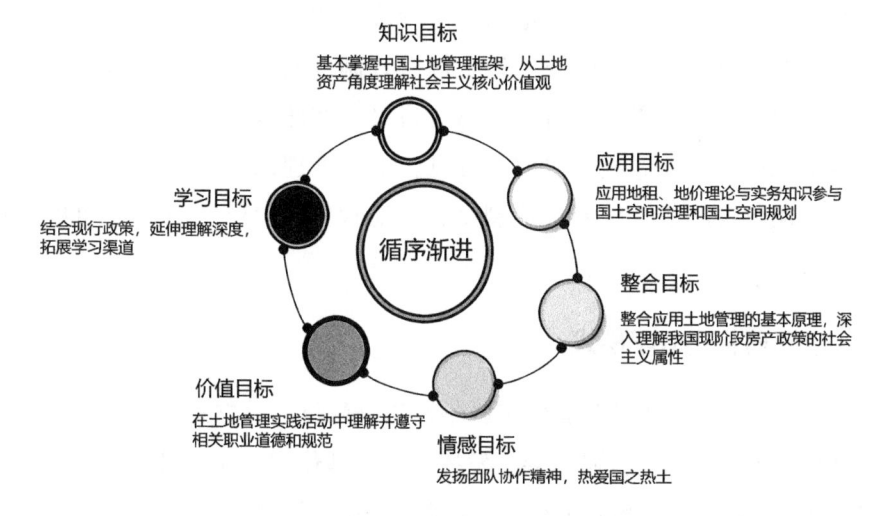

图1　土地管理课程的教学思政目标设计图

二、思政引领下的科研方向

2018年成立自然资源部，推进多规合一，建立国土空间规划体系，实施国土空间用途管制制度，在全国开展国土空间规划工作，在国土空间语境研究土地资源，开展对城镇、农业、生态三区与永久基本农田、生态保护红线和城镇开发边界三线的研究。

2021年修订了《土地管理法实施条例》，主要内容涉及国土空间规划、地籍管理（土地调查）、耕地保护、建设用地、监督检查及法律责任等方面。针对修订的内容引导本科生参与科研讨论。结合课程教学，提出一系列科研题目：如针对土地评价内容提出城镇、农业、生态三区的土地评价方法研究；针对地租理论和城乡土地市场，提出城乡统一的建设用地市场建立的机制研究；针对地籍管理提出土地调查成果的应用与用途管制制度关联研究；在土地利用规划和耕地保护等章节中融入我国当前粮食安全、双碳目标的推进工作，引导学生认识到永久基本农田保护的必要性和低碳环境建设的紧迫性；针对土地登记与权属管理等章节，探究当前全面推进国土空间国家治理的必要性以及我国土地资源管理的核心目标；在农用地转用与土地征收章节，将授课内容与我国"十三五"时期扶贫攻坚实现全面小康目标等工作相结合，并深入探究其必要性、稳定性和长期性；针对2020年前后全国层面开展的城市更新工作，对城市建设用地的再开发和利用开展研究；在理论基础与资源评估等章节中，融入中外土地资源管理制度的差异，探究马克思地租理论及我国社会主义属性公有制的深远意义，在此基础上解读土地管理政策，并对现存问题开展相关研究。可见，土地管理课程涉及基础研究和应用研究，能够较好地与国家土地制度、土地管理、国土空间治理和相关政策相结合。

三、科研促进教学模式

在教学过程中，通过改变传统教学逻辑，革新教学方式；研究生加本科生组建科研小组，拓展科研组会，发挥本科导师作用；项目引导式实践，创新教学实践；沉浸式感悟知识点，提高教学效率。如图2所示。

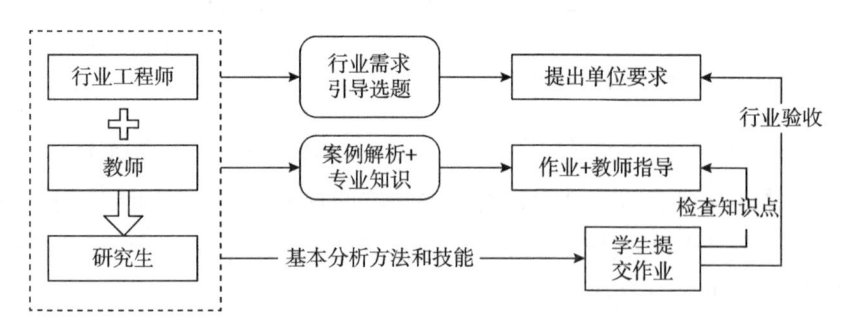

图2 应用型科研促进教学模式设计图

（一）改变教学逻辑

传统的教学逻辑是以书本或课件为教学媒介，由教师将知识教授给学生，学生完成课后作业，课后作业反馈学生对课本知识的理解程度，从结果上讲，学生并未掌握相关知识点所对应的职业技能需求。学习过程是被动或者纯记忆性的，学生的积极性也不高，无助于实践应用能力的提升。因此教学逻辑的改变集中在三个方面：教师角色多样化、知识点应用化、教学检验职业化。

针对课程所涉及行业需求，在课堂讲授中穿插引入相应的行业工程师工作职责，以情景分析模式讲授相关知识点在实际工作中的应用，通过创设情景环境，采用感知式教学，提升学生对知识点掌握的程度，提高学生的兴趣点和积极性。学生学习效果的检验以所提交的作业是否符合行业单位需求为准则，教师提出具体要求，并指导全过程。最终形成教师教"有用的知识"、学生学"实用的技能"的教与学的逻辑。如在地租理论章节教学中，运用对比分析法，通过中外对比，展示社会主义制度的优越性，增强学生感受，激发学生爱国情怀。

(二) 拓展科研小组

在现代教学中翻转课程形式常常被采用，翻转课堂在一定程度上可以改变填鸭式教学的弊端，学生由被动学习者变为主动求解者。但也存在诸多弊端，如无法达到教师备课的深度和广度，无法避免滥竽充数的学生，无法应对学生的水平不等并实施分层教学。因此在课堂上分设小组后，引入研究生组会模式和本科导师制机制，运用讨论法，通过时事分析，引导学生发表个人见解，激发学生产生学习灵感。

在课堂外的小组讨论中，导师结合与课程相关的科研课题针对性指导研究生的全过程，对本科生来说也是分析方法、研究案例和数据处理基本技能的学习过程。在本科生小组日常讨论中，研究生可起到助教的作用，发挥教师、导师、研究生和本科生各自的能动性，跟踪学生学习研讨全过程，重视过程教学，而不是单一的小组作业成果验收。

(三) 项目引导实践

为了适应市场对土地管理课程的要求，体现以国家战略和政策为导向，以职业能力为核心，在教学中对接用人单位的本科岗位需求，将需要学生掌握的知识点设计为实践项目，分解为不同的实训题目，通过引导学生完成各个环节的实训题目达到教学目标。同时使学生对国家战略、政策和发展目标有较好的理解，激励当代大学生牢记职业操守和担当，并对课程促进就业有更加直观的认识，提高了学习兴趣和积极性，改变了当前课程教授中普遍存在的"学而不知何以用"的现实问题，提升了学生的就业实践能力，促进了学生就业方向的选择和对相关系列课程的主动学习。土地管理课程中思政方向和就业需求的对应章节如表1所示。教学中运用预测激励法，针对现行问题，引导学生预测政策导向，掌握土地管理的整体脉络。通过实践案例探究，让学生在案例中分析、感受土地管理中的重点和难点，深入理解中国视角的土地社会主义公有制管理制度。

表1 基于思政方向及职业需求的项目题目设计表

课程内容	课程思政	对应职业	项目题目设计
地租理论	国家房地产政策	房地产策划、开发、咨询公司；房地产管理部门	地租理论在各地房地产政策中的差异化应用分析
土地评价	国土空间三区划分	国土空间管理部门、城市规划设计研究院、土地规划设计公司等	农业用地、生态用地、城镇用地等评价
地籍管理	土地调查、国土空间用途管制	自然资源管理机构、土地调查单位	土地调查数据的处理和应用
耕地保护	永久基本农田控制线	自然资源管理机构、土地勘测设计院	耕地保护中的问题和对策分析
……	……	……	……

（四）毕业导向化感悟知识

土地管理是本科高年级课程，大学本科高年级阶段是怠学现象的高发期，尤其二本高校中部分学生厌学、弃学心理更严重，主要表现为出勤率不高、听课不认真、抄袭作业以及学习主动性不足等现象。通过对各届高年级学生普遍调查，发现其核心原因是学习目标不明确。怠学的学生对毕业去向不明确，导致其对高年级课程学习的盲目性。因此，在课程讲授设计中，对应学生毕业方向选择设计各个章节的知识点。学生有目标的学习更有针对性和积极性，学习效果也得到提升，对于没有目标的学生也可以做到及时发现、教导和指引其制定就业目标，运用言传身教法，分享以往工作经验，激发大学生学习兴趣，进而优化学习安排。如图3所示。

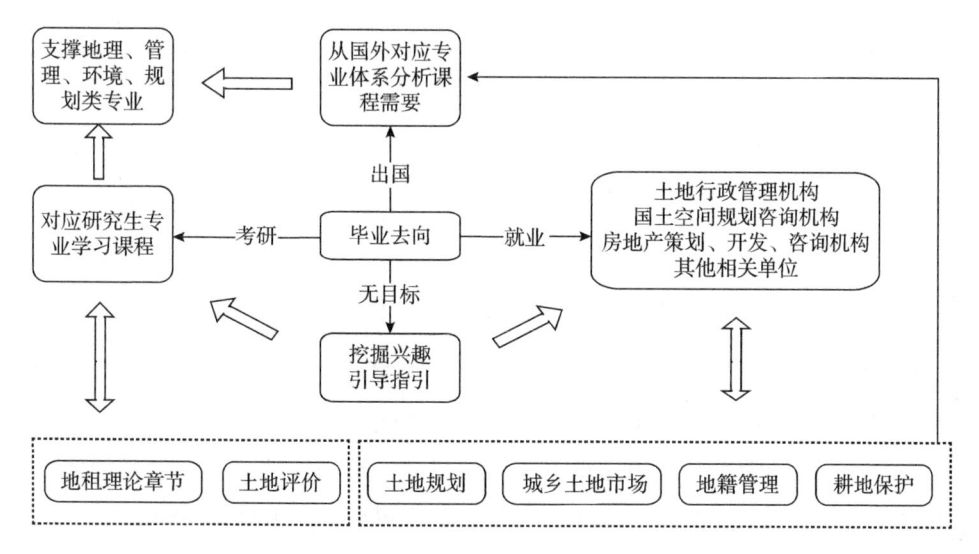

图3 单一课程毕业导向设计图

四、教学案例

选取第二章土地评价作为教学案例进行课程设计，土地评价是在土地资源调查、土地类型划分完成以后，在对土地各构成因素及综合体特征认识的基础上，以土地合理利用为目标，根据特定的目的或针对一定的土地用途来对土地的属性进行质量鉴定和数量统计，从而阐明土地的适宜性程度、生产潜力、经济效益和对环境有利或不利的后果，确定土地价值的过程。土地评价方法是土地管理领域从业者必须掌握的一项基本技能，应用范围非常广泛。该板块教学内容如表2所示。

表2 土地管理课程教学模块与应用领域关联设计表

模块名称	教学内容	应用领域	授课方法
土地评价分类及意义	现状评价、适宜性评价、潜力评价、生态评价	土地评定、土地统计、土地调查、地籍管理	新闻时事剖析：习近平总书记关于国土空间规划编制和"三区三线"划定工作重要讲话和指示精神，研究部署在全国开展"三区三线"划定和国土空间规划编制工作

— 173 —

续表

模块名称	教学内容	应用领域	授课方法
土地评价定量方法	专家打分法、因子成对对比法、指标法	土地分等定级、双评价（资源环境承载力及国土空间适宜性）、土地发展潜力	实践案例分步解析（选址类、分区类、比较类），时事认知
土地评价成果输出	汇总法、图示法、文字表达	各类土地评价报告的撰写	讨论与评价，团队协作

例如：土地评价分组作业案例（每组5~7人）

第一，引导学生对课程知识点所需的研究区域进行选择，如熟悉的家乡乡镇（县城）、城市（区），综合考虑资料的可得性，由小组讨论确定。

第二，按照实践应用中遇到的选择问题、评优问题、分等问题等进行评价目的设定，评价方法可从土地现状评价、土地潜力评价、土地污染评价、生态资源评价等进行适宜性选择。由小组共同讨论完成。

第三，任务分解与分工，主要包括底图制作和表格设计、数据分析与影响因子选择、影响因子赋权（保留赋权痕迹）、综合分等并进行评定、图纸上色表达与结论汇总。

第四，制作PPT并完成评价报告，结合成组课堂演示，对文字报告和图纸进行成绩判定。

第五，通过土地评价、土地价格测算、土地利用规划等分组实践，使学生高站位、深认知地参与国土空间治理当中，沉浸式体验土地管理过程，考核整体运用能力。分组提交作业后开展大讨论，针对我国现行住房管控、红线划定、机构改革等方针与土地管理之间的密切关联，考核知识领悟和思考能力。

五、教学效果

在思政引领下，通过科研促进教学，教学效果提升显著，主要体现在以下几方面。

一是论文实用性提升，在对国家相关战略和政策深入理解下，完成的课程论文与就业单位土地管理相关业务充分结合，提高了实用性。

二是竞赛拓展见成效，在就业分类拓展式教学中，激发了一部分学生的学习兴趣，并在此基础上延伸积累城市规划类课程，作为唯一的人文地理专业学生团队参与国土空间规划类大学生竞赛。

三是科研积极性提升，依托本科导师制模式主动融入教师的科研课题中，从分担查文献、处理数据等基础工作到参与研究报告撰写都有所涉及。

四是实习方向针对性加强，在课程结束后的实习过程中，对学生职业教育的针对性加强，学生有了明确的择业目标，将实习与就业方向相结合，毕业后增加了20%的城镇、土地规划咨询行业的就业率。

五是学习能力提升。掌握多种学习能力，如情景分析法的实践，即设定条件、目标、问题、政策、管理等要素一体化的多样化情景分析；政策关联法的运用，学习土地管理政策，关联相关事件，领会管理意图，加深对土地管理整体性的研究；规划实践探究法的体验，结合实际案例，通过调研，运用所学知识，探究现实条件、剖析核心问题，形成规划构思；分工协作能力，通过分组合作，结合土地评价的大作业，引导学生自行选题、分工、合作分析、汇总、撰写报告和成果展示汇报。

参考文献

[1] 孙善辉，等. 科研促进教学反思 教学科研相辅相长：地方应用型本科高校科研促进教学的实践与认识 [J]. 赤峰学院学报（自然科学版），2014，30（9）：137-138.

[2] 石辉. 科研促进本科教学的几点思考 [J]. 西安建筑科技大学学报（社会科学版），2006（2）：45-48.

[3] 房洁. 应用型高校课程思政：价值意蕴、逻辑起点与实现路径 [J]. 职业技术教育，2023，44（2）：52-57.

"科技创新驱动"地理学类专业协同育人模式研究

张景秋　周爱华　逯燕玲[**]

【摘要】树立并践行教育、科技、人才"三位一体"协同发展的"大教育观",坚持教育发展、科技创新、人才培养一体推进,开展"科技创新驱动"地理学类专业产学合作协同育人模式研究,通过与企业合作组建跨学科科研和人才培养团队,以科技攻关项目激发企业科技创新活力,以产业和技术发展的最新需求谋划人才培养,重构地理学类专业实践课程体系,让科学精神、创新思维融入实践教学,有效发挥科研育人功能,有效实践产学研深度协同育人模式,提升地理学类专业应用型人才培养质量。

【关键词】科技创新驱动;三位一体;协同育人;产学研合作;地理学

党的二十大报告提出"深入实施科教兴国战略、人才强国战略、创新驱

---

[*] 本文是2023年北京高等教育本科教学改革创新项目"'价值引领、实践创新、多轮驱动'地理学类一流专业协同育人模式研究"成果。

[**] 张景秋,博士,北京联合大学应用文理学院教授,研究方向为城市地理。周爱华,硕士,北京联合大学应用文理学院城市科学系副教授,研究方向为测量学。逯燕玲,女,硕士,北京联合大学应用文理学院城市科学系教授,研究方向是数据分析、软件工程、教育教学研究等,本文通讯作者。

动发展战略",并首次将教育、科技、人才三大战略一体规划,共同支撑全面建设社会主义现代化国家。国家"十四五"规划提出,创新办学模式,深化产教融合、校企合作,进一步强化实践教学环节,创立高校与科研院所、行业、企业联合培养人才的新机制,创新人才培养模式,着力培养德智体美劳全面发展的社会主义建设者和接班人。

校企合作协同育人理念早在19世纪末就在西方国家高等教育人才培养体系中表现出强大的生命力。各种不同类型的校企合作模式,大都以理论知识为基础,以实际应用为目的,极大促进了校企之间的合作,使人才培养能够适应21世纪的挑战。随着科学技术的迅速发展,科学研究与高等教育融合,以高水平的科研支撑高质量人才培养的同时,也有效促进科技成果与企业发展之间的联系,使产学合作关系成为一种以创新为基础的关系,科技成果成为企业创造经济价值最重要的资源之一。我国自1985年《中共中央关于教育体制改革的决定》提出加强高校同企业生产、科研和社会各界等其他各方面的联系,校企合作办学模式才逐渐得到发展。"互联网+"、人工智能、大数据等新技术的普遍应用,促使越来越多的高校与企业持续深化产教融合、校企合作,但主要体现在参观观摩、实践环节和专业实习,企业参与人才培养方案制定、企业导师进入课堂教学却很少,存在学校主动、企业被动的"一头热一头冷"问题。迫切需要以校企优势互补为基础的科技创新,驱动互利共赢、共同发展,实现深度融合的协同育人模式。

一、地理学应用型人才培养存在的问题

地方本科高校培养地理学应用型人才必须符合区域经济发展的需要,注重培养运用地理学理论、方法和技能解决区域经济与社会发展等地理学涉及的自然、人文和社会实际问题的能力。因地理学类本科专业具备服务于国土空间规划、优化城乡布局与发展等学科特长,北京联合大学地理学类本科专业一直秉承"学以致用"的理念,立足北京和京津冀城乡发展的实际需要,依托学科、面向应用,通过政产学研用合作,不断优化专业培养方案和课程体系,积极探索地理学类本科专业的人才培养模式与路径,取得了一定的成绩,但地理学应用型人才培养仍存在以下问题。

(1) 地理学基础学科地位与新时代应用型专业人才培养需求不匹配问题。

地理学是传统的基础性理科，我校是我国最早进行应用地理学建设的单位，长期坚持探索的应用地理学实践能力培养与提升模式，仍存在基础学科与应用面向匹配问题。传统理科实践教学以认知实习为主，存在专业实习与行业面向结合度不高的问题。地理学以研究人地关系、地域系统为主，具有综合性、区域性、大尺度等特点，长期存在传统认知实习与行业结合度不高的问题。常规的实践教学多是地理环境与人类活动互动关系认知实习，缺乏面向行业需求的专业核心应用能力的培养，使得人才培养与人才供需存在"两张皮"的问题。

（2）校外实践基地建设以完成实践教学为主，缺乏常态化协同育人机制。为了满足应用型人才培养需要，学校主动联系企业建立校企合作基地，但存在以校企联合制定培养方案、学校落实实践教学为主导，没有形成产学合作协同育人机制，企业参与动力不足、投入缺乏激情，校企合作"一头热"等问题。高校注重拓展校外基地建设，更多关注实践基地的使用，未考虑企业追逐经济效益的需求，与企业缺乏集成攻关平台建设，没有共同攻坚克难项目，难以把科研成果转化为教学内容，无法实现科产教融合协同育人的可持续发展。

二、校企合作协同育人模式的探索与实践

北京联合大学地理学类本科专业面向中国式现代化建设目标及北京实现绿色低碳式城市高质量发展需求，开展"科技创新驱动"地理学类专业产学合作协同育人模式研究，增进与顶尖专业技术公司的产学研合作，不断拓展和打造以绿色低碳生态文明的国土空间为己任的教学实践基地，围绕现代化首都都市圈建设的实践应用，校企共同构建地理学类专业实践课程体系，搭建产学合作协同育人平台，以产业和技术发展的最新需求谋划人才培养，有效实践产学研深度协同育人模式，提升地理学类专业应用型人才培养质量。

（一）强化价值引领，促进人才培养与社会需求有效协同

在面向国家国土空间规划和绿色低碳式城市高质量发展人才培养需求转变过程中，要求地方高校地理学类人才培养既具有扎实学科基础，又具有较强的解决问题能力和实践操作能力，要以国家战略需求为导向、以企业需求

为切入点、以实践创新能力培养为重点、以产学结合为途径构建实践教学体系。坚持把习近平总书记提出的"创新思路推动城市治理体系和治理能力现代化"及生态文明思想贯穿于地理学专业人才培养体系全过程，立足地理国情，面向国家"五位一体"总体布局和乡村振兴战略，结合首都北京城市治理与京津冀区域发展建设对地理类专业人才需求，突出地理学综合性和任务驱动的专业应用特色，进一步强化"地理要素调研、空间数据分析、空间规划设计、专业综合应用"四大核心应用能力培养，不断完善和明确落实适应行业人才需求的培养方案。校企共同构建实践教学课程体系、改进实践课程内容，以城市治理现代化、创新驱动生态文明建设和现代化首都都市圈建设等实践案例，推动学生的实践能力从校内知识拓展能力向校外解决问题能力提升，促进实践教学与社会需求有效协同。

（二）搭建产学合作实践平台，持续深化协同育人模式

依托教育部产学合作协同育人项目，立足以"课业规划、学业规划、职业规划"为主线的"三规合一，四年演进"的模块化实践创新能力提升体系，搭建"实践教学课程体系、校外实践教学基地、实践教学团队"为一体的产学合作协同育人平台。校企共同开发实践课程资源，共同承担实践教学任务，共同重构实践教学课程体系、教学内容、教学方式和考核评价方法。做实科教融合、产教融合、理实融合基地，以产学合作协同育人平台支撑和保障学生通过专业实习、社会实践、学科竞赛、科研项目、成果发表等多渠道达成实践创新能力培养目标。

（三）科技创新驱动，促进协同育人常态化

企业面临"十四五"重大发展机遇期，必须坚持以科技创新为核心驱动力，发挥好创新第一动力的作用，实现高质量发展。学校可以发挥国家级虚拟仿真实验教学中心、院士工作站、北京学基地及北京学高精尖学科的科研优势，与企业共同开展有组织的科技攻关，运用GIS、大数据、人工智能等技术赋能智慧城市建设，以现代化首都都市圈建设等产学研合作项目为抓手激发企业科技创新活力。跨学科组建科研和人才培养团队，不断增进校企双方科研素养与育人能力，让科学精神、创新思维融入实践教学，有效发挥科研

育人功能。将本科生（校企）双导师制转化为培养学生实践能力的内驱力，将现代化首都都市圈建设实际任务和需求作为实践课程资源转化的外动力，利用"实践课程—科研立项—学科竞赛"三位一体的教学方式，让学生参与到服务区域经济与社会发展等产学研合作项目中，培养和提升学生独立分析和解决城市高质量发展问题的创造力，进一步强化科教、产教深度融合，推动协同育人常态化。

三、协同育人模式的实践路径与机制创新

（一）应用地理学人才培养体系的价值引领实践路径创新

坚持以立德树人为价值目标开展地理学类专业教育教学改革，立足首都北京城市治理与京津冀区域发展建设对地理类专业人才需求，围绕专业课程内涵改革，校企协同开展一流专业建设、一流课程建设，重构实践教学课程体系，改进实践课程内容，以城市治理现代化、创新驱动生态文明建设和现代化首都都市圈建设等实践案例，强化社会主义核心价值观塑造，从"课程实习—专业集中实践—社会实践"体现出"专业技能—专业综合—专业情怀"的实践课程主线。其中，课程实习是课程体系的基础，侧重知识和技能的训练；设计性、探索性、综合性的专业集中实践是课程体系的重心，校企合作以实际项目重构集中实践内容，着重培养学生的自主、高阶思维和综合实践能力；与专业任务相结合的社会实践，是课程体系的提升，着重培养学生扎根地方、服务地方、解决实际问题能力；三者结合，有效提高学生的综合专业素养和创新能力，并使知识传授与价值引领同频共振，对构建地理学类专业学生实践能力培养与提升模式具有重要参考意义。

（二）教育、科技、人才"三位一体"的协同育人机制与路径创新

以科技创新项目带动校内外实践基地+线上线下实验室平台+开放共享的实践教学资源平台建设，给学生提供四年不断线的从课业到学业再到职业的全过程培养和规划，为学生自主学习和高阶思维训练提供优质平台支撑和保障实践创新能力培养，科研促进教学；校企共同强化有组织的科研，双方智力资源、技术资源精准对接，服务企业高水平科技自立自强，同时，以产业

和技术发展的最新需求谋划人才培养，营造企业支持、高校对接、共建共享、产教融合、校企合作、双方共赢、协同育人的良好生态，教育、科技、人才"三位一体"实现产学合作协同育人平台建设的长期化、常态化，创新产学合作协同育人机制与路径。

四、地理学类专业协同育人成效

北京联合大学地理学类本科专业秉承"学以致用"的校训，围绕国家经济社会发展对人文地理与城乡规划专业、地理信息科学专业人才需求的变化，立足北京"四个中心"城市发展战略要求，紧扣地理大数据在国土空间规划应用新趋势，通过产学合作精准调整专业培养目标，不断优化实践课程体系，强化专业内涵建设，持续提升专业建设水平。

地理学类本科专业坚持成果导向教育理念，立足首都北京城市治理与京津冀区域发展建设对地理类专业人才需求，利用纵向思维方法，校企合作构建层次清晰、目标明确、北京特色鲜明的"课程实习、专业集中实践、社会实践"的实践课程体系，进一步强化对学生"地理要素调研、空间数据分析、空间规划设计、专业综合应用"核心应用能力的培养。在市级精品课程建设推动下，结合地理信息技术与国土空间规划要求，面向北京城乡发展实际任务，丰富完善专业学生四年不断线的模块化、递进式、线上线下融合的实践课程体系。

学生的专业认同感、专业技能、创新思维与实践能力及学术素养不断提高，人才培养契合行业需求，受到社会认可和行业欢迎，有大批毕业生在北京市规划自然资源委及其分局、住建、交通、城管等政府部门崭露头角，成为业务骨干，并逐渐走上重要领导岗位。从实践课程中延伸出来的科研立项和学科竞赛选题，在首都大学生"挑战杯"科技竞赛、"互联网+"创新创业大赛、全国高校地理科学展示大赛、全国大学生 GIS 应用技能大赛等高级别学科竞赛中取得优良成绩，学生自主学习能力不断提升。实践创新能力提升带动本科毕业论文质量提升，有些论文被评为北京高校优秀本科毕业论文，毕业生考研升学率稳步提升。

五、结束语

北京联合大学地理学类本科专业与企业合作建设大平台、大团队，以科技创新的大项目推动教育、科技、人才一体化发展，实现产学合作协同育人常态化，实现人才培养能力、科技创新能力双提升。发挥北京学高精尖学科优势，深入挖掘专业教师承担北京城乡发展实际任务的优势，以国家级虚拟仿真实践教学中心为支撑，校企联合科技攻关，有效整合行业资源、校内资源，把优质科研资源转化为育人资源和优势，建设开放共享、特色鲜明的"地理大数据+北京文化"实践教学资源平台。充分发挥学校本科生导师制的内驱力，成立学生学术活动工作小组，学校和企业双导师全面指导学生从课业、学业到就业全过程，积极组织学生参加各类科研项目申报、学科竞赛、学术交流等活动，强化培养学生实践能力、创新意识与创造精神，实现"学思结合，知行合一"，全面打造地理学类应用型人才培养新范式。

参考文献

[1] RUTH S K. Successful business alliance classroom strategies [J]. The methodology of business education，1996，34：10-23.

[2] MUELLER P. Exploring the knowledge filter：How entrepreneurship and university – Industry relationships drive economic growth [J]. Research policy，2006，35（10）：1499-1508.

[3] 俞启定. 深化职业教育产教融合校企合作若干问题的思考 [J]. 高等职业教育探索，2022，21（1）：1-7.

[4] 刘岩，李正，何永志，等. 价值共创视角下深化校企协同育人机制研究 [J]. 创新创业理论研究与实践，2022，5（20）：188-192.

[5] 陈卫丰，代忠旭，刘湘. 基于产学研合作的化工专业校企协同育人 [J]. 化学工程与装备，2022，306（7）：293-295.

[6] 郭红. 地理学应用型人才培养体系构建与实施途径研究 [J]. 黑龙江教育：理论与实践，2015，1158（12）：79-80.

协同教学模式下的"教研相长"
——以地理学研究生学术道德与论文写作课程为例*

张远索　张景秋　谌　丽**

【摘要】 以北京联合大学应用文理学院地理学研究生学术道德与论文写作课程为例，探讨了协同教学模式下的"教研相长"问题。从解析"协同教学"内涵出发，在介绍课程基本情况的基础上，认为教学在内容、实践、互动、反思等方面对科研具有推动作用，科研通过创新教学内容、丰富教学手段、提高学生积极性、打造优秀教学团队等途径促进教学。

【关键词】 协同教学；教研相长；地理学

一、协同教学

（一）内涵及类似概念解析

协同教学最早始于 20 世纪 50 年代的美国，随后在美国、英国等地成为

---

* 本文是 2023 年北京高等教育本科教学改革创新项目"'价值引领、实践创新、多轮驱动'地理学类一流专业协同育人模式研究"（项目编号：202311417002）成果。

** 张远索，博士，北京联合大学应用文理学院教授，研究方向为土地资源管理、城市地理。张景秋，博士，北京联合大学应用文理学院教授，研究方向为城市地理。谌丽，博士，北京联合大学应用文理学院教授，研究方向为城市地理。

一种广受欢迎与认可的教学模式。按照 J. L. Trump（1966）给出的定义，协同教学是指由两个或两个以上的教师，根据教学内容和自己的专业特长，组建成一个教学团队，共同担任一群学生的全部或主要部分教学。首先，在多师同堂协同教学中，教学主体主要包括教师与学生。教授同一门课程的多名教师会从不同角度、不同层面，针对不同的教学板块，采用不同的方法开展教学。但在该门课程的授课过程中，需要这些来自不同专业背景的教师根据学生的需求，互相协作，完成共同的教学目标：实现教学成效最大化，促进学生知识结构的丰富和核心素养的培塑。其次，在多师同堂协同教学中，教师的教和学生的学是密不可分的，学生可以被看作教学中的基本元素，教师为教学中的主导方，学生与教师之间形成一个共同的教育目标导向，即通过以教师为代表的教育工作者的引导，学生获得身心健康的有序成长，这样教师与学生就组成了一个学习共同体。①

与协同教学相近的概念包括拼盘教学、综合教学等，这些概念的基本理念相似，即多位教师同上一门课程，但因其推行的主流时期不同，其具体内涵有些许差异。一般而言，推行时间越晚，其内涵越丰富。从主流叫法上看，拼盘教学更为通俗易懂，强调的是课程知识的模块化分割，然后由不同教师负责讲授相应模块；综合教学更强调教学手段的多元化和内容的有机融合，可以用来描述多师合上一门课程的情形，也适用一位教师采用综合手段讲授复合内容的情形。而协同教学既表明了教师为多人，又体现了课程内容多元，还强调了教师教学与课程内容设置等环节需要具备的有机耦合。当然，这些概念之间并没有严格的界限，有时可相互替代。比如可能有的课程采用多师协同模式，多位教师共同确定培养目标，共同撰写教学大纲，注重教学内容模块之间的有机耦合关系，确定教师出场顺序和课时，但在师生之间交流时，更多将其称为拼盘式教学，主要是这种说法更写意、更形象②。协同教学的内涵和外延都更加丰富和扩大化了，除了本文限定的"一课多师"，有时还用来描述校企合作教学、校际合作教学、师生协同教学、人机协同教学、线上线

---

① 易阳. 多师同堂中应用型本科院校学习共同体的建设路径［J］. 教育理论与实践，2020，40(12)：51-53.

② 向小倩，张远索. 多师同堂协同教学研究进展及其对地理教学的启示［J］. 内蒙古教育，2022（6）：68-72.

下协同教学等情形。

（二）实践探索

很多高校在协同教学方面进行了实践探索。比如，哈尔滨工程大学在2011年构建协同实践教学体系，用以培养高素质创新型人才；浙江大学在2020年打造"AI+X"科教融合和产教协同的研究生教学实践新模式，等等。北京联合大学应用文理学院城市科学系多年前也在实践层面开始了协同教学探索，比如，城乡规划管理综合实践课程包含的四个模块，都是多位教师协同教学；又如，自然地理学等课程的AB角方式，走读北京课程的专题授课做法等，都体现出协同教学的基本特征。在地理学专业硕士研究生培养过程中，也融入了协同教学。人文地理与城乡规划专业2019年入选教育部首批国家级一流专业，同年开始招收地理学一级学科硕士研究生，至今已招生五届，每届20人左右。学科根据人才培养目标、学生专业背景及师资情况，在地理学研究生培养方案和课程体系中，设立了地理学前沿、北京历史地理、资源环境与发展、自然地理与景观生态、城市地理与规划应用等采用协同方式教学的课程。按照教育部要求，从2021级地理学硕士开始在其培养方案必修课模块设置学术道德与论文写作课程。该课程由张景秋、张远索、谌丽三位教师协同授课，在制定培养目标、教学大纲、授课方式及内容衔接方案等过程中，积累了一定经验，同时对协同教学模式下的教学科研相长互促也有一定的思考和实践。

二、学术道德与论文写作课程概况

（一）教学目标

在参考相关高校设定经验和任课教师根据实际情况的思考基础上，为本课程确定以下教学目标：本课程为地理学硕士研究生的专业学位课，通过课程教学强化学生维护学术道德、坚守科研诚信、抵制学术不端的意识，使学生深刻认识学术不端对科研、学术、社会的灾难性后果，对个人学术声誉、学术生命的毁灭性打击，养成自觉遵行学术道德的良好习惯，并坚决抵制所有科研失信现象。激发学生撰写地理类论文的兴趣，使学生拥有科学思维，遵循科研规律，遵守论文写作规范，掌握论文写作方法，提高论文写作水平，具体而言即使学生初步掌握期刊论文各环节的写作方法及技巧，同时了解投稿、与编辑沟通、回复审稿人的方法，以及会议口头报告或张贴报告的常识等。

（二）教学要求

要求学生结合课堂所学和课后思考，切实提高对学术道德、科研诚信、学术规范的认知程度；在论文写作过程中，学会甄别和判断各种学术不端现象，自觉维护学术公平与诚信，自觉抵制各种科研不端行为，维护良好的学术生态系统。学生在学习本课程后应该具有更明确的学科意识、更突出的提炼科学问题的能力，对论文写作方法和技巧等具有更体系化的认知和把握。

（三）教学内容

本课程共 32 学时，分为 16 个单元。在导言部分主要介绍研究生的基本学术规范和毕业要求、研究生与本科生的区别与联系；在科学研究与学术生态部分主要介绍科学研究的基本规则与方法、学术生态的内涵与外延；在学术道德与学术规范部分主要介绍学术道德现行规定、学术道德行为与失范行为、学术规范关键性问题；在违反学术道德案例部分主要结合案例讲述学术不端行为及其表现、违反学术道德行为及其表现；在学术道德之我见讨论与交流部分主要介绍学术道德与学术规范的认识、学术道德规范的基本点；在论文写作中的学术道德问题部分主要介绍抄袭行为、复制比、自引与他引、参考文献的作用与引用规范；在期刊论文写作部分主要介绍论文级别、期刊分类、论文写作与投稿；在学位论文写作部分主要介绍学位论文的基本特点、选题与开题、数据与方法、结论与应用；在文献检索与分析方法部分主要介绍文献检索与分析、Cite Space 分析；在研究综述的写作指导部分主要介绍研究综述的作用、研究综述的类型及其基本要点；在英文期刊论文写作部分主要介绍 SCI、SSCI 及其分区、综述规范、英文表达；在论文写作中需注意的几个重点问题部分主要介绍行文规范、表达规范、图表规范、地图规范；等等。

三、协同教学模式下教学与科研的相互促进

教学是高校的中心工作，教学质量是学校生存与发展的生命线。近年来，科研日益受到高校重视，越来越多人认为教学与科研是高校最重要的两项职能，是推动高校可持续发展的两驾马车。两者相辅相成，相互促进，课堂教学实践离不开科学理论的指引，同时课堂教学反过来也可以对既有理论进行论证和完善，因此有"教研相长"之说。学术道德与论文写作课程教学团队成员在开展协同教学的过程中，注重在个人和团队两个层面进行教学科研互促活动，努力探索和充分发挥协同教学模式下"教研相长"的优势。

（一）教学对科研的推动

1. 教学内容

本课程协同教学团队在设计教学内容时，依据教育部确定的课程名称，将课程内容分为两个大的模块：学术道德、论文写作。协同教学团队成员根据自身所长认定任务后，先对所分配内容进行具体设计，然后团队成员一起对课程内容进行梳理融合。在设计教学内容过程中，团队成员对学术道德与学术规范、学术生态与科学研究、论文写作方法与技巧等内容进行了熟悉与沟通交流，有很多知识点成为可以进行深挖细究的研究热点。

2. 学生实践

本课程涉及实践环节，安排学生利用课下学时进行学术不端案例整理，按学术规范写作学术论文，并进行课堂汇报交流。为了更好地指导与点评学生实践成果，协同教学团队成员充分交流分享案例资料、学术论文写作方法，尤其是科学问题的提炼和问题研究方法等。在此过程中，团队成员进一步增强了科研意识，部分团队成员科研水平得到了进一步提升，实现了师生科研素养的共同进步。

3. 师生互动

本课程协同教学团队成员在授课过程中，根据研究生课程特点，积极调

动学生课堂积极性，通过师生互动、生生互动等方式对所讲内容进行讨论交流。其中师生互动主要是通过提问式、研讨式教学方法实现，生生互动包括以个人为主体的个体互动、以小组为主体的小组互动、以全班为主体的全员互动[1]。协同教学团队成员在上述互动过程中，通过直接参与或局外观摩，会有很多启发。现在的研究生搜集资料能力强，视野开阔，思维跳跃[2]，理论和方法具有较好积累，他们的很多知识点和研究视角给协同教学团队成员带来科研灵感。

4. 教学反思

在课后及期中、期末等重要节点，本课程协同教学团队成员既分别总结反思自己所负责的内容设计、实施及效果，又一起作为团队整体对课程整个知识体系构建、内容模块设计、协同教学实施、期末成效评价等进行交流与评估。本课程是为具有一定研究功底的研究生开设，课程本身专门讲授学术道德、学术规范与论文写作等问题，团队成员在进行教学反思时，经常会在如何推进相关问题科学研究方面有所收获。

(二) 科研对教学的促进

1. 创新教学内容

本课程协同教学团队成员从事科研时间相对较长，科研素材较多，三位团队成员均以部分科研项目研究成果出过专著或教材，也撰写并发表过一定数量的学术论文，对于学术道德、学术规范、学术论文写作、期刊投稿等有较为丰富的经验。团队成员将前期研究成果转化为教学内容，是对课程依托教材的内容的有益补充。将科研成果融入教学内容能够加深学生对知识点的理解，能够使学生初步了解科学研究的方向和内容，有助于培养其创新精神，

---

[1] 郭丽峰. 微助教助力高校大班课堂高互动教学空间建构：以大学英语为例 [J]. 大学教育，2022 (4)：147-149.

[2] 周艳红，韩瑞. 论教研相长在高等教育中的重要性：以《无机及分析化学》课程为例 [J]. 当代教育实践与教学研究，2019 (6)：126-127.

在讨论练习环节还能体现以学生为中心的理念①。在协同教学模式下，这种优势发挥得更为明显，科研素材储备实现了 N 倍增长。

2. 丰富教学手段

在丰富教学手段方面，科研对教学的推动也是显而易见的。实际研究过的科研项目，可以作为活生生的教学案例；课题组在科研过程中用的思路和方法等，可以利用互动教学等进行充分探讨；正在进行的科研项目还可以吸纳班里学生作为课题组成员或临时人员，由其现身说法在班上交流汇报课题具体做法、论文写作经验等。诸如此类的方法丰富了教学手段。在协同教学模式下，教学团队成员数量的优势会进一步放大这种促进作用。

3. 提高学生积极性

本课程协同教学团队成员依据课程教学大纲，结合相关科研文件和教辅教材，融入具体科研案例和相关科研素材，在创新教学内容和丰富教学手段的同时，极大地调动了学生的积极性。结合案例教学和互动教学，让学生参与其中，学生在心理上获得一种主体性自我认知，从而提高其沟通积极性与学习主动性，极大地改善沟通效果和互信程度，进而明显提高学习效率。同时尽可能地让那些对科研感兴趣并具有一定潜能的学生参与到科研当中，充分带动学生能动性，从而优化教学，提高教学质量②。

4. 打造优秀教学团队

科学研究能够深化人的思维逻辑、改善沟通方式、锻炼吃苦耐劳及细心踏实的优良品质，这些也是对教学进行改革创新所需要的基本能力③。本课程协同教学团队成员利用前期科研方面的优势，将科研素材融入课堂教学，在创新教学内容、丰富教学手段的过程中，对协同教学模式下的"教研相长"有了新的体会，并积累了一定经验。推及其他，这种科研促进教学的过程，

---

① 谭亮，等. 分析化学（一）教学与科研互促的实践探索 [J]. 大学化学，2021，36（9）：48-51.
② 李超. 浅析高校教学与科研的互促作用 [J]. 新西部，2017（10）：106，116.
③ 李超. 浅析高校教学与科研的互促作用 [J]. 新西部，2017（10）：106，114.

也是教学团队不断成长的过程。

四、结语

硕士研究生已经具备较强科研素养,在课堂教学过程中,教师宜结合自身科研经历,有机融入科研案例或其他科研素材,进而创新教学内容、丰富教学手段、提高学生学习兴趣,进而更好实现育人目标。在"一课多师"型协同教学模式下,教学与科研的相互促进作用更加明显,本文以北京联合大学应用文理学院城市科学系地理学研究生课程学术道德与论文写作为例,探索了协同教学模式下的"教研相长"问题。实践中,不同课程有不同特点,所采取的教学模式和教学科研相互促进的方式与程度等都不一而足。在追求"教研相长"的过程中,需要坚持"教无定法,贵在得法"的原则①,寻找适合实际情况的具体方法。

---

① 黄华,向峰. 教研相长,坚持教无定法贵在得法 [N]. 恩施日报,2022-12-15 (001).

科研反哺教学在地理信息科学专业的探索与实践*

周爱华 付 晓 孟 斌**

【摘要】 教学与科研是高等学校最重要的两个职能，共同服务于立德树人这个中国特色社会主义教育的根本任务。地理信息科学专业理工交叉的专业特点及学生轻理论学习的短板决定了科研反哺教学在人才培养过程中是可行且必然的。地理信息科学专业将科研项目、科研活动融入包括课堂授课、实践教学、学科专业竞赛、学生科研立项、学生课外活动、毕业论文环节等人才培养的各个阶段与各个方面，学研结合、理实交融，促进学科专业一体化，教研与科研相互成就，同时促进专业教师全面成长，有效提升人才培养水平与立德树人质量。

【关键词】 科研反哺教学；地理信息科学专业；科研项目；立德树人

---

* 本文是北京市高等教育学会 2022 年立项面上课题（MS2022102）研究成果。
** 周爱华，硕士，北京联合大学应用文理学院副教授，主要从事城市地理信息系统方面的研究。付晓，博士，北京联合大学应用文理学院副教授，主要从事城市遥感方面的研究。孟斌，博士，北京联合大学应用文理学院教授，主要从事地理信息系统方面的研究。

一、引言

教学与科研是高等学校最重要的两个职能，共同服务于立德树人这个中国特色社会主义教育的根本任务。高等学校的教学与科研具有自己的独特性，即与其他类型教育相比，高等学校的教学具有研究性，而与研究院相比，高等学校的科研又具有教育性。教学与科研是知识传授与知识创新的有机结合，知识传授是知识创新的基础，知识传授的质量影响知识创新的水平；同时，知识创新也反作用于知识传授，缺乏知识创新，没有新知识的注入则知识传授就仅是简单的重复劳动，影响知识传授的质量。培养高素质高技能型人才是应用型大学的教育目标。"教而不研则浅，研而不教则空"，教学和科研齐头并进、共同发展同样适用于应用型大学。因此，作为应用型大学的北京联合大学，同样应该使教学与科研相互促进、相互成就，教学促进科研，科研反哺教学。本文就以北京联合大学地理信息科学专业为例介绍在科研反哺教学方面的一些做法与成效。

二、地理信息科学专业人才培养中科研反哺教学的必然性分析

地理信息科学专业是理科专业，实际上却具有理工交叉的典型特点，因此，在学生的培养过程中，要理论基础与专业技能并重。但我校学生却具有对理论课程兴趣不大的显著特点，偏理论的专业基础课学生听课效率不高，从而导致后续的进阶型专业课教学效果也受到影响，学生的这一特点对整个人才培养过程都产生了不良的影响。但同时学生还有另外一个显著特点，就是眼界宽广、思维活跃、动手能力强、喜欢实践课程，对于科技的最新发展、社会的热点问题、国家的重大工程等都非常关注。针对以上特点，专业教师展开广泛而深入的调研与讨论，认为将科研项目或科研活动融入教育教学的全过程将能有效解决学生轻理论学习的短板，并在后续的人才培养过程中进行了深入的实践，取得了良好的成效。因此，科研反哺教学对于地理信息科学的人才培养是必然选择。

三、地理信息科学专业科研反哺教学路径分析

地理信息科学专业科研反哺教学，将科研项目、科研活动融入包括课堂

授课、实践教学、学科专业竞赛、学生科研立项、学生课外活动、毕业论文环节等人才培养的各个阶段与各个方面，学研结合、理实交融，促进学生在课内外践行"学以致用"，培养德智体美劳全面发展的应用型人才。

（一）科研成果形成优秀教学案例

教学案例是辅助知识传授的重要手段，宜于知识讲解、激发学生兴趣是教学案例设计的基本准则。教师的科研课题往往是对生产生活中实际问题的研究，具有真实性、热点性或典型性、疑难性等特点，因此可以设计成教学案例，而且此类教学案例有助于拉近学生与知识的距离感，有利于学生深刻理解专业知识的实用性，增强学生的专业认知度及应用专业知识服务社会的意识。同时，对于教师而言，将自己的成果传播给学生，上课时会更有激情，更加得心应手、游刃有余，也会更加热爱教师这一职业。总之，科研成果形成的优秀教学案例对于知识的传授能够起到事半功倍的作用。如"南新仓仓廒建筑测绘"项目的成果被中国古代建设、测绘学基础等课程作为教学案例，让学生真实感受到专业的实用性，激发了学生对课程的兴趣，也激发了学生对北京历史文化的兴趣。

（二）科研成果更新教学内容，改进教学方式

新时代的突出特征是信息技术飞速发展，而地理信息科学作为典型的信息技术也同样日新月异，我们选用的教材通常是经典教材，介绍一些基础的知识，而地理信息发展的最新技术却是来不及更新的，因此，教师会将自己科研项目的相关新成果在课堂上为学生讲授，带领学生认知最前沿的知识发展与技术进步，同时也会安排参与自己科研课题的学生在课堂上为同学们做汇报，如多名学生参与导师的研究项目"基于无人机技术的明长城遗址三维重建与情景展示"，并在遥感概论、遥感地学分析等课堂上汇报自己的研究进展与成果，学生汇报、教师点评，增强学生们对课程的兴趣，引导更多学生参与到科研项目中去，同时也将教师讲授为主的教学方式转变为学生体验式、研究型教学，培养了更多学生的创新思维与创新能力。

(三) 基于实际项目开展实践教学

对于集中实践教学环节或理实一体课程中的实践部分，实际科研项目也是课程实践任务的重要来源。基于实际项目开展实践教学，学生对专业实用性的认知更加深刻，而且因为是实际项目，成果要应用于实际的生产生活或规划建设当中，学生的实习态度更加认真、端正，实习流程更加严格、有序，实习成果更加规范、优质，有助于学生基本职业操守的养成。以"空间数据采集实习"集中实践教学环节为例，曾经基于"南新仓仓廒建筑测绘""北京传统村落调研"等课题开展，同学们测绘古村落的平面图、古建的平立剖面图、文物古迹的分布图等，既锻炼了专业技能，又深入了解了北京的历史文化，为北京的文化遗产保护与传承做出了贡献，是将论文写在祖国大地上的生动实践。

(四) 教师科研项目引导学生科研训练

随着课堂教学、实践教学的开展，理论知识不断夯实，科研认知与训练不断加强，同学们也有了自己做科研的愿望，于是积极参与教师科研项目，或积极申请学生科研立项。在教师指导下，细化教师科研项目，或延伸教师科研项目，或基于自己感兴趣的社会或学术问题，学生积极申报各类学生立项课题，如"启明星"课题、文科中心创新实验教学项目等。近五年来，学生获批"启明星"课题二十余项，获批文科中心创新实验项目近二十项，参与论文发表十余篇。如文科中心创新实验教学项目"基于无人机技术的明长城遗址三维重建"源于教师课题"基于无人机技术的明长城遗址三维重建与情景展示"，教师带领学生发表论文"无人机倾斜摄影在村落数字化保护中的探索"；启明星课题"北京西山历史文化地图设计与实现"源于教师课题"西山永定河文化带景观分类体系与价值展示研究"，并延伸发表论文"乡村文化旅游地图的表达与设计研究——以北京市平谷区为例"。在课题研究的过程中，同学们深入调研，发现问题，解决问题，撰写研究报告或论文固化成果，对社会中实际存在问题进行了深入思考并提出专业的解决方案，提升自己并服务社会，完美诠释了"学以致用"的校训。

（五）科研训练促进学科竞赛

学科竞赛对人才培养也起到了积极作用，是对学生专业素养及创新能力的一个检验，同时也是对我们人才培养质量的一个评判。适合 GIS 专业学生参加的竞赛多侧重于地理学理论、方法及 GIS 技能应用方面，即用地理学相关理论与 GIS 方法解决生产生活中的实际问题。学生在多层面学习与科研实践的基础上，提升了专业能力，增强了参加学科专业竞赛的信心，在中国高校地理科学展示大赛、全国大学生 GIS 应用技能大赛、全国高校 GIS 大赛、全国青年地理工作者学术研讨会大学生辩论赛等学科竞赛中皆获得佳绩。如第四届中国高校地理展示大赛人文地理组二等奖作品"新时代京西古道文化线路构建路径研究"来源于指导教师的项目"乡村振兴战略下京郊传统村落保护利用研究"；2022 年易智瑞杯中国大学生 GIS 软件开发竞赛三等奖作品"聆听百年城市脉搏，感受京城人间烟火——探究北京胡同的前世今生"则缘起于学生的暑期社会调研项目。通过参与项目，学生的专业技能得到提升，同时对于社会与国家也有了更强的责任感，会自发地思考社会问题并想用自己的专业知识去解决一些问题，从而形成了项目或竞赛的选题。竞赛的过程进一步强化了学生的专业技能，同时增强了学生的专业归属感与自信心，也宣传了学校，为后辈学生树立了榜样。

（六）科研项目融入学生活动

各类活动也是大学生活的重要构成部分，其中具有显著专业特色的活动更受学生欢迎，成果也更加显著。以城市科学系学生党支部的红色"1+1"支部共建活动为例，近几年活动的开展都是与专业集中教学实践、教师科研项目相结合的。如"溯古道文化根源，展村落建设新风""梦想奋斗七十载，古道老村换新颜""探寻大西山自然美景，宣传瓜草地生态旅游"三个选题都是基于西山—永定河文化带建设这个大的研究主题，并与专业二年级的"空间数据采集实习"相结合，调研门头沟区沿河城村、瓜草地景区等地的自然、人文要素，应用专业技术测绘沿河城村平面图、古建分布图、瓜草地景区平面图等，在此基础上为沿河城村与瓜草地景区制作旅游规划图与宣传手册，宣传京西古道、传统村落与生态旅游，成果受到共建单位好评。另一红色"1+1"

选题"调研古代官仓，传承运河文化"则来源于专业教师的"北京官仓古建筑测绘"项目，教师项目与专业实习、学生党建活动三者结合，学生真题真做，开展实地调研与测绘，了解古代官仓，宣传大运河文化。科研项目融入学生活动，使学生利用专业知识服务基层建设，增强了学生的集体荣誉感与凝聚力，培养了服务社会的意识，磨炼了吃苦耐劳的品质，同时也提升了专业技能。

（七）毕业论文真题真做

地理信息科学专业的毕业论文选题，近年来都是100%真题率，这些题目都来自指导教师主持或参与的科研项目。如"北京餐饮老字号文化地图设计与制作""餐饮类中华老字号空间布局与文化内涵分析""北京餐饮老字号格局演变研究"等题目来源于指导教师的课题"基于网络口碑的北京餐饮老字号认知研究"，"首都功能核心区应急避难场所布局优化研究""东城区应急避难场所布局合理性评价"等题目则来源于指导教师参与的课题"社会公平视角下北京城市服务设施的空间优化与模拟研究"。基于实际科研项目开展毕业论文的研究与撰写，让学生真正参与到项目中去，沿着"文献综述—确定方法—获取数据—开展研究—撰写论文"的路径开展课题研究，培养学生发现问题、分析问题并解决问题的能力，以及科技论文写作的能力，全面提升学生的专业素养和后续工作与进修的能力，为大学学习生涯画一个圆满的句号。

四、地理信息科学专业科研反哺教学的成效

（一）促进专业教师全面成长

科研反哺教学，将自己的科研成果传递给学生，让更多的人了解自己的研究领域、兴趣点以及创新点，有助于知识与技术的推广，能够进一步加强教师的科研热情与积极性；同时，将自己的科研项目或成果引入课堂教学、学生竞赛、学生活动或毕业论文等人才培养环节当中，教师授课或指导更加自信与得心应手，教学内容更新与教学方法改革等更易开展且更容易出成效，有助于教师执教能力与教研能力的提升，且学生也往往给予更高评价。总体

上，科研反哺教学，教学促进科研，科研与教学相互促进、相互成就，有效提升教师的教学、科研水平的同时也有助于教师更好地服务社会，进而潜移默化引导学生用知识服务社会、回馈国家。

（二）提升人才培养水平与立德树人质量

科研反哺教学，让学生接触更多的专业前沿与真实项目，以实践激发兴趣、以兴趣驱动学习，提升学生的学习积极性与学习成效，让学生的专业知识与技术更加扎实，参加全国大学生 GIS 大赛、地理展示大赛、"挑战杯" 比赛、"启明星" 课题申报等获得佳绩。在参与真实项目的过程中了解更多的行业规则与职业素养要求，对于去北京测绘院、超图公司等大的行业企业实习更加珍惜机会，工作中更加认真负责，奉献精神与服务意识更加凸显，因此部分表现优异的同学得以在毕业后签约留任。近几年地理信息科学专业毕业率100%，考研率接近30%，就业率98%以上，并且部分在校生或毕业生积极入伍保家卫国，也有部分毕业生考取选调生去农村、社区等地历练，积极深入基层，服务基层，为建设中国式现代化贡献自己的力量。

（三）促进学科专业一体化，教研与科研相互成就

地理信息科学专业 2007 年开始招生，迄今为止已毕业 13 届毕业生，毕业人数 350 余人，服务于北京的城市发展与建设，在北京城乡规划建设与管理、国土、交通、智慧城市、学校及培训机构、IT 行业、现代服务业等领域从事规划设计、信息服务、应用研究、技术开发、教育教学等相关工作，是北京第一线的建设者。地理信息科学专业教师的研究工作也一直以北京为研究对象，承担了大量的城市职住、通勤、交通、热岛、应急以及文化遗产传承保护、三大文化带规划建设等方面的科研项目，为北京城市发展及全国文化中心建设贡献了自己的力量。尽管地理信息科学专业是一个较新的专业，但是社会评价及影响力正逐年向好发展，多次获评学校教学成果奖，并分别于 2021 年与 2023 年获得北京市教学成果二等奖、全国高校 GIS 教学成果二等奖。

教学与科研是学科专业一体化建设的两翼，相互促进，相互成就。学科坚持教学、科研两手抓，两手都要硬，在科研项目积极申报的同时，也加强教学研究的开展，老师们既有国自科、市社科等高级别科研课题，也有市教委、高等教育学会以及校级的教研课题。老师们在人才培养模式、课程思政、课程建设、教学模式等方面进行了深入的实践与探索，尤其是课程思政建设以来，教研产出显著增多，近五年发表教研论文二十余篇，主编教研论文集2部。多位老师参加学校的课程思政大赛、创新教学大赛、青教赛等，并获得优异成绩，同时也积极承担教改课题、教研课题、创新课程等课程建设项目。老师们积极投身于科研项目、教学研究、课程建设，对课程教学与人才培养有更多、更深入的思考，相信能够更加有效地促进教学与科研的融合，促进学科专业一体化建设。

五、结论与展望

立德树人是中国特色社会主义教育事业的根本任务，教学、科研、社会服务共同服务于立德树人这个根本任务。作为新兴的地理信息科学专业与新时代的高校教师，我们要把握好高校教学的研究性与科研的教育性这两个重要特征，把教学与科研都作为人才培养的重要途径与手段，教学促进科研，科研反哺教学，实现以育人为中心的教学与科研的有机统一，切实提高立德树人成效，为北京的发展以及中国特色社会主义建设培养所需的优秀地理信息人才。

参考文献

[1] 刘咸卫. 回归大学育人本真_教学的研究性与科研的教育性 [J]. 中国高等教育，2008（21）：29-31.

[2] 李昌祖，冯雯. 大学"科研反哺教学"及其实施 [J]. 教育发展研究，2009（19）：71-74.

[3] 丁良喜，曹莉. 应用型大学科研反哺教学可行性探索与优化建议 [J]. 职业与教育，2018（9）：106-109.

"科研反哺教学"背景下的GIS专业人才培养机制探索与实践[*]

邹柏贤　逯燕玲　孟　斌[**]

【摘要】 贯彻落实教育部建立科研反哺教学的要求，需要坚持科研反哺教学理念，优化GIS专业课程体系；科研反哺思政教学；产学研一体化，加强实践教学；依托产学合作项目，修订培养方案，构建产学合作实训基地，优化实践课程，培养学生解决实际问题的能力。

【关键词】 科研反哺；思政教学；实践教学；人才培养；产学合作

2018年9月发布的《教育部关于加快建设高水平本科教育全面提高人才培养能力的意见》中要求强化科教协同育人，建立科教融合、相互促进的协同培养机制，为本科生参与科研创造条件。将最新科研成果及时转化为教育教学内容，以高水平科学研究支撑高质量本科人才培养，搭建学生科学实践平台。2019年9月，《教育部关于深化本科教育教学改革全面提高人才培养质量的意见》中提出"推动科研反哺教学"，要求强化科研育人功能，推动高校及时把最新科研成果转化为教学内容，激发学生专业学习兴趣。加强对学生

---

[*] 本文是教育部产学合作协同育人项目"基于PIE的遥感数字图像处理课程群教学改革与建设"（项目编号：220802313182649）研究成果。

[**] 邹柏贤，博士，北京联合大学应用文理学院副教授。逯燕玲，硕士，北京联合大学应用文理学院教授。孟斌，博士，北京联合大学应用文理学院教授。

科研活动的指导，加大科研实践平台建设力度，支持学生早进课题、早进实验室、早进团队，以高水平科学研究提高学生创新和实践能力。统筹规范科技竞赛和竞赛证书管理，引导学生理性参加竞赛，达到以赛促教、以赛促学效果。为贯彻落实习近平总书记关于人才培养的重要论述，以及教育部人才培养的要求，建立科研反哺教学的人才培养机制，提高人才培养质量，培养国家需要的人才势在必行。

北京联合大学应用文理学院（以下简称学院）充分利用学科各方面资源优势，进行了长期的地理信息科学（GIS）专业建设，推动科研反哺教学，建立健全本科人才培养的机制，积累了一定的专业建设经验。

一、坚持科研反哺教学理念，优化 GIS 专业课程体系

学院坚持"应用为本、学以致用"的人才培养特色，以"崇尚学术、关怀人文、立德树人、培育英才"为使命，不断深化教育教学改革，以成果导向不断优化专业课程体系。地理信息科学专业领域的科研工作是制定 GIS 专业课程体系的基础，例如，GIS 理论和技术的最新发展态势、发展方向以及 GIS 行业的实际应用情况等都是建立专业课程体系所必需的，在 GIS 专业课程体系的建设中发挥重要作用。专业课程体系是基于成果导向教育理念（OBE）的 GIS 专业培养方案设计的关键，学生能力的培养主要通过课程教学实现，能力结构与课程体系结构具有清晰的映射关系，能力结构中的每一种能力都有明确的课程支撑，课程体系的每门课程对实现能力结构有确定的贡献。课程体系与能力结构的这种映射关系，要求学生完成课程体系的学习后就能具备预期的能力结构。

在各类 GIS 科研项目工作的基础上，GIS 专业的培养方案确定了以地图学、地理信息系统、测绘学基础、遥感概论等为主体的核心课程，这些核心课程和其他专业必修课、选修课共同对毕业生能力要求形成支撑。数字图像处理能力、WebGIS 开发与应用能力是两个重要的专业核心应用能力，数字图像处理能力由遥感概论、遥感数字图像处理、遥感地学分析课程支撑；而 WebGIS 开发与应用能力由 GIS 前端开发基础、JavaScript 程序设计和 WebGIS 设计等课程支撑，这些支撑课程中的实践教学环节占总学时的一半以上，这充分表明实践能力非常受重视，遵循了培养方案中对人才的定位。

二、科研反哺思政教学

由各类科研项目引航，将地理信息科学专业的知识体系划分为地理学类、GIS类、遥感与测绘类、数据分析与可视化、开发类共5大课程群。经过细化的分工，精准定位各课程与知识点。着力促进专业思政和课程思政一体化实施，将思想政治工作融入基础课、专业课的教学全过程，在人才培养的核心素养要求中对毕业生在思想政治素质方面的要求和目标进行精准设计，制定专业思政建设方案，有效地开展专业思政建设。挖掘各类思政元素和资源，将思政教学融入各类课程当中。课程思政从"育人"本质要求出发，强化对马克思主义"以人为本"思想的坚持和运用，它改变了高校思想政治教育"以学科知识系统"为中心的传统做法，以立德树人为核心，以培养社会主义合格建设者和可靠接班人为根本指向，把思想政治教育的重心从思政课程建设转变为思政教学体系，注重培养大学生的综合能力，全面提高大学生的综合素质。

课程思政教学改革要求挖掘课程中蕴含的思想政治教育资源，定位课程思政切入点，并将思政内容融入专业知识的教学中。课程思政是结合专业课程本身的特点有效融入育人内容，使得专业课有情怀、有味道。例如，遥感数字图像处理是一门面向地理信息科学专业高年级学生的选修课程，也是地理信息科学专业的基础课程，注重培养学生的专业核心能力。在GIS科研工作中，获得GIS最新理论和技术的第一手资料和数据信息，及其发展历史、最新动态和趋势，将科研内容和科研成果转化为教学内容。因此，为将专业课程教学内容与思政元素巧妙地融合，提出以下课程思政的切入点，体现科研可以助力思政教学。①民族自豪感，讲述我国在该领域的巨大成就和先进技术，通过实际的案例潜移默化地增强学生的民族自信心和自豪感，以自信和积极的心态传播正能量。②国家自信与忧患意识，一方面，介绍我国资源丰富，地大物博，从而增强对实现祖国伟大复兴的信心；另一方面，应注意到，我国人口众多，导致人均占有量少，位居世界后列，我国既是资源大国，又是资源小国，我们应当增强忧患意识。③国家战略需求与民族复兴的使命感，遥感卫星性能仍存差距，国外的遥感图像产品占领市场。

三、产学研一体化，加强实践教学

学院依托国家文科中心、院士工作站及北京学基地等平台，以产学研一体化模式，组建开放式科研平台，贯彻落实教育部科研反哺教学的要求。大力推进学科专业一体化建设，建设开放共享的教育教学要素集成路径。加强实践教学，使学生在综合素质、专业能力及职业素养、创新思维等方面得到大幅度的提升。通过调研、学术研讨等形式，收集整理相关资料和信息，与意向合作企业洽谈，论证合作的目的意义及可行性等事项，为产学研一体化校企合作模式建设奠定基础。在合作双方签订合作协议之后，将实践教学的相关内容，依托校外实践教育基地付诸实施。学校与合作单位都安排实习指导教师，负责指导实习学生完成实习任务，结束之后给出实习鉴定。实习指导教师会根据实习情况，对实践教学内容、要求和实践教学效果进行反馈、总结和研究，用于再次指导实践教学，形成"总结经验—实践—再总结—再实践"这种闭环模式的实践教学过程。开展这种深层次的校企合作，建立"产学研一体化"的校外实践教育基地，既可以满足学生的实践能力培养，又能够通过校企合作开展科技创新和科技服务活动，帮助企业解决人力和技术不足等问题，激发企业参与校企合作的积极性，这是科研反哺教学的一种体现。

建设"地理信息采集""数字图像处理""空间数据分析""可视化技术"四大类型的实践课程群，优化实践教学体系；积极拓展校外实践教学基地建设，创造多渠道实践机会，以实践激发兴趣、以兴趣驱动学习，明确学习和努力的方向，积累行业知识经验，进而提升学生学习专业课程兴趣，提升整体教学质量，改善教学效果。

加强实验室条件建设，推动实践育人。及时引进地理信息技术领域最新成果，改善和提升实验室软硬件环境，进一步提升专业实践教学条件，提升实践教学质量。同时，巩固已有校外实习基地建设成果，加强对实习和实践内容的管理和引导，在校企合作中加强学生爱岗敬业的专业精神培养，发挥校外基地的育人功能。

以本科生导师制为抓手，成立学生学术活动工作小组，积极指导学生参加各类教学实践、科研项目申报、专业学科竞赛、学术交流、社会实践等活动、强化培养学生实践能力、学术素养、大赛经验、交流技巧，以及潜在的创新意识与创造精神，为学生未来走上社会打下坚实基础。

四、依托产学合作项目，协同育人

（一）开展产学合作项目研究，修订 GIS 培养方案

要把行业的实际需求作为根本标准进行人才的创新培养，从高校培养学生的角度看主要应考虑学生的专业能力和职业能力，唯有将二者的共同发展相融合才能提升学生的培养质量，帮助学生实现自我价值和满足行业与社会的需求。

结合教育部产学合作协同育人项目（项目编号：220802313182649）等的研究，修订 GIS 培养方案。确定 GIS 专业毕业生应具备的理论素养是：具有良好的地理学和计算机技术基础理论与扎实的地理信息科学的专门知识，掌握位置服务、数据分析、遥感和卫星定位等现代高新技术，具备地理信息系统综合应用、设计与开发的技能和初步的系统集成及管理能力。职业目标为：从事空间数据处理与分析、GIS 应用技术支持、应用系统技术开发的应用研究、技术开发或生产管理等工作。GIS 专业毕业生应具备的综合能力培养从知识掌握、能力培养以及素质发展方面进行，较好体现了学校办学定位和专业特点。

该产学合作项目以遥感数字图像处理和 JavaScript 程序设计课程的教改为主，课程群其他课程教改为辅。在地理信息科学专业的教学体系中这两门课程均为专业课，现有教学演示和实验教学软件为 ENVI 软件（非正式版），该软件为美国公司开发，从专业创建开始一直使用至今，该软件在对国产化数据产品的兼容性、本地化服务便利性、使用习惯等方面存在不足。项目合作企业提供了最新研发的 PIE 软件系统。PIE 系列软件完全能够满足遥感数字图像处理、JavaScript 程序设计等课程群教学需求。PIE 系列软件对国产陆地观测、气象、海洋卫星全面支持；用户界面、交互方式更适合国内用户需求；支持多语言的二次开发；提供便利的技术支持。其对国产化数据产品的兼容性、本地化服务便利性、符合使用习惯等方面具备明显优势，克服了现有 ENVI 软件应用中的不足。

建设基于 OBE 的地理信息科学专业思政的课程体系，及遥感数字图像处理、JavaScript 程序设计等课程的新版教学大纲和教学计划等教学资源。结合当前遥感产业的热点领域和技术最新进展以及行业对人才培养的要求，把国产遥感 PIE 系列软件引入遥感数字图像处理和 JavaScript 程序设计等课程群的教学中，调整和修订遥感数字图像处理和 JavaScript 程序设计等课程群的具体教学内容，应用 PIE 系列软件作为教学演示平台；同时，以 PIE 系列软件作为学生实验环节的实验操作平台完成各实验报告；建设适应行业发展需要、可共享的课程资源。

项目的开展将有助于学生更好地掌握理论知识和行业发展趋势，增强学生的实际应用能力和操作技能；有助于提高遥感图像处理等课程的教学质量和教学效果，进一步改革专业教学体系；有助于培养学生爱国情感，增强民族自信，凸显当前"专业思政"与"课程思政"教学改革精神。

（二）构建产学合作实训基地的人才培养模式

在已建设校外实习基地的基础上，进一步扩充实习基地，与项目合作方企业深度合作，建设新的校外实习基地。依托产学合作协同育人项目，进一步提升地理信息科学专业的人才培养质量。要根据相关行业的社会需求，与合作企业通力合作，通过建立实习基地等方式进行协同育人，使学生有机会直观感受到 GIS 相关行业的真实情况、发展动态，提高学生学习积极性和主动性，以此实现企业和学校之间的人才培养机制，增强学生的专业认同感，贯通人才培养流程中的各个环节。在具体实践过程中以项目为抓手，在合作企业中选择有经验的技术人员作为校外指导教师，根据实际需求完成项目中各实际案例，直接参与项目的全过程。这不仅能够实现学生实际操作水平和知识的提升，也能帮助学生更好地认识市场需求和行业发展规律，把课本所学理论知识与实践相结合，为他们未来就业和社会竞争力的提升奠定坚实的基础。同时，在校企合作中加强学生爱岗敬业的专业精神培养，充分发挥校外基地的育人功能。

（三）优化课程实践，培养学生解决实际问题的能力

优化实践内容，以实验案例的形式，将理论知识模块化，加强与实践操作的对应性，具有一定的综合性，有利于学生理解和掌握，增强学生解决实际问题的能力，同时，学生可以了解更多行业实际情况和动态，拓宽学生视野。以遥感数字图像处理、JavaScript 程序设计课程为例，基于 PIE 系列软件，建设以下 10 个典型教学案例。其中，案例（1）-（4）用于遥感数字图像处理课程的实验教学案例，完成图像处理的一些基本操作，有助于学生理解和掌握图像处理的基本理论和基本操作技能；案例（5）-（8）则是 PIE 的综合应用，可用于课程设计或毕业设计时参考；案例（9）-（10）可用于 JavaScript 程序设计课程的实验教学案例或毕业设计时参考。

案例 1：基于 PIE 的遥感图像傅里叶正、反变换，选取一幅 SPOT 图像，北京永定河周边，在 PIE 中进行傅里叶正、反变换（含滤波），体现遥感图像频谱特征，以及噪声滤波后的效果。案例 2：基于 PIE 的遥感图像平滑和锐化滤波，选取一幅 TM 图像，北京城区，适当选择噪声或模糊局部区域，在 PIE 中分别进行典型平滑和锐化算子处理，体现平滑和锐化效果。案例 3：基于 PIE 的北京城市（局部）典型地物分类，根据 PIE 提供的监督分类典型方法，先确定 ROI，将选定区域分为城镇、道路、河水、裸地、林地、耕地等类型。案例 4：基于 PIE 的遥感图像水体信息提取，选取一幅 TM 图像，北京永定河周边，在 PIE 中寻找水体与其他地物差异最大的波段，构造波段表达式产生新图像，再用阈值分割。案例 5：基于 PIE 的北京城市绿地提取，选取高分二号高分辨率影像，确定北京奥林匹克森林公园附近区域，将城市绿地分为公园绿地、防护绿地、附属绿地及其他绿地，在 PIE 中使用基于规则的面向对象分类方法，并与监督分类方法处理效果进行比较。案例 6：基于 PIE 的北京西山国家森林公园资源变化检测，选取两幅 Landsat8 的北京市影像数据，拍摄时间（季节）相对一致、分辨率一致、云量范围一致（云量小于 10%）、地物颜色相对一致的影像，确定北京西山国家森林公园区域。在 PIE 中先后进行预处理、影响分割、图像分类、变化检测，得到变化统计量。案例 7：基于 PIE 的北京城市扩展效应分析，以夜间灯光数据（DMSP/OLS 数据和 NPP/VIIRS 数据）代替地区发展指标，依托地理学第一定律，研究北京市城市扩展效应。通过对夜间灯光数据进行选取、校正、去饱和等一系列的处理后获得高质量的夜间灯光数据，在所建立的缓冲区内外圈计算夜间灯光亮度值比率，判断北京市在城市扩展过程中对周边区域所造成的影响，所呈现的扩展效应为虹吸效应或是扩散效应。案例8：基于PIE的京津城市化过程分析，利用1998—2018年DMSP/OLS和NPP/VIIRS夜间灯光数据提取京津两市城市建成区，从发展的时间特征、空间特征、扩展模式的方法分析京津城市化过程。案例9：基于PIE Engine二次开发的北京城市人口密度提取，根据夜间灯光影像，反演北京市城市人口密度信息。在PIE Engine二次开发模块中加载、预处理、计算或统计过程，展示人口密度。案例10：基于PIE Engine二次开发的北京城市道路信息提取，基于PIE Engine二次开发，对北京市（局部）ETM+遥感图像进行分类，通过加载、预处理、计算或统计过程，显示该区域内的道路信息。

五、结束语

坚持科研反哺教学理念，优化专业课程体系，科研反哺思政教育，以及产学研一体化教育，积极开展产学合作、协同育人，取得了良好的育人成效。健全科研反哺教学的激励机制，使之更加科学、合理，将有利于激发教师更好地贯彻落实科研反哺教学、立德树人的要求，为实现高校的人才培养目标提供有力的保障。充分利用高校各类科研资源，努力调动教师的积极性，推动实现高校科研反哺教学并形成机制，探索科学研究支撑高质量本科人才培养是高等教育的发展趋势。

参考文献

[1] 教育部. 加快建设高水平本科教育全面提高人才培养能力的意见 [EB/OL]. (2018-12-31) [2023-11-23]. http://www.gov.cn/zhengce/zhengceku/2018-12/31/content_5443541.htm.

[2] 教育部. 深化本科教育教学改革全面提高人才培养质量的意见 [EB/OL]. (2019-10-12) [2023-11-23]. http://www.gov.cn/xinwen/2019-10/12/content_5438706.htm.

[3] 逯燕玲, 等. 地理信息科学专业思政模式的探索与践行 [C] //杜姗姗, 周爱华. 地方高校地理学的学科专业思政建设探索与实践. 北京：知识产权出版社, 2021.

［4］邹柏贤.《遥感数字图像处理》课程思政的教学改革探索［C］//杜姗姗，周爱华.地方高校地理学的学科专业思政建设探索与实践.北京：知识产权出版社，2021.

［5］张枝.产学合作背景下基于校企工作室的数字媒体技术专业建设探究［J］.西部素质教育，2018，4（23）：203-204.

科研促进教学在新文科课程创新中的实践探索*

——以档案专业声影北京课程为例

范冠艳**

【摘要】新文科建设呼吁应用创新实践型的高质量人才培养模式，推动教育教学改革。科研和教学作为人才培养的两大引擎，"科研促进教学"是新文科人才培养创新的重要途径。本文以档案学专业创新课程声影北京为例，从实证层面展现了"科研促进教学"的实施措施，剖析了科研促进教学助力新文科人才培养的主要方法，总结了科研促进教学在创新课程建设中的重要经验。

【关键词】科研促进教学；新文科；人才培养；课程创新

2020年11月，《新文科建设宣言》发布，指出我们要坚持走中国特色的文科教育发展之路，构建世界水平、中国特色的文科人才培养体系。新文科建设要求我们在学科建设上以中国为观察与分析的对象[1]，促进学科交叉融

---

* 本文是北京联合大学校级科研项目新进博士孵化项目"公共卫生应急档案治理体系研究"（项目编号：SK80202015）研究成果。

** 范冠艳，博士，北京联合大学讲师，研究方向为档案信息化。

[1] 陈凡，何俊.新文科：本质、内涵和建设思路[J].杭州师范大学学报（社会科学版），2020，42（1）：7-11.

合，提高文科的科学性[1]，回归立德树人的根本任务，注重人才培养的价值性[2]、知识性和服务性。新文科建设对高校人才培养提出了新的时代要求，呼吁应用创新实践型的高质量人才培养模式，推动教育教学等各方面的优化改革。

科研和教学一直是高校人才培养的两大引擎，但长期以来，二者的发展难以平衡[3]，甚至存在科学研究和教学任务矛盾和对立的局面[4]。2019年《关于深化本科教育教学改革全面提高人才培养质量的意见》明确要求"推动科研反哺教学"[5]，主要措施涵盖教学内容、科研实践平台建设、学生竞赛等三大方面，以高水平科学研究提高学生创新和实践能力。科研促进教学、教学助力科研，教学与科研之间相辅相成、有机统一和协调发展才能助力人才培养创新。

北京联合大学作为应用型本科大学，是北京市重点建设的应用型人才培养基地。北京联合大学档案学专业是北京高校"重点建设一流专业"，致力于北京档案人才的培养，突出地方文化特色。声影北京是档案学专业在新文科建设背景下开设的一门创新课程。该课程以培养"拥有档案专业底蕴、掌握现代音像传媒技术、熟悉历史文化知识"的"档案文化保护、传承与传播"复合型人才为目标，通过档案的文化构建功能增强学生的文化自信，树立学生的专业使命感，实现思政育人。该新文科创新课程在建设中，秉承"科研促进教学"的理念，从教学团队、教学内容和教学方法等方面开展改革，取得了良好成效。

本文以档案学专业创新课程声影北京为例，从实证层面展现"科研促进

---

[1] 龙宝新. 中国新文科的时代内涵与建设路向[J]. 南京社会科学, 2021 (1): 135-143.

[2] 孙丽娜, 张文华. "新文科"专业建设的内涵、逻辑及建设路径研究[J]. 就业与保障, 2023 (1): 67-69.

[3] 夏益辉, 张维, 高嵩, 等. "科研反哺教学"在电气工程专业课程改革中的实践探索：以"现代电机控制技术"课程为例[J]. 科教导刊, 2022 (26): 52-54.

[4] 孔令军, 宋刚, 苏敏华, 等. 科研反哺教学在创新型人才培养中的实践探索：以环境工程专业教学为例[J]. 高等理科教育, 2021 (6): 35-39.

[5] 教育部. 关于深化本科教育教学改革全面提高人才培养质量的意见：教高〔2019〕6号[EB/OL]. (2019-10-12) [2023-06-30]. http://www.moe.gov.cn/srcsite/A08/s7056/201910/t20191011_402759.html.

教学"的实施措施，剖析科研促进教学助力新文科人才培养的主要方法，总结科研促进教学在课程创新建设中的重要经验。

一、新文科创新课程声影北京概况

声影北京是在新文科建设背景下，北京联合大学应用文理学院档案系在2019年新版培养方案中开设的一门特色创新课程，该课程依托声像和非遗档案管理进行理论和实践教学，课程培养目标包括六个方面：①知识：能够阐述首都北京的社会记忆和城市文化内涵与特色；能够认识声像档案在社会记忆留存以及城市文化建设、传承和保护中的作用及价值；能够概括北京城市声像档案的主要来源、构成和分类；能够描述声像档案生命周期管理的各个阶段；能够掌握音视频处理技术。②应用：能够将声像档案管理知识运用于与社会记忆和城市文化建设相关的档案工作中。具体表现为：能够实地记录、采集社会生产生活和城市建设活动中的声像资料；能够对声像档案进行分类、整理；能够对声像档案进行加工处理。③整合：能够结合北京地方和文化特色，通过对声像档案内容的分析，进行二次创新，制作能够反映首都特色的档案编研作品。④情感：学生通过对北京城市声像档案管理知识和技能的学习，加深对北京文化的理解和认同，以作为北京人而骄傲，通过影像加深对历史与现在、个人与城市的理解，关注个人成长与城市发展和国家命运的共进。⑤价值：对声像档案资料的采集、积累、保存有更强的责任感；培养了用声像记录北京、传承文化、贡献社会的自觉意识。通过小组作业和课堂实践培养团队合作精神，认识团队协作中的个人价值。⑥学习：能够逐步建立起用声像记录工作、学习、生活的习惯；学会声像记录、采集及后期处理的方法；成为合格的北京记忆和文化的保护与传承者。

课程在内容设置上分为理论和实践两个部分。在理论单元，学生们会学习关于声影北京与声像档案的逻辑缘起，声像档案管理与开发利用的理论、技术及在城市记忆中的声像档案的开发利用实践，从而更好地理解声像档案和北京专属的社会记忆。教师通过讲授案例、小组展示、任务驱动、讲座等多种形式向学生展现课程内容，形成了以创新实践和启发性故事教学为主的建设思路，同时穿插讲解关于北京城市文化内容。实践部分以北京老城文化为核心，分为两个系列主题，一是胡同记忆，通过对北京老胡同照片、声音、影像等老档案资料的收集、采集及现场拍摄，形成胡同文化声像档案编研作品；二是非遗技艺，通过对非遗项目和非遗传承人典型作品档案和口述档案的收集、采集及现场录制，形成非遗项目声像档案编研作品。

二、科研缺位传统课程教学带来的不良影响

新文科建设的重要内容之一是课程的改革和创新，课程的重要体现形式是教学，科研促进教学能在教学团队、内容和方法上为新时代的课程改革带来新意，是新文科人才培养的重要途径。

由于职称评价等体系的客观存在，科研成果一直是高校教师工作的重要评判指标。但是绝大多数教师的科研成果和教学任务割裂，即使部分教师在各自的研究领域产出一系列成果，但能将教学和科研有效结合的实践案例并不多见。传统课程缺乏科学研究的持续滋养，在教学上存在诸多问题。

（一）传统课程在教学团队上"单打独斗"，缺少多学科背景

传统本科课程通常由一名教师担任主讲教师，传统教学团队的组建以学科为依托，教师来自同一专业组或教研室，拥有相似的学科和专业背景，难以满足复合型人才培养的需要[①]。而科研团队的构成则大有不同，科研团队的组建更为灵活，可以跨专业、跨学院甚至跨机构，围绕同一科学研究方向形成研究合力。新文科的建设倡导多学科融合，首先需要多学科背景的科研教学团队作为支撑。

（二）传统课程在教学内容上重基础轻前沿，重理论轻应用

传统本科课程在教学内容上主要侧重专业基础知识的讲授，缺少对最新前沿成果的介绍，导致课程内容和现实实践严重脱节。同时，由于基础知识占比大，课程多以讲授的形式进行，知识应用场景和案例缺乏。鉴于课程知识固化、陈旧，高校大学生普遍存在科学创新思维不足的问题，作为科研力

---

① 冯汝常. 新文科建设背景下大学写作课程与教学团队建设研究［J］. 广西科技师范学院学报，2021，36（2）：1-8.

量的后备军,大学生科研素养的缺乏将严重阻碍我国科研事业的发展①。

(三) 传统课程在教学方法上枯燥单一,缺少科学性和丰富性

传统本科教学方法以课堂讲授为主,虽然在实践阶段可能采用小组分组讨论的方式,但总体而言,方式较为单一,缺少层次性和多样性,难以挖掘不同学生的兴趣特点和需求。新文科建设要求我们提升文科的科学性,适当运用信息技术创造和搭建线上线下相结合的教学环境②,打造智慧型课堂。同时,由于传统本科教学无差别的授课方式,在教学中很难做到"因材施教",区别不同学生在知识掌握能力和兴趣爱好等方面的差异化特点,缺乏差异化的教学方案,从而无法挖掘每个学生的潜能③。

三、科研促进教学的课程实践案例剖析

(一) 声影北京课程改革创新情况

1. 教学团队改革创新情况

声影北京作为一门新文科创新课程,在创建之初就融合了新文科多学科的特征,打破专业限制,吸收历史学和新闻传播学的专业教师参与团队建设,将北京历史文化、摄影摄像制作和新闻传播的专业知识融入课堂;同时联合校外团队,邀请热衷北京老城文化的 8090 拍记队专家、擅长声像档案管理的北京城市建设档案馆专家,以及主管非遗项目保护传承的东城区非物质文化遗产保护中心的专家定期开展课程设计讨论会,构建多元多学科的教学团队。

2. 教学内容改革创新情况

声影北京课程在基础知识上采用了专门档案中"声像档案"管理的基础

---

① 张文,金德龙,浦徐进. 新文科背景下经管类专业"科研反哺教学"机制研究 [J]. 现代商贸工业,2023,44 (11):249-251.
② 李鑫. 略论线上课堂中传统教学方法的改变:以古代文学课程为例 [J]. 新纪实,2021 (12):63-65.
③ 袁涛,申哲民,程金平. 综合运用多种教学方法提升环境化学差异化教学品质 [J]. 高等工程教育研究,2021 (S1):39-42.

理论框架，涵盖声像档案的"收、管、存、用"四个阶段。除此之外，课程将传统的声像档案专门管理的内容优化，对标"复合型"人才的建设目标，增添了北京历史文化、摄影摄像制作和新闻传播方面的教学内容；不仅如此，课程同步衔接档案记忆、数字人文等档案学科前沿知识，提升专业教学的趣味性和时代性。

3. 教学方法改革创新情况

声影北京课程在教学中充分考虑不同学生的兴趣爱好和特长，在课程开始之前采用选拔制，成立摄影摄像、设计制作、主持人等不同的兴趣小组，便于学生在实践阶段正确进行自我评估，选择适合自己的团队角色。同时，特色小组还以兴趣小组、工作坊等形式传帮带、组团队，形成特色学生组织。课程打破传统的第一课堂在时间空间上的限制，联动第二课堂，依托校外团队搭建起来的教学实践平台，将创新创业、学科竞赛作为第一课堂外的延伸和补充。多学科背景下的教师团队引导学生对课堂中孵化的小组作品进行再加工，参与各类学科竞赛和创新创业项目。

（二）科研促进教学课程创新的主要成效

1. 形成了多元跨学科跨机构教学团队

声影北京课程围绕北京老城声像档案这一核心研究问题，形成教学科研团队，团队由校内外专家构成。校内专家主要由同一学院的历史学和新闻传播学教师构成，能够从历史观、艺术学和传播学的角度对构建北京城市记忆中的声像档案的收集、管理和利用理论进行补充和丰富；校外专家由8090拍记队、北京城市建设档案馆以及东城区非物质文化遗产保护中心的专家构成，他们负责提供课程实践所需的素材、搭建生动的实践场景，让学生在实践中提升动手能力，实现灵活教学、玩学结合。

2. 利用科研成果丰富了教学内容和资源

声影北京课程联合跨学科教师对教学内容进行规范化调整和设计，优化课程内容的衔接，将课程分为基础理论和动手实践两个模块。通过教学创新实践，打造了"理论学习—实践讲座—作品创作"的新型教学模式，即学生首先通过理论学习奠定声像档案采集和管理的理论知识，掌握摄影摄像和数字音视频加工处理技术；其次加入实践讲堂进行衔接过渡，让行业专家讲授数字时代声像档案开发利用情况，让学生了解行业实践现状；最后引导学生通过口述和专题片制作，动手进行声像档案素材的采集和编研创作，检验理论知识的运用情况。通过研究总结教学经验，探索该模式推广的可能性。

在课程教学科研团队的助力下，教学案例资源也得到了进一步丰富。在理论教学部分，8090拍记队提供的老北京照片、北京城市建设档案馆的城市记忆档案纪录片、东城区非物质文化遗产保护中心的非遗申报档案，都被作为声像档案构建城市记忆的典型案例，帮助学生理解声像档案收管存用的抽象理论知识。

3. 搭建了科研教学一体化政学研平台

课程充分利用校内外团队所提供的实践资源，搭建科研教学一体化的政学研平台。依托声影北京课程，档案系和8090拍记队达成了长期合作意向，为学生提供走读北京文化、开发文创产品的平台，并对接西城区"四名汇智"计划，以高校+社会组织的组合形式，身体力行实现名城保护理念和行动，为北京名城保护事业添砖加瓦。档案系和北京城市建设档案馆、东城区非物质文化遗产保护中心都签署了战略合作协议，两个单位不仅为课程内容的设计和实践组织提供支持，还作为校级实习基地，定期接收档案专业的学生进行实践实习。依托政学研一体化平台，多方单位共同开展科研课题申报，互相作为专家为对方档案工作提供咨询和建议，共同发展。

4. 联动第二课题孵化学生创新创业和竞赛项目

课程坚持组长责任制，开展项目竞赛式学习，各组长需带领小组在课程结束时提交一部专题片作品。课程每年的实践环节都设有不同的文化主题，课程结束后会将学习小组的课程成果汇集成为"档案文化"专题作品集。2021年和2022年评比出的课题优秀作品先后在档案系公众号、短视频平台推送，极大地提高了学生学习积极性，以"学"促"教"。

课题作品为学生参加创新创业和学科竞赛提供了素材来源和作品雏形。

课堂形成的作品经过打磨，在教学团队教师的指导下参加校级社会记忆传承与保护大赛，先后获一等奖一次、二等奖一次、三等奖两次，申报了院级文科创新性实验项目两项。为非遗传承人制作的口述纪录片作为珍贵的档案资源收录到北京市东城区非物质文化遗产保护中心档案室留存。

5. 同步推动科研项目申报

声影北京课程围绕北京老城声像档案这一核心研究问题，形成教学科研团队，以课程建设为契机，积累科研素材，挖掘实践案例，促进成果申报。在课程建设中，与校内外教学团队的交流日益深入，为科研项目的申报奠定了良好的团队合作基础。两年时间内，课程教学科研团队在横纵向科研课题上都取得了一定成果，完成了东城区非遗资源库的设计建设项目，并成功申报了北京市教育委员会社科计划一般项目"北京老城非遗特色声像档案资源库建设方案研究"，不仅用科研促进教学，而且实现了教学助力科研，科研教学双丰收。

四、结语

北京联合大学档案系以新文科建设为背景，以培养应用创新实践型的高质量人才为目的，深度融合"北京文化"，开设声影北京特色课程。课程秉承"科研促进教学"的教育理念，从教师团队、教学内容、教学方法上对传统教学中的不足进行改进。课程形成了多元跨学科跨机构教学团队，利用科研成果丰富了教学内容和资源，搭建了科研教学一体化政学研平台，联动第二课题孵化了学生创新创业和竞赛项目，同步实现了两项科研项目的申报，取得了良好的建设成效。通过课程培养，学生能够利用声像档案表达、留存和传播北京文化，掌握复合型应用人才所具备的实践技能，更好地服务北京地方。

科研促进教学的探索与思考

李华莹*

【摘要】要实现科研促进教学,可在授课过程中适当介绍学界动态和实务前沿,激发学生思考专业知识与前沿问题之间的关联,将书本上的知识"讲活""用活";还可鼓励教师们主动吸纳学生参与自己的科研活动,提前将科研伦理和学术规范的概念灌输给学生;并鼓励各学科的一线教师自主编写专业讲义,将科研和教学融合起来,结合学生的反馈对讲义进行及时更新;可扩大教学形式的自由度,增加课程授课的自由度。与此同时,还应通过改革考核体系、探索为"科研促进教学"提供项目经费支持,以及将考查的自由度适度返还给一线教师等方式,为科研促进教学提供保障。

【关键词】科研促进教学;实现方式;保障机制

近年来,究竟该如何处理科研和教学的关系,在现代大学里似乎是难以回避的话题。尤其是在现行的考核体系之下,科研和教学孰重孰轻,每位高校教师(尤其是青年教师)都有自己的答案。诚然,以教学促进科研,以科研促进教学,二者相互促进,这应是每位高校教师的共识。科研和教学的关

---

* 李华莹,博士,北京联合大学应用文理学院档案系讲师,主要研究方向为档案学基础理论、档案资源开发利用、文书学。

系亦本应如此。但从现实来看,在现行考核体系的"指挥棒"之下,科研似乎仍是重中之重。科研成果发表不仅关系到学科的发展,也会对院校的排名产生直接的影响。诚然,"破五唯"在一定程度上可以解决该问题,但问题的关键在于,如何将科研和教学转化为每一位高校教师的内在驱动,而非受迫在规定时间内完成一定数量的科研成果发表或进行教学转化,否则以科研促进教学极易成为"夹生饭"。如何平衡科研和教学的关系,如何做到科研促进教学,如何避免科研和教学的关系呈现"两张皮",不仅是大多数高校教师所应思考的问题,也是当代高校所有专业发展均应考虑和解决的现实问题。

一、科研和教学的关系

钱伟长院士指出:"大学必须拆除教学与科研之间的高墙,教学没有科研做底蕴,就是一种没有观点的教育,没有灵魂的教育。"[①] 2019年9月29日,教育部发布《关于深化本科教育教学改革全面提高人才培养质量的意见》(教高〔2019〕6号),并在意见中明确提出:"强化科研育人功能,推动高校及时把最新科研成果转化为教学内容,激发学生专业学习兴趣。加强对学生科研活动的指导,加大科研实践平台建设力度,推动国家级、省部级科研基地更大范围开放共享,支持学生早进课题、早进实验室、早进团队,以高水平科学研究提高学生创新和实践能力。统筹规范科技竞赛和竞赛证书管理,引导学生理性参加竞赛,达到以赛促教、以赛促学效果。"[②] 推动科研促进教学可以有效解决科研和教学"两张皮"的现象,但就如何实现科研促进教学而言,无论是"推动高校及时把最新科研成果转化为教学内容",还是"加强对学生科研活动的指导"等,皆是科研促进教学的实现方式之一,而并非完全列举。各专业均存在其自身的学科特点,以固定的方式推动科研促进教学并不现实,也未必能够见效。尤其是对于分属理工科和人文社科等领域的专业而言,其科研理念和方式均存在较大差异,科研促进教学也应呈现出各自的特色。

---

① 邢红军. 论钱伟长的教学观及其对物理教育的启示 [J]. 教育研究,2000 (6):47-50.
② 教育部关于深化本科教育教学改革全面提高人才培养质量的意见 [EB/OL]. (2019-10-12) [2022-11-06]. https://www.gov.cn/xinwen/2019-10/12/content_5438706.htm.

就科研和教学的关系而言，科研与教学是两架并驾齐驱的马车，是两项同样重要的核心任务。诚然，科研实力的提升能够"帮助学校吸引更多的优秀生源""为学生争取到更多的学习资源和机会""提高师生教学过程的质量"，但"一所大学的教师科研水平提高，学生并不会必然就获得更高质量的教学过程"。[①] 推动科研促进教学，必须解决的问题在于，如何使每一位高校教师愿意主动地参与到科研促进教学的过程中，主动思考如何结合各个学科自身的特点而"制宜"，从而采取不同的促进方式。科研促进教学，绝对不是先集中力量把科研搞上去之后，再腾出手来投身于教学活动之中。科研往往是走在学科发展的前沿，对学科发展过程中所出现的最新问题进行研究，尝试提出新的解决方案。而教学则因学生在各阶段求学目标的不同而呈现出差异，本科生教育多以基础概念和基础理论的讲授和学习为主，而研究生教育则要逐渐培养学生独立开展研究工作的能力。尤其是在本科生教育阶段，在学生逐步构建对所在学科理论体系和知识体系的基础理解的大背景下，如何以科研促进教学反而是最应思考的问题。

二、科研促进教学的实现方式

首先，可在授课过程中适当介绍学界动态和实务前沿，激发学生思考专业基础知识与前沿问题之间的关联，将书本上的知识"讲活""用活"。教学第一线，既要求教授基础概念和基础理论，也要求适当普及学科前沿的热点问题。这二者并非冲突或对立的关系，基础概念和基础理论的深度挖掘和变革往往是解决学科前沿热点问题的"利器"，但同时新出现的现象以及新出现的问题，也往往会对既往的基础概念和基础理论产生反推作用，推动学者和研究人员思考自己所继受或业已确立的原有知识体系或结构是否存在问题、是否存在变革的可能性，继而带动学科原有的知识体系往前发展。如此，在教学的过程中，无论是基础概念和基础理论的讲授，还是学科前沿热点问题的适当普及，均不可忽视。以学科前沿热点问题的普及，带动听课学生去思考基础概念或基础理论是如何在前沿热点问题之中发挥作用，使书本知识走向实践，同时也可通过前沿热点问题唤醒学生对基础概念和基础理论的重视，

---

① 李俊杰. 科研反哺教学的合理性及地方高校因应策略 [J]. 教育研究，2012 (3): 54-55.

不再将其视为单纯的概念或术语,而是思考用这些从实践中提炼出来的知识如何进一步促进实践。因此,这就要求广大的高校教师不仅要重视基础概念和基础理论,也要及时关注学界动态和实务前沿,主动去思考如何将二者衔接起来,如何将书本上的知识"讲活""用活",如何将书本上一个个抽象且枯燥的概念或术语转换成鲜活的例子。这样既能使学生们逐渐摆脱对基础概念和基础理论的抗拒心理,也能知晓这些概念和理论究竟是如何来的、如何用的。

其次,主动吸纳学生参与自己的科研活动,提前将科研伦理和学术规范的概念灌输给学生们。在升学压力和就业压力等诸多压力的夹击之下,在校学生不愿意从事科研,不愿意参与科研,甘做"学术裁缝",在诸多数据库中熟练切换,在数篇文章之中复制粘贴,以作应付课程论文和学位论文之用。对广大的高校教师而言,教学不仅仅是要把课本上的基础知识和基础理论传授给学生们,更应将科研伦理和学术规范加以传授。对此,可以开设专业论文写作课,将其作为毕业论文写作前的必修课,提前将科研伦理和学术规范的概念灌输给学生们,使其明白科研伦理是必须守住的底线,而学术规范则会使其端正态度,使其明白"无规矩不成方圆"在科研以及未来的工作中都一体适用。同时,还可以鼓励教师们在开展科研时,主动选拔学生作为科研助理,使其近距离观察科研是如何展开的,尤其是文献综述该如何梳理、在使用数据库等检索工具时该如何设置关键词、如何引用他人的文献、脚注和参考文献该如何标注、论文的基本框架该如何搭建等基础问题。常年的中小学应试教育,导致很多学生在进入大学之后难以转换自己的学习习惯和思维方式,仍寄希望于通过"刷题"来获得高分。但大学教育更多的是培养一种思维习惯和思维方式,在遇到问题之后究竟该如何解决问题。这不仅是创新的来源,也是现代大学教育所应发挥的作用。虽然并不是每个学生都会选择将科研作为自己毕生追求的事业,但科研伦理和学术规范的培养,应是每个学生在离开校园踏入社会之前都应接受的一门功课。而这也应该是科研促进教学的题中之义。

再次,应鼓励各学科的一线教师自主编写专业讲义,将科研和教学融合起来,并结合学生的反馈对讲义进行及时更新。对于大多数学科而言,除了"马工程"教材之外,各大出版社也均有自己的教材。但教材的编写,大多是学科的基础知识或基础理论与著者自己的理解相结合的产物。而且，此类统编教材在编写的过程中，大多并未考虑各大高校各自的发展目标以及学科定位。同时，此类统编教材在出版之后，通常因出版社或著者个人等原因，大多无法保持及时更新，无法将已经更新的理念和制度及时反映到教材之中，也无法及时体现学科的前沿动态。在授课的过程中，一线教师大多需要结合最新的资料，对教材中的内容进行调整。如此，鼓励各学科的一线教师自主编写专业讲义，不仅有助于将教学中的成果固定下来，还有利于将各自的科研成果转化为教学内容。这还有利于实现专业培养的特色化，在编写专业讲义的过程中，一线教师可以结合各自学校和学科的特色，并结合学生们对授课内容的反馈，对体系和内容进行重新调整。这无疑也是科研促进教学的实现方式之一。

最后，扩大教学形式的自由度，增加课程授课的自由度。科研并非大学或科研机构工作人员的"专利"，也并非仅是关在实验室里的研究，尤其是人文社会科学领域的研究工作。科研更多的是一种理念，其内核在于遇到问题时通过科学的手段进行研究而加以解决。不同的工作岗位所面临的问题或许有差异，但问题的解决归根结底在于实事求是，而"求是"的过程其实就是"科研"。对于人文社会科学领域所涉专业的教学而言，应强化授课教师对课程的掌控力度，避免将考核形式化，避免将教学局限于课堂，应允许授课教师主动引入实务工作人员参与课堂的授课，并允许其自主决定实务授课所占的比例，同时允许授课教师对教学地点或方式的转换有一定自主度或掌控力，让学生在参与课堂的过程中明白书本与实践的距离，明白此种距离究竟是如何产生的，了解此种距离应通过何种学习可以拉近。

三、科研促进教学的保障机制的确立

如何实现科研和教学这二者之间的均衡关系，并不仅仅是每个高校教师自己的事情，也和各个高校的管理政策及考核制度有密切的关系。当考核制度过于偏重科研或教学，均会造成科研或教学畸重畸轻的局面。同时，在这一过程中，也有赖于各个高校找准自己的发展定位和学科发展路线，并在相关的管理政策和制度中予以体现，从而引导高校教师在科研或教学活动中主动调整自己的方向，以做到自身的发展与各自高校及学科发展的同步调同

方向。

尤其是就科研促进教学而言，如前所述，并非片面地强调科研成果发表，就一定可以实现对教学的促进。只有使身处一线的高校教师能够自觉主动思考科研促进教学的实现方式和途径，才能真正实现科研促进教学。仅靠考核体系或评价体系的改变，可能带来一项项的数据和所谓的"成果"，但大多数教师在其中的参与度究竟如何，学生们究竟能从中获得什么，反而是应该深思的问题。

一方面，仅靠考核体系或评价体系的改变，可能无法真正实现科研促进教学。但在实现科研促进教学的过程中，考核体系或评价体系的改变亦是不可或缺的。重视科研，但并非将所有的重心完全放在科研成果发表之上，允许一线教师有时间思考科研和教学的融合。重视教学，但并不是仅重视各种教学技能的竞赛，而是适度将课堂的自由交还给一线教师，允许其根据授课的需要而采取灵活多变的形式。允许一线教师将带领学生参加学术会议、参观实务现场或参与自己的科研项目等作为授课的一种形式，而非仅将这些形式局限为实务课程的授课方式。同时，探索为"科研促进教学"提供项目经费支持，只要项目经费是切实服务于科研促进教学即可。在这一过程中，如果又回到原有的经费管理路子上，要求一线教师提供各种发票、票据或是领导签名，本就为科研成果发表和科研报销消耗了过多时间和精力的一线教师究竟会有多大意愿从事此类"费力不讨好"的事情，实值得深思。

另一方面，允许一线教师在科研促进教学的过程中，自主实现对学生学习效果的考查，而并非依赖于传统的线下闭卷考试方式。传统的线下闭卷考试或许真的能够促进学生去"死记硬背"一些基础概念和基础理论，也能帮助一线教师掌握授课的实际情况，但在多数学科均采纳线下闭卷考试方式的背景之下，学生们也会疲于应付线下闭卷考试，为了线下闭卷考试进行各种"突击"，考完试之后即将所有的资料丢进垃圾桶，所谓的"掌握"可能也只是为了转换为试卷上的分数。与其如此，不如将考查的自由度适度返还给一线教师，允许其自主确定考查方式，而非受限于教务部门所确定的考查方式、时间和地点。在这一过程中，尤其是各种课程论文的提交，多数学生也只是通过简单的复制粘贴对相关文字加以拼凑，由此导致学生和教师双方都浪费了大量时间和精力在此类毫无意义的文字之上。重视科研伦理和学术规范，重视学生的思考过程，即便是以课程论文的形式进行考查，重视学生问题意识的提出过程、查找资料的过程以及文献综述的过程，可能更有利于学生切实提高对知识的掌握度。此外，将课堂的掌控适度交还给一线教师，在允许学生对教学质量进行评价的同时，也应允许一线教师对学生进行评价，并通过增强课程选择的自由度，实现课程的"有序退出"。

四、结语

推动科研促进教学，不应拘泥于形式，应更多地将课程的自主度交还给一线教师，并辅以灵活的考核方式和项目经费支持，如此才能推动一线教师更多地思索如何实现二者的融合，而非在教学论文或教改项目中实现二者的融合。无论是学生，还是一线教师，只有在不是为了应付考核或考查的前提下，方能真正摆脱被动的局面，才能将自己的兴趣和精力投入主动学习或主动促进之中。

参考文献

[1] 杜永峰，张莹，袁坤，等. 高校以科研促进教学何以可能 [J]. 现代教育科学，2020（1）：140-143.

[2] 张健. 以科研促进教学的人才培养模式 [J]. 教育教学论坛，2019（1）：73-74.

[3] 李昌祖，冯雯. 大学"科学反哺教学"及其实施 [J]. 教育发展研究，2009（19）：71-74.

[4] 韩文霞. 地方应用型高校科研反哺教学的现状及策略探究 [J]. 安康学院学报，2023（4）：23-26.

[5] 张又良，黄永平. 科研促进教学实践的现状与对策 [J]. 合肥工业大学学报（社会科学版），2014，28（2）：120-123.

[6] 孙善辉，单雪红，武以敏，等. 科研促进教学反思 教学科研相辅相长：地方应用型本科高校科研促进教学的实践与认识 [J]. 赤峰学院学报（自然科学版），2014，30（9）：137-138.

[7] 庞越鹏，郑时有. 科研反哺教学：高校青年教师专业化发展的必由之路 [J]. 科教文汇，2022（3）：21-23.

[8] 张俊玲, 白志毅, 陈立婧, 等. "双一流"背景下科研反哺教学促创新人才培养的探索与实践 [J]. 高教学刊, 2022, 8 (9): 33-36.

[9] 唐萍萍, 胡仪元. 科研反哺教学的实践困境与完善对策 [J]. 陕西理工大学学报 (社会科学版), 2020, 38 (4): 66-70.

科研促进教学在信息资源管理课程教学的实践

朱建邦[*]

【摘要】应用型大学信息资源管理课程教学注重培养学生理论结合实际的应用能力,教师的科研活动围绕课程教学实践展开,积极引导学生参与学术活动和教师的科研课题,使科研服务于教学、服务于学生。

【关键词】科研;促进;教学

一、科研与教学双擎驱动应用型教学

爱因斯坦说过,当人把受过的教育都忘了,剩下的东西就是教育。意即教育的真谛,在于培养具有不断探索的学术创新精神的人才,以延续人类不断前行的历史进程。习近平总书记希望教师要"做学生锤炼品格的引路人,做学生学习知识的引路人,做学生创新思维的引路人,做学生奉献祖国的引路人"。创新发展应用型大学,提高学校创新能力,促进学校科技创新和高层次创造性人才培养协调、持续、快速发展,科研和教学是两大驱动核心。

在应用型大学教师的工作设计中运用工作扩大化的方法是普遍趋势,应用型大学的教师进行的教学活动是应用型教学,在以传统方法设计出来的教

---

[*] 朱建邦,学士,北京联合大学应用文理学院副教授。

学工作内容中增加学生管理和科研管理的内容，增加教学工作对教师的挑战性和吸引力，突出了教学与科研的有机联系对教师教学心理的正向引导。因而科研促进教学的语境下，教学与科研作为一个过程不可分割的两条主脉，在管理权重上不分主次，需要以学生发展作为教师教育能力构建的核心，教师在完成教学任务的全流程中承担学生科研导师的职业角色，在实践中传授学生基本学术技能和学术规范，完成科研、教学任务一肩挑的学科建设任务，塑造创造性完成教育教学活动的个性心理特征，而且在人格特征方面需要社会性和创新性兼具，并在引领学生参与学术研究的过程中体现出来。

根据弗雷德里克·赫茨伯格的双因素理论，教师在职业生涯发展过程中更多地受到工作内在因素的激励，科研促进教学的实质是如何处理教师整个职业发展中科研与教学的关系，要兼顾二者关系的预设性与生成性，在职业生涯成长、绩效认可、岗位职责以及激励政策等方面妥善调配二者相辅相成的比例关系，对科研促进教学的主体——教师进行系统的有目的的人格重塑，提升科研与教学的系统性互联互促，以科研提升教学含金量，赋能教师科研促进教学，赋能即赋值。教师的教学能力或曰教育能力应包含教师引导学生在科研实践中学习，注重培养学生的人格和思维的独立性和自主性，在独立思考问题、克服挫折的过程中求得知识的能力。在诸多关于教师教育能力的研究中，都明确了科研创新能力是教育能力结构中的主要组分，其中就包括引导、组织学生进行学术研究的意识和能力。

二、科研与教学的正向互补关系

2022年南京工程学院一项基于皮尔逊相关系数对高校科研与教学的相关研究表明，科研与教学存在极强的正相关性，在研究生教学中这种正向促进的相关性更加突出。二者在毕业生就业率、新生录取分数线、教学评估结果、实验教学示范中心、特色专业、教学团队、教材建设、学术竞赛、教学成果奖等方面形成多层次多元化的互补关系。

以科研促进信息资源管理课程教学为例，教学主体和科研主体高度统一，科研与教学转化顺畅，教学过程中吸引鼓励学生参与教师的科研活动，培养了学生学术活动的自信，促进了学生学术行为的规范形成。教师是科研促进教学的桥梁，在二者关系链接中承担主体角色。教师作为学生发展的愿景规划的设计者和执行者，需要遵循学生全人格发展理念为学生设计理性和个性并重的发展路径，其中必然包括科研精神和能力的养成。因而，科研促进教学预设的形成并非简单地刷新教学内容，介绍学科研究前沿，在既有教学大纲、教学内容框架下加几个新的教学点，讲授教师自己的一些科研成果。这些不是科研价值在教学过程中体现的全部，更多应放在引领学生参与科研，养成严谨务实的科研精神，形成勇于探索、敢于质疑、严谨求知的良好的科研习惯，逐步提高科研能力。信息资源管理课程的教学活动着眼于课程教学与学术研究关系的定位，能否对两者历史关系进行合理认识和妥当处理决定了教学内容是否可以与时俱进，是否可以及时吸收最新的学术研究成果，能否体现教学者同时为学术研究者角色的重要因子，能否体现教学活动的拓展性和实践性等诸多方面的考量。

教师在教学中可以使用的教学资源包括既有资源与创生资源。教材等提供了既有资源；创生资源则有赖于教师通过科研选择、整理而成的新资源。信息资源管理课程教学过程中，关于信息资源开发的章节涉及的知识点、理论内容和相关技能的掌握需要与信息开发的科研实践过程紧密结合，相对应的科研项目可以为理论和知识的学习、掌握和巩固提供系统的支持，即充分利用教材等既有教学资源，同时不断开发科研成果、科研课题等创生资源，不仅可以积极促进学生对教学基本内容的理解和掌握，还可以开阔学术视野，使科研进入学生的经验世界，培养学生学术研究的意识和不断钻研的学术习惯。

三、科研与教学在信息资源管理课程中的实践

（一）科研促进教学体现在对教师教学能力的提高

1. 科研为教学提供了新的高度

一般而言，教师科研能力可以提升教师的教学能力，但是后者并不能包含前者。科研能力并非教学能力发展的必要条件，而是一个充分条件。在教学中涉及学科发展中的问题，系统严谨的学术研究能够确保教学观点的明确、科学、严谨，对于新出现的理论问题、方法问题，教师备课过程中需要结合

课题科研工作通过艰苦细致的资料搜集和缜密研究，将教学现实与科研能动结合起来形成一系列原创性研究成果，并不断修改完善使其进入教学资源和教学过程，把最新的科研成果及时纳入教学结构，保证教学内容的科学性和严谨性的同时不断刷新整体教学手段和教学资源。学生可全程或部分参与其中，通过教师有意示范、无意示范和自然示范，主动成长、主动发展、主动创新，形成多维互动的科研促进教学的有机系统。

2. 科研为教学提供了新的意向

在胡塞尔的现象学思想中意识就是意向性，而杜威则认为："意识就是一个活动的有目的的性质的名称，因为这个活动被一个目的所指引。"在任何"意向性"的教学活动中，必然具有教学本身所秉持的目的，保持学习资源的动态开放性，才可以实现科研创新教学资源下的创新人才的培养意识。教学过程中教师需要有意识地从科研前沿的角度把握教学内容的更新，通过细密的考证与阐述，在解决具体学术问题的同时，不断创新性地重塑自己和学生对于该课程体系的整体认识。依托高水平科研，有助于教师群体深化学科相关知识的结构创新，站在学科知识体系的理论前沿和学术高地将科研中的创新体系和方法用作课堂例证，培养探究精神，精准指导学生展开探究性学习，形成重创新重科研的学术文化环境。

3. 科研为教学提供了新的材料

正如资深高等教育管理者所达成的共识，教学与科研如车之两轮、鸟之双翼，既相互支撑与联动，又相互促进与提升，呈螺旋上升态势。教学过程将会发现必须解决和值得研究的新问题、新课题，而科学研究必然会为教学提供新内容、新观点和新方法。教师将丰富的科研成果和科研经历转化为课堂教学中的案例，编入教材、融入课程和专业建设之中，依托科研问题设计出适合教与学的项目，可以促进学生"问、思、辨、行"，进行自主的"问题导向型"学习，让学生由被动的内容接受者转变为具有创造性的主动学习者。

4. 科研为教学提供了新的途径

学术是文化的最高形态，学术促进教学主要表现在学术能力和教学素质的有机相关性方面,即学术能力反映教师的基本素质。教师的基本职责是基于学生思维、能力发展过程,运用启发诱导的方式循序渐进地引导学生能力和人格的全面发展,教书育人、立德树人。培养学生的学术能力,重视朴实求真的学风、科学周严的方法、开拓创新的能力的训练,这是应用型人才培养的节点性的重要方面,教师应当进行实践性的示范和引领,在教学中指导学生参与科研实践活动,从学术规范、研究方法到文献检索、选择、使用等,逐步引导学生突破心理障碍和能力瓶颈进而能够从事较深层面的创新性的学术研究活动。以科研中实际问题作为翻转教学的内容,用科研中的问题来充实课堂教学,确保课堂内容的有效性和先进性,激发学生学术创新冲动,调动学生的学习兴趣。

(二) 科研促进教学体现在对学生科研创新能力的提高

开展科研实践训练在大多数高等院校本科教育中已经很普遍,可以让学生亲身体验一个课题的完整过程,对参与者的益处是可预见的。教师在信息资源管理课程授课过程中特别重视引导学生关注专业动态,注重教学和科研的全面结合,把教学内容和科研课题的研究过程相联结,一方面引导同学深入思考有关学术问题,另一方面紧密结合课题研究过程创新性地研究相关理论问题,吸收若干学术条件比较好的同学参与科研项目。在教师的指导下,学生参与了研究论文的文献研究、文稿撰写的过程。指导学生完成的两篇研究成果——《北京市档案文化资源供给侧改革》和《城市公共艺术治理中的传统再现——论档案文化资源对城市公共艺术建设的介入》,发表在《北京档案》杂志,这极大提升了学生对专业意义与价值的认识,激发了学生内在的科研和学术自信,使学生形成了积极和健康的自我认知,成为学生学业中的亮点。教学能力和科研能力同属于一种综合性的个人特征,科研是教师不断更新学科知识内涵、努力跟进甚至推进学科发展前沿的过程,这个过程对于教学的促进是全方位的,可以很好地提升教学的绩效表现。学生在参与教师科研活动的过程中所获得的感性化、性格化的学术体验,激励学生发现自身的"亮点",并以此调动自身精神、态度、意志、能力等多维度的优势,产生的相应的意识、情感等方面的经验积累,通过具体的学术实践过程,固化于学生的意识结构中,成为影响学生社会性活动的意识、品质、性格和思想等方面的情感因素。以上这两项实践成果表明信息资源管理课程教学过程中对于北京市档案文化资源开发利用的科研课题的资源共享能够很好地实现教学和科研两个过程的契合。

四、科研与教学互促共进的制度建设

科研促进教学在信息资源管理课程教学中的实践表明，科研促进教学的目的在于促进教育与教学改革，使教师和学生全面发展。这种实践和可持续性的发展有赖于完善的科研促进教学的制度建设和激励支撑。在制度层面和顶层设计中明确科研促进教学的主要绩效指标，如学生参与教师科研课题的各项奖励、职责、资金的投入、科研任务和教学任务比重、话语主导权的倾斜等，重视的不仅是结果、效率，而应是教师职业生涯发展和学生学业发展的过程，在资源有限的条件下使科研和教学形成良性的双赢博弈而非零和博弈。

在确立科研促进教学激励制度时可遵循如下基本原则：其一，适应性原则。确立任何管理制度都需符合具体的条件环境，从实际出发，实事求是地因地制宜形成相应的管理规条和考核标准。其二，发展性原则。科研促进教学是动态的发展过程，确立科研促进教学制度的根本目的是促进教师和学生共同的发展，相应的管理制度也应与时俱进。其三，可行性原则。科学有效的管理制度，应有利于教师的利益和成长，学生也能获益，形成良性的激励循环机制。激发师生对科研促进教学活动的主动参与，并为制度的良好执行提供物质基础与空间环境。

科研促进教学制度的规划和建设，主要是克服应用型大学目前存在的教学和科研的不和谐发展，在管理规则和绩效评价标准上对科研促进教学的行为表现进行倾斜。在晋升路径设置、考核项目的比例和权重上为科研促进教学取得实际成果的教学主体设置杠杆，简单说即学术论文不能只看刊物级别，而要看与教学活动的关联度、与学生学习活动的关联度，设置科学合理的科研促进教学绩点和杠杆政策。如某篇论文或课题的主题和内容在该教师承担课程的教学活动中有直接而明显的体现，该课程或该专业的学生在其中有署名或体现出了实际而明显的学术贡献和科研实践价值，在杠杆政策作用下即可提高一至两个级别或相应较高的评价绩点，在职称评定和绩效方面予以倾

斜。另外，为鼓励教师不断将科研成果中的新观点、新内容融入教学、教案、教材中，增强教学内容的学术性和前沿性，应对教师的教学内容与教师的科研成果采用专家听课、人工智能、大数据等形式或工具进行核定，将科研成果与教学内容的关系从内容的适切性、学生的可接受性、与现有教材的融合度等几方面进行评测，避免为博得科研促进教学绩点而进行生硬的机械的强配型的野蛮操作，将那些本就与教学脱节甚远的、不适用于教学的科研内容强行生硬地植入到教学活动中。

总之，单纯以科研学术贡献的多少作为衡量高校教师绩效优秀与否的重要标准的时代已经或正在成为过去，在科研促进教学的语境下，科研促进教学的制度设计应促使教师申请科研课题和从事科研活动时不仅要考虑学术目的和自己的科研方向，改变单纯为学术而科研和为科研而科研的思路，更多考虑为教学服务和为学生服务的科研，在创新制度设计方面多考量一下如何博得更好的教学表现绩点和科研促进教学的绩点。

参考文献

[1] 王中华，朱国梁. 高校教师教学与科研辩证关系的再思考 [J]. 集美大学学报（教育科学版），2022，23（4）：7-17.

[2] 拓梅梅. 高校教师教学与科研相互提升的意义及探讨 [J]. 科学咨询（教育科研），2022（9）：63-65.

[3] 韩文霞. 地方应用型高校科研促进教学的现状及策略探究 [J]. 安康学院学报，2023，35（2）：23-26.

[4] 程娟娟. 高校科研与教学关系实证研究：基于皮尔逊相关系数的分析 [J]. 中国高校科技，2022（10）：46-52.

[5] 胡凤霞. 高校教师教学与科研一体化发展策略研究 [J]. 中国成人教育，2022（20）：73-75.

[6] 陈超然. 大学教师工作压力的现状及其与人格维度关系的研究 [D]. 郑州：河南大学，2004.

[7] 曾凡琮. 高校青年教师教学—科研关系评价探讨：以某本科应用型大学为例 [J]. 产业与科技论坛，2022，21（7）：111-112.

[8] 张俊玲,等."双一流"背景下科研反哺教学促创新人才培养的探索与实践[J]. 高教学刊, 2022, 8 (9): 33-36.

[9] 杨柳. 高校青年教师如何适应教学与科研及平衡两者的关系[J]. 科教导刊, 2022 (9): 40-42.

[10] 庞越鹏, 郑时有. 科研促进教学: 高校青年教师专业化发展的必由之路[J]. 科教文汇, 2022 (3): 21-23.

[11] 王鸿蕴, 戴国琳, 马爽."双一流"学科背景下科研促进教学的理论和实践探讨[J]. 卫生职业教育, 2022, 40 (3): 10-13.

[12] 袁佳. 高校教师职责中科研与教学的关系分析[J]. 成才, 2021 (17): 13-14.

[13] 许元真."双一流"建设高校青年教师的发展困境及对策: 教学与科研的"博弈"[J]. 中国成人教育, 2021 (11): 58-62.

[14] 张明斗, 莫冬燕. 基于应用型高等教育的科研促进教学策略研究: 兼论高校教学评价制度[J]. 许昌学院学报, 2017, 36 (3): 145-149.

[15] 穆桂斌, 张春辉. 大学教师人格特质、职业认同与工作绩效的关系研究[J]. 河北大学学报(哲学社会科学版), 2012, 37 (5): 136-140.

[16] 刘婉婷. 基于平衡科研与教学关系的激励机制研究[D]. 曲阜: 曲阜师范大学, 2020.

新文科背景下计算机通识教育课程体系建设研究与实践[*]

常子冠 侯 爽 曹 莹[**]

【摘要】随着新文科的发展,传统文科学科体系不断进行专业优化调整,逐步推进融合创新发展。本研究旨在探讨如何将计算机通识教育课程与新文科建设相融合,以满足新文科时代的人才培养需求。在传统文科学科体系不断调整和优化的大背景下,文科专业学生面临着跨学科学习不足、信息技术应用能力有限和计算机通识教育课程系统化设计不足等挑战。本文明确了三个关键问题,并提出了解决方案,包括深度解读新文科内涵、挖掘解析文科专业需求、构建计算机通识教育课程体系。通过文献研究、调查研究和交叉研究等方法,旨在促进文科专业学生的跨学科学习和信息技术能力提升,以满足新文科时代的人才培养需求,拓宽文科专业学生的信息素养,推动文理交叉融合,培养具有创新精神的优秀应用型建设人才。

【关键词】新文科;计算机通识教育;课程体系

---

[*] 本文是北京联合大学教改项目"新文科背景下计算机通识教育课程体系建设研究与实践"(课题号:JJ2023Y005)研究成果。

[**] 常子冠,硕士,北京联合大学应用文理学院文化遗产传承应用国家级虚拟仿真实验教学中心讲师,研究方向为计算机教育。侯爽,博士,北京联合大学应用文理学院文化遗产传承应用国家级虚拟仿真实验教学中心讲师,研究方向为计算机教育。曹莹,硕士,北京联合大学应用文理学院文化遗产传承应用国家级虚拟仿真实验教学中心讲师,研究方向为计算机应用技术。

一、引言

随着新文科的兴起和发展，传统文科学科体系正在经历重大变革和优化。国内外已经展开了一系列新文科建设和改革的行动，包括教育部的计划和政策，各大高校积极探索适合自身特点的新文科建设方法，以满足新时代的人才培养需求。新文科的发展要求突破传统文科的思维模式，推进多学科交叉与深度融合，培养跨学科复合型人才。在这一背景下，本研究旨在探索如何将计算机通识教育课程与新文科建设相融合，以满足新文科时代的人才培养需求。

二、拟解决的关键问题

（一）研究关键内容

近年来，随着新文科的发展，传统文科学科体系不断进行专业优化调整，逐步推进融合创新发展。本研究重点关注如何以计算机通识教育课程为基础，将现代信息技术与新文科建设相融合，以期助力新文科专业人才培养。基于应用文理学院现有文科专业实际情况，通过前期调研发现若干有待改进的问题，现将关键内容梳理归纳如下。

1. 文科专业学生缺少跨学科学习的意识和创新性思维的激活

应用文理学院文科专业的部分学生，在主动进行跨学科学习方面存在内驱力不足的现象。学生对于本专业领域外的知识学习缺乏主观能动性，对于需要通过创新创造才能解决的实际问题缺少探索精神。一方面跨学科课程内容与学生已有知识体系的关联度有待加强；另一方面对于有助于激活学生创新思维的实践模块设计需要完善。

2. 文科专业学生利用现代信息技术解决实际问题的能力较弱

文科专业的部分学生在解决实际问题的过程中，对于现代信息技术的应用会表现出畏难情绪。文科专业学生掌握的现代信息技术手段相对有限，利用计算机基础课程所学内容解决本专业实际问题所需的知识迁移难度较高。

一方面目前应用文理学院开设的计算机类课程以夯实基础为主，面向专业的选修课程需要丰富；另一方面现代信息技术与各文科专业主流应用方向的契合度有待提升。

3. 面向文科专业的计算机通识教育课程体系缺少系统化设计

应用文理学院双中心目前开设了若干计算机类课程，内容虽然涉及数据处理、程序设计、办公应用、数字媒体等多个现代信息技术领域，但是没有形成完整的、结构清晰的计算机通识教育课程体系。一方面缺乏各文科专业对现代信息技术学习路径的需求调研和整体规划；另一方面计算机通识教育课程体系缺乏基于计算机学科背景的系统化设计，无法从宏观角度辅助新文科专业学生明确现代信息技术的学习重点。

(二) 研究与改革的意义及价值

加强文科专业学生跨学科学习、知识边界扩展、创新思维养成的意识，以满足新文科时代的人才培养需求。

拓宽文科专业学生的信息素养，增强文理交叉融合能力。

推动建设计算机通识教育课程体系，促进文理交叉以及多学科的融合，有助于培养知行合一、学以致用、具有创新精神的优秀应用型建设人才。

三、国内外研究与改革现状

所谓"新文科"，就是通过学科重组、专业交叉，打破传统课程设置和体系建设，推进传统文科"脱胎换骨"，培育具备"专业知识+实践能力+综合素质"的"复合型、创新型、应用型"人才。[①]

2019年4月，教育部启动"六卓越一拔尖"计划2.0，全面推进新工科、新医科、新农科和新文科建设。2020年11月，教育部在新文科建设工作会议上发布《新文科建设宣言》，成立"全国新文科教育研究中心"，对新文科建设作了总体战略部署。2021年，教育部发布《新文科研究与改革实践项目指

---

① 刘利. 新文科专业建设的思考与实践：以北京语言大学为例 [J]. 云南师范大学学报：哲学社会科学版，2020，52（2）：143-148.

南》，全国各省份相继制定出台高校新文科建设方案。

张俊宗从学科、历史、时代、中国4个维度对"新文科"理念进行解析①。王学典提出新文科的鲜明特征，从"分科治学"走向"科际融合"。② 刘曙光认为新文科的发展，不是对传统文科的否定和颠覆，而是传统文科的与时俱进、自我转型、自我变革，要求多学科、跨学科、超学科的开放、交流、交叉、交融，建构新的学术共同体和研究平台，催生新学科、新专业、新方法、新范式，培养跨学科复合型人才。③ 各大高校正在积极地探索适合各学校、各专业自身特点的新文科建设与改革方法，为满足新时代的人才培养需求提供有力支撑。④

党的二十大报告中指出："教育、科技、人才是全面建设社会主义现代化国家的基础性、战略性支撑。坚持为党育人、为国育才，全面提高人才自主培养质量，着力造就拔尖创新人才，聚天下英才而用之。"教育部高教司司长吴岩在全国高教处长会议的主题报告中指出，要抓好人才培养的四项"新基建"（专业、课程、教材和技术）。其中，课程是人才培养的核心要素。⑤

课程体系既是专业知识的传承载体，也是专业发展水平的显性标志。在新文科背景下，对传统课程体系进行改革势在必行。黄亮等向信息管理与信息系统专业的课程体系中新增了大数据、数据挖掘、人工智能等新兴信息技术课程，将教学重点从管理信息系统的建设转移到提高其决策支持能力上⑥。单婷婷等通过"强时代化""强实践性"和"学生中心化"等措施重构物流专业课程体系⑦。王会等在外语类专业人才培养方案中增加专业特色方向课

---

① 张俊宗. 新文科：四个维度的解读 [J]. 西北师大学报：社会科学版, 2019, 56 (5)：13-17.
② 王学典. 从"分科治学"走向"科际融合" [N]. 北京日报, 2020-07-20 (014).
③ 刘曙光. 新文科与思维方式、学术创新 [J]. 上海交通大学学报：哲学社会科学版, 2020, 28 (2)：18-22, 34.
④ 唐衍军. 新文科教育引领新闻人才培养理念创新 [J]. 新闻论坛, 2020 (2)：111-114.
⑤ 吴岩. 夯实教学"新基建"托起培养高质量 [R]. 陕西西安：教育部高等教育司, 2021.
⑥ 黄亮, 赵煜辉. 新文科背景下信息管理与信息系统专业课程体系改革研究 [J]. 计算机时代, 2023 (2)：122-124.
⑦ 单婷婷, 田小丫, 钟凯. 新文科背景下物流专业本科生电商创业课程体系重构路径 [J]. 物流工程与管理, 2022, 44 (11)：151-153.

程，形成了以"外语+"为特色的专业集群课程体系。① 田里等以升华产业认知为根基重构知识模块，构建"4+3+N"课程体系，并以产教融合为导向深化课程资源开发。②

在计算机通识教育课程体系方面，目前面向新文科的教学研究和实践不多，韩作生等站在地方财经类高校的角度，在计算机通识课中融合大数据、云计算、机器学习、人工智能等先进理论知识，结合工程教育专业认证理念，培养学生的计算思维和创新能力③。荆霞等通过增加课程思政教学内容、增加交叉型选修课，建立了适合不同专业、不同方向、不同培养目标的多层次化分类教学体系结构。④

四、研究内容、思路与实施

(一) 研究重点内容

在新文科背景下，构建一套适应新时代要求，能够满足文科专业学生跨学科融合学习、创新思维培养的需要，同时精准提升信息技术能力的计算机通识教育课程体系，是本研究的重点内容。

1. 深度解读新文科的内涵，赋予文科专业人才培养新内容

针对"文科专业学生缺少跨学科学习的意识和创新性思维的激活"的问题，以目标为导向，通过学习新文科内涵，理解新文科专业人才培养目标，解构专业核心素养，重点关注融合学习与创新思维，明确计算机通识教育课程体系建设方向。

---

① 王会,夏花,刘书坤. 新文科背景下应用型外语院校特色专业集群课程体系研究与实践：以四川外国语大学成都学院为例［J］. 外语教育与应用, 2022 (00)：191-197.

② 田里,刘亮. 新文科背景下旅游本科专业课程体系建设研究［J］. 新文科理论与实践, 2022 (3)：82-95, 126-127.

③ 韩作生,林培光. 新文科背景下面向财经类高校的大学计算机课程建设［J］. 中国大学教学, 2021 (Z1)：69-74.

④ 荆霞,等. "新文科"背景下财经类高校计算机基础课程体系建设与教学改革研究［J］. 中国多媒体与网络教学学报（上旬刊）, 2022 (10)：45-48.

2. 挖掘解析文科专业需求，推进现代信息技术的融合创新

针对"文科专业学生利用现代信息技术解决实际问题的能力较弱"的问题，以需求为导向，通过分析各文科专业以及所涉及的行业企业对人才计算机应用能力的具体需求，提炼核心信息技术，重点关注学习路径的梳理，细化计算机通识教育课程体系建设内容。

3. 发挥文理学院学科优势，构建计算机通识教育课程体系

针对"面向文科专业的计算机通识教育课程体系缺少系统化设计"的问题，以特色为导向，充分发挥学院培养"有文化、精专业、懂技术的应用型、复合型人才"的办学特色，基于双中心计算机教研室的学科背景优势，构建计算机通识教育课程体系框架。

（二）研究创新之处

（1）课内课外搭平台。将组织学生社团活动、指导学生参与项目等内容，有机融入课程体系的设计，为文科专业学生跨学科交流、创新性实践搭建平台。

（2）线上线下练技能。整合、新建符合新文科专业特点的媒体学习资源，为学生提供模块化的线上学习环境，帮助学生结合自身现代信息技术基础，个性化、碎片化扫清知识盲区。

（3）守正创新促融合。以计算机学科专业背景为基础，深度融合各文科专业人才培养对现代信息技术的需求，构建框架清晰、特色鲜明的计算机通识教育课程体系。

（三）研究方法

（1）文献研究法：查阅相关文献、政策文件，了解国内外研究发展现状。

（2）调查研究法：综合运用访谈、问卷、个案研究等科学方式对研究内容进行系统性了解。

（3）交叉研究法：运用多学科的理论、方法和成果从整体上对研究进行综合研究。

(四) 研究与改革的思路

1. 认真学习并深刻领会新文科精神

新文科的发展需要突破传统文科的思维模式，以继承与创新、交叉与融合、协同与共享为主要途径，促进多学科交叉与深度融合，推动传统文科的更新升级。因此，需要深入学习新文科的精神，理解其内涵和目标，将其贯穿于课程体系建设的各个方面。在学习的过程中，要紧密结合新时代的科技革命和经济发展，关注国家和行业的需求，探究文科专业学生所需掌握的跨学科知识和能力，为课程体系建设提供有益的参考。

2. 了解各文科专业人才培养需求

随着新文科建设的深入推进，各文科专业的人才培养需求也在不断变化。因此，我们需要对各文科专业的人才培养目标、课程设置以及教学方法等进行深入了解，以便更好地将计算机通识教育课程融入各文科专业的课程体系中，满足文科专业学生对于计算机技术和信息技术的需求。同时，通过了解各文科专业的需求，也可以更好地制定计算机通识教育课程的教学内容和教学目标，提高课程的针对性和实效性。

3. 建设计算机通识教育课程体系

在探究新文科背景下，建立计算机通识教育课程体系，使之能够更好地顺应时代的发展，提升课程的整体设计水平，让学生更好地了解信息技术在文科专业中的重要作用。

为了解决当前面向文科专业的计算机通识教育课程开设缺乏系统化设计的问题，需要建立一套完整的计算机通识教育课程体系。该体系应该由多门课程构成，四年不断线，覆盖计算机科学与技术的基础知识和前沿技术。在建设过程中，需要充分考虑文科专业学生的背景和需求，将计算机知识与历史学、新闻学、法学、档案学等专业相结合，促进文科专业学生跨学科的学习和思考，培养跨领域的综合能力。

（五）研究实施步骤

1. 新文科内涵分析

对新文科的内涵进行深入分析，探究其发展趋势、价值取向和意义等方面。具体来说，可以从以下几个方面入手：

（1）宏观视角：探究新文科的发展历程和趋势，分析新文科与传统文科的区别和联系。

（2）微观视角：深入研究新文科的学科范畴和内涵，了解不同学科的交叉与融合。

（3）实践视角：分析新文科的应用场景和实践案例，了解新文科对社会的贡献和价值。

2. 专业需求梳理

在深入了解新文科内涵的基础上，结合2023版培养方案，梳理各个文科专业的人才培养需求，以此为基础制定对应的教学方案和课程体系。具体来说，可以从以下几个方面入手：

（1）行业需求：了解各行业对文科人才的需求，分析不同行业对文科人才的专业技能和综合素质的要求。

（2）专业需求：深入了解各文科专业的特点和特色，分析不同专业的核心知识和技能要求。

（3）学生需求：了解学生的兴趣爱好和发展方向，为人才培养需求提供参考。

3. 课程体系建设

基于对新文科内涵的深入分析和对专业需求的全面梳理，建立适应新文科时代的课程体系。具体来说，可以从以下几个方面入手。

（1）构建通识教育课程体系：充分考虑到文科专业学生的特点和需求，将其与计算机通识课程相结合，构建一套全面系统的通识教育课程体系。这个体系应该包括人文社会科学、自然科学、技术科学等多个领域的课程，以满足文科专业学生全面发展的需求。

（2）依托通识教育必修课程体系：新文科背景下，针对各文科专业的特点和需求，依托 2023 版培养方案，以计算机通识课程为基础的通识教育必修课程不仅可以帮助学生提高利用信息技术解决专业问题的能力，还能够为后续的专业课程提供必要的基础知识支持。

（3）设计通识教育选修课程和通识教育核心课程：除了通识教育必修课程之外，还可以结合行业需求、专业需求和学生需求，开设系列通识教育选修课程，如数据可视化、多媒体、程序设计、人工智能等方向的课程，以帮助学生更加深入地了解计算机科学、信息技术在哪些具体的专业问题中能够发挥作用。同时，还可以申请开设通识教育核心课程，通识教育核心课程旨在培养学生健全的人格和公民意识、提升学生的人生境界和思想品质，对于建构学生的人文素养和科学精神，培养学生德智体美劳全面发展具有重要作用。

五、课程体系建设

在深入调研行业需求、专业需求和学生需求基础上，建立了新文科背景下计算机通识教育课程体系，课程体系以小而美的课程，阶段式、分层次的系列课程为主线，以服务各专业人才培养为目的，满足文科专业学生跨学科融合学习、创新思维培养的需要，同时精准提升其信息技术能力。

课程体系包括程序设计系列课程（如图 1 所示），数据系列课程（如图 2 所示），多媒体系列课程（如图 3 所示），信息素养系列课程（如图 4 所示）。拟支持的专业应用如图 5 所示。计算机通识教育课程体系思维导图如图 6 所示。

六、总结与展望

本文深入研究了新文科内涵，通过了解各文科专业的需求，构建了新文科背景下的计算机通识教育课程体系，旨在为文科专业学生提供更好的跨学科学习和信息技术应用能力的培养。这将有助于满足新文科时代的人才培养需求，促进文理交叉融合和多学科的融合。

新文科背景下计算机通识教育课程体系建设研究与实践

阶段	程序设计工作流程	相关领域	拟开设课程
阶段3	编写程序	程序设计技术	Python 程序设计
阶段2	生成算法	算法技术	算法入门
阶段1	抽象事物	计算思维	计算思维入门

程序设计系列课程

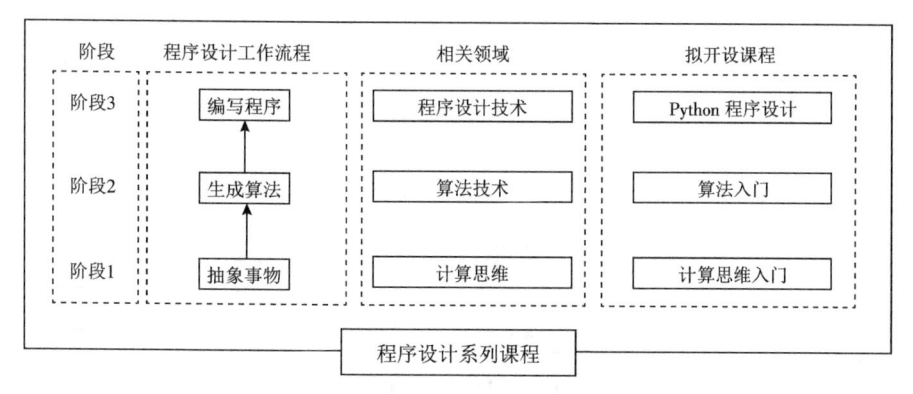

图 1 程序设计系列课程

阶段	数据处理流程	相关技术	拟开设课程
阶段4	深层次分析	数据挖掘和大数据处理	数据挖掘导论 大数据处理技术
阶段3	浅层次分析	数据可视化导论 数据处理与分析	数据可视化导论 数据处理与分析
阶段2	数据管理	数据库技术与应用	数据库技术与应用
阶段1	数据准备	数字化技术、数据获取技术	数字化技术与数据获取技术入门

数据系列课程

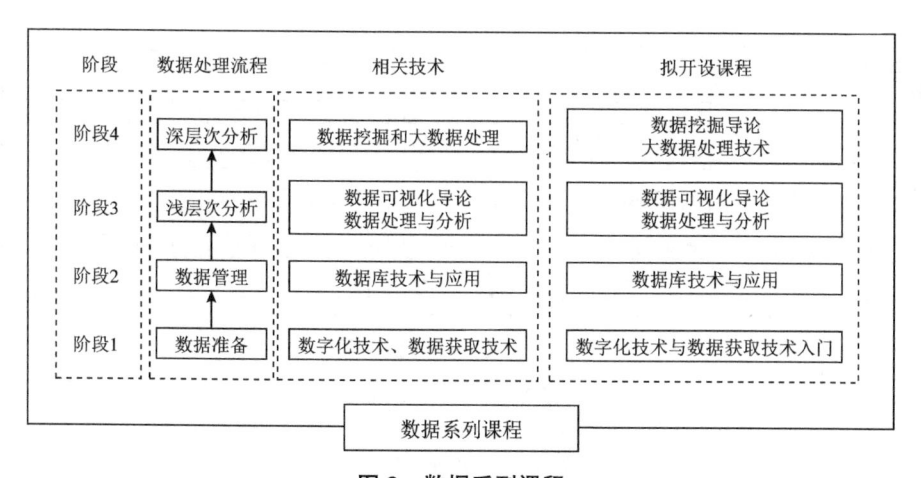

图 2 数据系列课程

阶段	多媒体数据工作流程	相关技术	拟开设课程
阶段2	图像音视频处理	视频处理技术 图像处理技术 声音处理技术	视频处理技术与应用 图像处理技术与应用 声音处理技术与应用
阶段1	视频获取 图像获取 声音获取	视频采集技术 图像采集技术 声音采集技术	视频采集技术与应用 图像采集技术与应用 声音采集技术与应用

多媒体系列课程

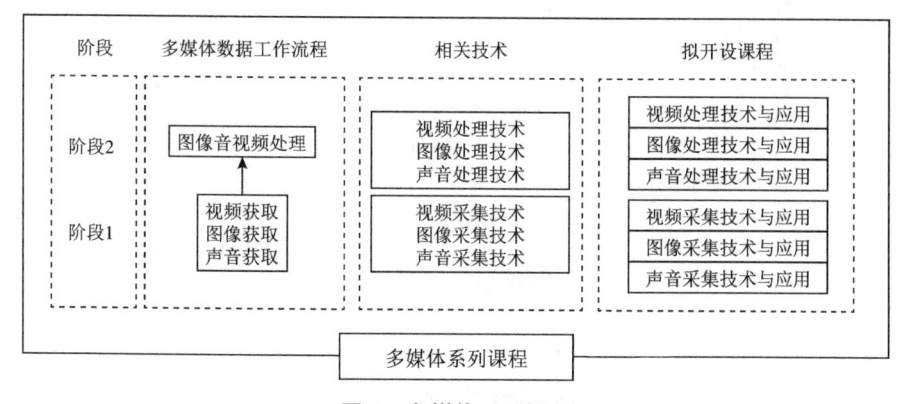

图 3 多媒体系列课程

— 241 —

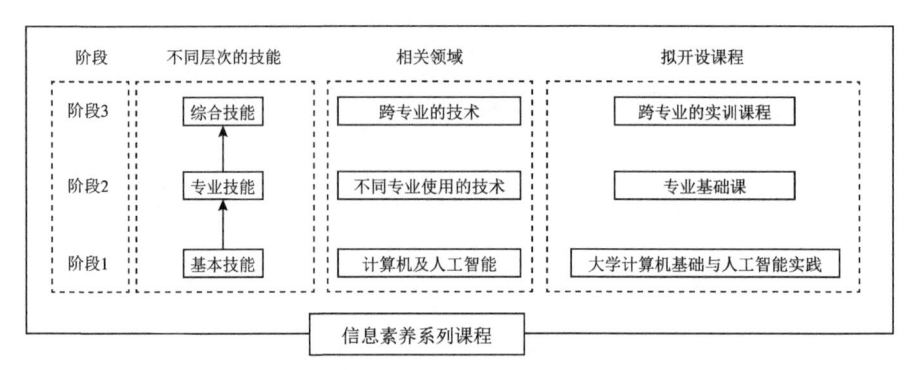

图 4　信息素养系列课程

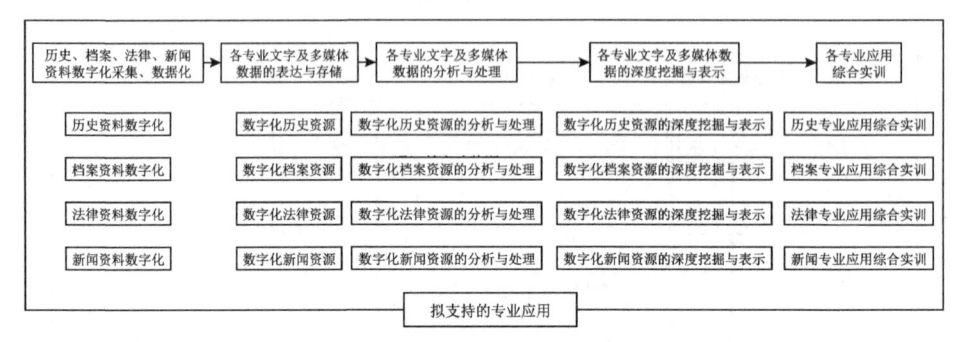

图 5　拟支持的专业应用

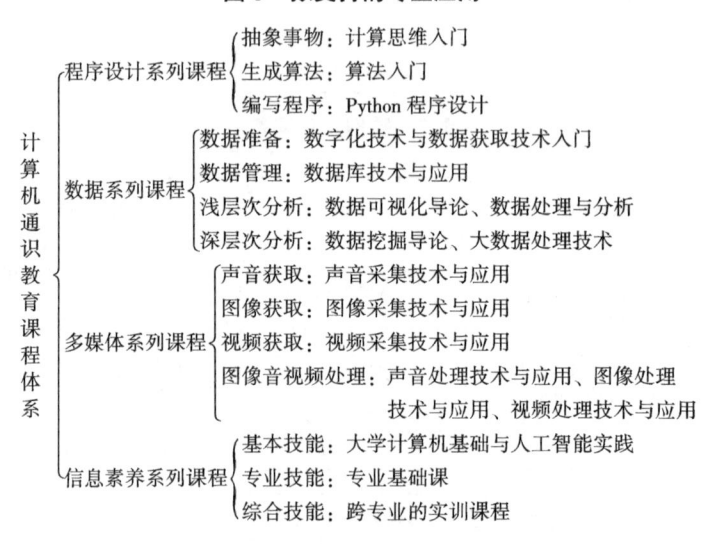

图 6　计算机通识教育课程体系思维导图

试析跨学科知识导入案例教学模式

陈喜波

【摘要】 跨学科知识导入案例教学是基于建构主义教育理论的一种教学模式探索，课堂教学案例必然会借助其他学科知识，导入跨学科案例会对专业教学起到极大的辅助作用。跨学科知识导入案例教学模式是高等教育发展进步的客观要求，能够丰富课堂教学内容，打破专业授课内容的单一性和枯燥性，开拓知识视野，让学生建立发散性思维。跨学科知识导入案例教学模式主要通过挖掘生活中的跨学科教学案例，主动学习和掌握跨学科知识，形成跨学科知识导入支撑课堂教学的习惯等途径来实现。

【关键词】 跨学科知识；导入；案例教学；模式

创立现代大学制度的威廉·冯·洪堡两百多年前就提出"教学与科研相统一"的原则，现在这一原则已成为现代大学的最基本标志。当前社会发展进步十分迅猛，高等教育也从单纯的知识传承进入以知识创新和知识传承并行发展的时期，因此科研与教学必然会成为大学教师从事教育的两个主要任

---

* 本文为"北京学跨学科创新人才培养模式探索与实践"（项目编号：JY2020Z001）项目阶段性研究成果。

** 陈喜波，博士，北京联合大学北京学研究所教授，研究方向为文化遗产保护。

务。科研活动是创造新的知识，科研活动可以为教学提供课程案例，也可以深化课程知识，其好处自不必说；而教学活动是传播知识，教师作为知识传播的主体，需要利用系统的逻辑、鲜明的案例、深入浅出的讲解向学生传授知识。建构主义教育理论认为，学生是自己知识的建构者，学习不是简单机械的知识输入，而是在他本人已有知识经验基础上对新的知识进行加工整理，通过新旧知识的重新建构，从而内化为新的知识。作为大学教师，要充分意识到，学生本身的知识体系在教学中的重要作用，要将他们的知识体系利用起来，教师必须在课堂上导入与学生自身认知相匹配的案例，而这些案例往往不会来自所讲授的专业内容，更多地来自其他学科，由此必然产生跨学科知识在课堂教学的有机融入问题，因此加强跨学科知识的课堂导入案例教学实在有深入研究的必要。

一、一次意外的跨学科知识导入案例教学尝试

我于十多年前入职北京物资学院，这所学校是财经类院校，我的专业是历史地理学，学科相差很大。当时北京物资学院想建设旅游管理专业，故而被招聘入校，但入职后，旅游管理专业没有如期建立，不得已只得转行教授别的课程。当时接手的课程是管理学，虽然并非管理学专业出身，但以前曾经在工作中学习过一点管理学，多少有些基础，不过从未给学生上过课。管理是实践性很强的一门学科，在准备课程讲授过程当中，需要大量收集专业的管理学案例。但是管理学一般都是与企业生产运作有关，很多案例实际上对学生来说很遥远，甚至对很多教师来说也是比较遥远的，即便管理学专业毕业的教师绝大多数也没有在企业历练过，更多的是纸上谈兵。管理的实践属性对专业教学提出了较高的要求，没有亲身管理经历的课堂讲授往往是缺乏情感的、不生动且不吸引人的，因此要想盘活这门课，必须利用贴近生活的跨学科知识或者学生自身拥有的知识体系，在他们理解和认知的范围内，让其感同身受，从而提升教学效果。例如，在讲述组织管理的部门划分时，几乎所有的案例都是引用不同企业划分业务与部门的设置关系，特别要强调划分部门不是绝对地在组织内部严格区分不同业务类别，不是制造部门之间的相对独立和隔阂，部门之间的协同与合作同等重要。这里有个难点，即组织业务涉及做事情，这个相对抽象，讲起来往往与学生自身经验相距较远，

学生理解起来相对困难。为了把这个问题讲好，我在一次课堂上引用了历史地理学上对于历史政区划界的两种方法，即"山川形便"和"犬牙交错"。"山川形便"是行政划界以山川作为界限，边界明显，但容易形成行政区的自我独立发展效应；而"犬牙交错"打破山川这一明显界限，形成一定程度上的你中有我、我中有你的局面，这样就会使行政区之间形成联动。我用"山川形便"作类比，如果部门业务完全独立，那么容易各自为政，若采用"犬牙交错"即形成局部业务交叉，则会促进部门合作和联动，并通过地理图片的形式展现然后加以详细讲解。通过这样的有形的案例并结合学生自身的地理知识，就很容易让学生理解部门划分的精髓之道。学生们对此反映较好，也让我感受到跨学科知识在教学中的重要性。从此以后我就多次尝试将跨学科知识导入到课堂当中，综合运用各种案例，的确能够创造较好的学习氛围并有效地促进了学生对于新知识的理解和消化应用。

二、跨学科知识导入案例在课堂教学中的重要性

（一）跨学科知识导入是高等教育发展进步的客观要求

随着科学技术的进步和发展，高等教育中学科分化越来越细，新的专业领域不断出现，同时从事各个专业学科的学者们往往一头钻入狭窄的学科领域内而难以自拔，鲜少关注其他学科领域发展情况。事实上，我们要看到，学科专业的细化发展这是事实，但学科之间的分工协作在日益加强这也是未来发展的重要趋势。社会发展不仅需要能够在某一领域独当一面的专业性人才，更需要视野广阔的能够适应多方面挑战的通用型人才。高等教育人才培养的目的是为社会发展提供符合时代要求的合格人才，特别是在当前科学技术领域、社会经济领域颠覆性发展成为常态的时期，人才培养不能再按照工业时代的规模化、批量化的模式去进行了，加强人才的个性化和多元化培养是社会发展提出的现实要求。因此，具备跨学科专业背景的专业性人才培养已经成为高等教育的重要使命，在大学教育中推广跨学科合作，倡导跨学科知识为基础的课堂专业授课也是时代发展之客观要求。

（二）跨学科知识导入能够丰富教学内容，打破专业授课内容的单一性和枯燥性

专业课程讲授过程中，学生长期接受单一种类的知识，容易疲劳，致使学习新知识的动力或兴趣下降，甚至产生厌烦感，这就是专业分工带来的负面效应。如何让课堂讲授内容更加吸引人，打破单一知识来源，这就需要教师做出改变，引入跨学科知识来对授课内容进行丰富化，增加课程内容的新鲜感，从而让学生有兴趣来学习新的知识。当然，这里需要说明的是，教师引入其他学科知识，并不是为了调动学习气氛而增加课程内容，课程讲授仍然要以专业内容为主，其他学科知识的引入是作为案例等辅助性材料来说明问题，核心是借助这个案例来增加学生对于专业知识的理解，有利于消化和吸收，这一要义不能跑偏。这无疑对大学教师提出了额外的更高要求，不仅仅需要在专业领域精耕细作，还要对相关领域学科予以高度关注，实现专业知识与非专业知识的跨界联合，通过相互借鉴，取长补短，促进学科之间的互通互联，从而达到共同提高的目的。总体来看，基于跨学科知识导入的案例教学是丰富课堂教学内容，活化专业知识的重要举措。

（三）跨学科知识的课堂讲授可以开拓知识视野，让学生建立发散性思维

课堂讲授只是学生掌握专业知识的主要途径，但课堂讲授的目的却不是知识的简单传递和输送，最重要的是借助课堂教学让学生形成解决问题的思维方式。专业课程知识的单一传授往往会将学生思维限制在学科框架范围内，长期的训练使得他们在考虑问题时往往难以跳出专业性思维这个怪圈。因此，跨学科知识导入案例教学还要有更深一层的意义，那就是培养学生思考问题的发散性思维。当代社会，知识获取已经相对容易，而思维训练却不是一朝一夕能够达成的。如何举一反三，从多角度看待问题并给出解决方案，没有发散性思维是不成的。因此，通过课堂讲授让学生能够接受跨学科训练，扩大知识视野，培养多角度分析问题的能力，这也是培养复合型人才的需要。"专业的人做专业的事"，这句话看似科学，但实际社会发展中并非如此，我们可以看到很多企业家并非管理学或经济学专业出身，但也在社会经济领域做得风生水起，其中的奥秘就在于这些人往往具有跨界思考能力，强大的发散性思维赋予他们强大的认知能力，从而能够在某一领域做出一番成就。

三、实现跨学科知识导入案例教学模式的路径

（一）挖掘生活中的跨学科教学案例

美国教育学家杜威认为，教育即生活。的确，生活是最好的学校，生活中充满了鲜活的教学案例，只是人们因司空见惯而熟视无睹，从而丢掉了最大的知识加工的素材来源。生活中的很多事例值得深入研究，可以为跨学科知识导入课堂教学提供绝佳素材。从学生的角度来说，每个学生的生活环境都是跨学科的，在他的成长过程中，会经历各种各样的事情，不同的事情都有着不同的学科背景，只是在生活中并没有以专业的形式体现出来，而是以生活化的物品来呈现。例如麦当劳、肯德基的餐厅中，会专门开辟一片场地作为儿童乐园而不是摆放桌子用来赚钱。对于其中的道理，最直观的表达就是儿童消费往往不是一个人，而是由父母或者更多的人如祖父母、外祖父母等陪同，小孩在这里玩得高兴，吃得高兴，可以吸引更多的消费群体。这样的解释很合理，但其中还有更深奥的科学知识。据研究，婴幼儿阶段是味蕾发育和口味偏爱形成的关键时期，这将会影响其一生的饮食习惯，因此麦当劳、肯德基为儿童开设乐园是有着更为长远的考量，不仅是为了吸引孩子家长等消费群体，而是在培育十年二十年之后的消费者。那么，如果把人的味蕾的生理学知识讲授给学生，他们的理解会更加深刻，而不是仅仅从市场营销的角度来看待问题。通过层层深入的引导，让学生理解管理的"科学"依据，学生往往会恍然大悟，原来管理的奥秘在此。因此，跨学科知识能够极大加深课程的厚度和深度，有利于学生学习专业知识。

（二）主动学习和掌握跨学科知识并获取教学案例

教师作为知识的传播者，首先得有广博渊深的知识基础，需要多方面涉猎，吸取跨学科知识，借助跨学科知识案例，通过类比或比喻等形式提升专业课程知识的"变现"能力，即做到深入浅出，让学生以直观的形象化的思维方式来吸收并理解新的知识。以"有限理性"为例，在讲授什么是"完全理性"和"有限理性"的课程中，每个教师都可以从生活中找到适合的案例

来做解释，基本上能够说清楚什么完全理性，什么是有限理性。不过这样碎片化的知识讲解不利于学生形成整体性的良好认知。如何把"有限理性"更加通俗化和形象化呢？我们可以借助哲学的知识把这个问题进行化解。德国著名哲学家康德认为人不是完全理性的，并专门写了一本书《纯粹理性批判》，说明人不是纯粹的理性人。他还写了另一本书《宇宙发展史概论》，曾利用太阳系引力模型来说明人为什么是有限理性的，即太阳系中到处都有引力，引力越大的地方人的理性程度越低，引力越小的地方人的理性程度越高，宇宙中到处充满了引力，因此不可能有完全理性存在。结合太阳系各大星球的排列顺序，通过引力大小的空间分布，可以看出太阳系各大行星上生物的理性高低程度排布顺序。当然，"有限理性"的太阳系模型只是康德的哲学观点，并不一定是真理，但是借助这种形象的类比，能够将"有限理性"的问题解释得更加清楚，是一个很好的教学案例。虽然这样的案例很经典，但是如果对哲学不了解的话，自然无法将其运用于课堂上。因此，作为知识传播者，每个教师应主动走出自身专业的范畴，广泛涉猎相关学科知识，这既是提升自身知识水平的重要渠道，也是提高教学能力的有效途径。

（三）形成跨学科知识导入支撑课堂教学的习惯

课堂是知识转化的地方，教师面对求知欲强的青年学子，需要将知识进行有效输出，让学生有获得感。教师对着 ppt 或教材照本宣科地讲授，同样也付出了"辛勤"的劳动，但学生并不会因此而感激教师，这样讲课显然是劳而无功。因此，合格的教师的工作是如何将枯燥的专业知识转化为生动形象的具象案例，这样学生才会有收获，教师的教学工作重点不是专业知识的直接讲述，而是对专业知识进行加工，通过另一种学生能够接受的方式使其入眼、入耳、入心，从外在的知识内化为自身内在的个人知识。一门课程，要讲授的知识点非常多，每个知识点都存在很多基于跨学科知识的转化形式，其中一定会有一种最利于学生消化吸收的方式。现在的大学教师从小就经历过跨学科的学习和训练，实际上是具有跨学科背景的，只不过在后来的专业学习中，将以前的跨学科知识遗忘了，难以有效利用而已。所以，作为大学教师不仅要提高专业知识学习，还要强化自身跨学科知识的回忆、学习。并将之与专业课程联系起来，有意识地收集、提炼来自各个学科的具有启发性的案例，养成经常性的行为或习惯，长期积累，就会形成基于跨学科研究基础之上的课堂教学内容设计，实现课堂教学的创新，提高课堂教学的能力并增加课程本身的魅力。

参考文献

[1] 蔡宝来. 现代教育学理论和实践 [M]. 上海：上海教育出版社，2011.
[2] 易高峰. 当代高等教育学理论与实务 [M]. 北京：科学出版社，2018.

夯实科学研究基础　促进教学能力提升[*]

龚　卉[**]

【摘要】从近代大学形成之初到当下的高校教学实践，科研与教学的关系理论以及平衡实践始终都是一个重点问题。从我国高等教育的目标和任务、科研与教学的定义、现实社会需求等多方面来看，教学与科研都存在着较高的一致性和相通性。高校教师需要协调好两者关系，让扎实的科研成为提升教学能力的坚实基础，才能实现自身的全面长足发展，也才能更好地完成高校教师的育人育才目标。

【关键词】高校教师；科研；教学；协调发展

在近代大学形成初期，科学与研究的关系问题就一直是讨论不断且关系重大的议题。19世纪普法战争的失利，让普鲁士国王威廉三世希望以学术教育和精神上的胜利来稳定国内动荡。以洪堡为代表的新人文主义教育是其中最具代表性的流派，不仅指导了德国大学改革，对欧洲其他国家、美国等地的大学建设也产生深远影响，成为近代以来大学教育的先驱和奠基者。洪堡提出大学的主要任务有二：一是对科学的探索，二是对人的修养的提升。从

---

[*] 本文为北京联合大学通识教育核心课程建设项目"中华传统节日文化"系列成果之一。
[**] 龚卉，博士，北京联合大学北京学研究所助理研究员，主要从事中日文化交流和北京历史文化研究。

中可以看到洪堡对于科研和人才培养的定位，1810年洪堡明确提出"科研与教学统一"。党的二十大报告中提出："教育、科技、人才是全面建设社会主义现代化国家的基础性、战略性支撑。"党的二十大报告还提出要加快创新驱动发展战略，这对新时代产学研系统创新提出了更高要求，产、学、研之间的边界融合对高校的教学与研究工作也提出了新的课题。因此，高校作为落实科教兴国战略、培养现代化建设人才的重要支撑之一，探索并处理好教育和科研的关系是高校完成人才培养目标和适应时代发展的题中应有之义。

一、教学与科研的逻辑关系

在高等教育学和高校教学实践中，科研与教学的关系理论以及平衡实践都是一个重点问题。有研究通过对250名高校教师进行问卷调查，发现样本教师的科研能力与教学能力并不是完全正相关的关系，同时教师们在科研上花费的时间远远高于在教学上投入的时间，综合提出了高校之中科研与教学失衡的问题。[①] 还有学者进一步指出高校科研与教学失衡的问题已经成为我国教育事业发展和人才培养的制约因素之一。[②] 而在实际工作中，由于种种个人的、现实的因素，科研与教学的时间、精力分配也是大部分高校教师需要解决的难题。

对于科研与教学关系问题的研究已经有不少成果。其中有观点认为科研与教学属于不同性质的两个事物，必然存在矛盾与冲突。也有观点认为在高校的运行中科研和教学不能完全分离。[③] 近来有学者在对科研和教学关系问题进行系统梳理之后，提出了"科研与教学一元论"的主张。[④] 该主张继承了洪堡的四个统一理论，将科研与教学的统一思想做了进一步的推进，力图破除科研与教学的二元论。人们大多能从理论上赞同并理解科研与教学的一致性，但如何将两者的一致性运用到实践中，或者说如何真正把握两者的一致

[①] 张洽、张诗琪. 高校科研与教学失衡问题现状分析及对策研究［J］. 科教文汇，2022（1）：1-6.

[②] 宋英超，郝建，郑玉洁. 高校科研与教学失衡问题探究［J］. 教育探索，2022（7）：72-75.

[③] 韩淑伟，仇鸿伟，陆德国. 教师科研水平与本科教学效果关系的实证分析：关于某校本科教学效果与科研水平相关性案例研究［J］. 高教探索，2007（S1）：188-190.

[④] 魏江，陈光沛. 科教融合一元论：概念内涵、整合性框架与未来展望［J］. 科教发展研究，2022，2（2）：18-41.

性仍是一个问题。

从教学与科研的定义来看,两者之间存在着关联性。"教学"一般指的是教师将知识、技能传授给学生的过程,《礼记》"玉不琢不成器,人不学不知道"就是对教学的经典描述。教育的根本任务在于促进和实现人的发展,其中心是"人",也就是说教学或者说教育本身是以人才培养为根本目标的。我国的《高等教育法》中也明确规定,现代大学的三大任务是教学、科研和社会服务。如何更好地培养人才是各个时期各类教育教学都需要解决的关键问题。在《现代汉语词典》中,对"研究"一词的解释是"探求事物的真相、性质、规律等"。科学研究实际上是一个解决问题的过程,是探求事物真相、性质和规律的行动。"在生活中遇到了问题,问题是研究的起点和动力……研究的方法是对生活、工作中的问题进行观察、思考、认识,然后改进现状或解决问题。"[1] 从一般逻辑来说,对教育规律、现象和技能的探索,这本身属于教育科学研究的主要内容,教育作为一门科学需要通过科研活动不断发展。从现实来看,高校教师要更好地实现教书育人的目标和达到良好效果,就需要不断地提升自身综合素质,既包括教学理论、方法和能力,也包括专业知识和技能等多方面。高校教师从事研究工作也是提高个人综合素质的一种手段与途径。科学研究的发现问题、分析问题和解决问题的思路同样适用于解决教育问题。教学尤其是高校中的教学工作对知识、技能的要求更高,从一定程度上也为教师的科学研究提供了动力。

高等教育的性质和定位要求科研与教学的协调发展。早在19世纪洪堡就提出高校教育与中小学等教育的不同之处,正在于科学研究与培养人才的统一。高等教育所教授的知识和技能,不同于中小学教育中较为初级的知识技能,包含更有深度和广度的内容,因此对科学研究能力提出了更高要求。洪堡从新人文主义的角度提出,所谓人的修养与具体的能力和技艺无关,只有探求纯科学的活动是达到修养的不二门径。[2] 此外,对高校教师的调查数据也

---

[1] 陈大伟. 教育科研与教师成长 [M]. 上海:华东师范大学出版社,2009.
[2] 王嘉璐. 孤独与自由的大学之路:洪堡的近代大学理念 [EB/OL]. (2021-08-02) [2023-11-20]. https://mp.weixin.qq.com/s?__biz=MjM5NzQ4NjMzMQ==&mid=2650954824&idx=1&sn=6934ff89a954164acc2a6a07c7aa57ea&chksm=bd2fb7dc8a583ecac8197914b9901e138752376ebfb9aa8fe410b30a00439c7748b7a53a02f8&scene=27.

验证了科研绩效对教学有明显的积极影响。①

当前国家和社会发展对高校科研和教学工作提出更高的融合要求。二十大报告中提到"加强企业主导的产学研深度融合",对高校之中的科研和教学的融合有了更高的要求。在这一大趋势之下,出现了高校、科研机构、企业等主体不断融合的科教一体的新型大学或研发机构。新时代国家发展建设要求高校能够培养德智体美劳全面发展的高素质人才,这对高校的教育科学研究、一般科学研究和具体的教学水平都有了更高的要求,更加强调科教融合发展。

二、科研与教学的失衡问题

经过国内外多年的研究讨论,高校教师大部分在理论上能够认同科研与教学之间的联系。但是在实际的教学科研工作中,教师们的实际感受似有不同的结果。根据一项问卷调查显示,受访的高校教师们有超过三成的人员在主观上认为教学与科研为负相关的关系,即科研和教学是相互干扰和冲突的一对工作;另有四成的人员认为自己擅长教学但不擅长科研。② 此外根据国家统计局的数据,进入 21 世纪的前五年高校在基础教育教学方面的经费投入远远低于投入科研试验方面的,且对教育教学的经费投入增长速度方面也较为缓慢。在这样的大环境之下,大部分高校教师在实际工作中,投入科研的时间要远远高于教育教学。当然上述数据尚未对不同性质、层次高校的不同情况进行具体的考虑和计算。③ 还有研究在综合高校运行实践的基础上提出:目前高校教学总体上并没有达到让多方都满意的结果,为此高校应当让专注教学、擅长教学的人各尽其能、各司其职。有的高校还模仿美国的"教学型教

---

① 牛端. 高校教师科研与教学关系的实证研究 [J]. 大学教育科学, 2018 (4):51-57, 126;晋兴雨, 张英姿, 于丽英. 高校教学与科研综合绩效评价研究:基于 DEA 模型的实证分析 [J]. 教育发展研究, 2018 (19):7-15;乔联宝. 基于联合 DEA 模型的"985"高校科研—教学综合效率评价 [J]. 科研管理, 2015 (S1):210-215.

② 张洽, 张诗琪. 高校科研与教学失衡问题现状分析及对策研究 [J]. 科教文汇, 2022 (1):1-6.

③ 我国当前已基本建成高校分类发展体系,大体形成了 985 高校、211 高校、地方重点高校、地方一般高校和新建院校等纵向层次。一般 985 高校多以"研究型、综合性、开放式的世界一流大学"为主要目标,地方高校则根据优势学科、交叉学科、新型学科等不同分类选择自身发展的主要目标。

授"做法专门设计了"教学型"教授，强调申报者的教学业绩，看重教师在教学研究、教学成果、指导学生竞赛获奖方面的成绩，以及同行专家和学生对其教学效果评价方面的业绩。① 不过"教学型"教授的设置并不是最终目的和结果，而只是权宜之计，主要是为了纠正当下较为常见的科研与教学不平衡的现象。

造成科研与教学失衡问题的原因是多方面的，也是长时间积累形成的，并非一日一时之功。首先，是社会背景和政策导向对科学研究的重视和强调，② 人们认为高校教师的身份标签是与科学研究紧紧联系在一起的，曾经高校中根据课堂教学贡献评出的"教学型教师"一事，引起社会舆论的关注，③ 这从一个侧面反映出整个社会对于高校教授的固化认识。其次，是不同高校的办学定位以及教师评级体系的导向问题。不同高校办学定位及其影响在前文已有提及，此处不再赘述，实际上教师的评价体系是直接影响教师教学与科研精力分配的因素。目前高校的评价体系集中于论文、专利、项目等成果方面，虽然也加入了对教学方面的成绩的评价并不断强调，但是教育成果的衡量标准相对更为模糊，容易走向形式化的负极，因此尽管有相关政策和文件的出台提倡对高校教师的多元评价，但从综合操作层面来看最终的评价体系依然是科研成果为主。同时科研型教师的荣誉序列更为完善和多样化，包括两院院士、长江、杰青等各层次的称号，但教学方面的称号仅有国家级教学名师、"万人计划"教学名师和全国优秀教师、楷模等有限的称号，在荣誉层级和奖励程度上都有明显差距。最后，再从具体的工作来看，高校之中的教学和科研工作都是需要花费大量时间、精力才能不断提升的工作，两者虽然从逻辑上有相通性和一致性，但科研和教学仍然是属于不同性质的两件

---

① 吴平，陈学敏. 论"教学型"教授：兼谈大学教学与科研关系 [J]. 中国大学教学，2006（6）：15-17.

② 2015 年中共中央办公厅、国务院办公厅印发《关于进一步加强和改进新形势下高校宣传思想工作的意见》中首次将"科研育人"写入国家重要指导文件之中，形成"教书育人、管理育人、服务育人、实践育人、科研育人"的格局。2017 年教育部发布《高校思想政治工作质量提升工程实施纲要》进一步强调科研育人的价值。

③ 在南京林业大学理学院任职 33 年的蒋松华教授没有一篇"标准"的论文或科研项目，但是因为教学上的突出成绩被升为教授，引起了腾讯、新浪等门户媒体和纸质媒体的讨论，大部分媒体质疑没有论文和项目的高校教授资格，也有一小部分媒体认为这是符合加强高校教学质量、让教授回归讲台的创新性做法。

任务。教师个人的时间和精力都是有限的，要在有限的时间之内获得突破只能有所侧重进行选择。

针对高校中科研和教学失衡等问题，国家从宏观设计和微观措施各层面都做出了努力。近年来国家和各部门都在大力推进"破四唯"影响，倡导高校教育回归教学基本定位。2012年教育部《关于全面提高高等教育质量的若干意见》中提出要巩固本科教学基础地位，将教授为本科生上课作为一项基本制度确定下来。2016年教育部颁发了《关于深化高校教师考核评价制度改革的指导意见》，强调分类指导与分层次考核评价相结合，根据高校类型和教师类型设置相应的考核标准和方式。2017年中共中央办公厅、国务院办公厅印发的《关于深化职称制度改革的意见》，教育部、人社部印发的《高校教师职称评审监管暂行办法》等都明确提出破除"唯学历、唯资历、唯论文、唯奖项"的评价标准。2019年教育部高教司原司长吴岩还透露："要让那些不用心教书、只关心自己成长的教师离开教师岗位。"他还明确提到："在学校连续3年不给本科生上课的教授和副教授，会被清理出教师系列。"这都是在政策方面强调高等教育中教育的基础地位，强调教师加强教学投入的内容。在具体的政策落实方面，2005年同济大学本科教学工作会议出台《专业建设责任教授岗位评聘实施办法》设置了"教学型"教授，评价标准包含教学成果奖、精品课程数量、教学改革成果、学生评价等因素，同时教学岗教授与科研岗教授享受同等待遇、教研论文与科研论文一视同仁。2019年南开大学颁发首届教育教学奖，其中获得教学终身成就奖的教师每人都获得100万元人民币的奖金。[①] 总体来看，国家和相关部门、高校等都对教学有了更多的重视和投入，不断强调高校在教书育人方面的基本任务和目标。

三、科研与教学融合的可能途径

2017年中共中央办公厅和国务院办公厅印发的《关于深化职称制度改革的意见》中，专门提出要创新职称评价机制，内容包括：丰富职称评价方式，引入同行专家评审、市场评价和社会评价等。针对不同类型的人才设计有不

[①] 付勇钧. 北方网：南开大学设教育教学终身成就奖"百万大奖"奖名师 [EB/OL]. (2019-09-12) [2023-11-20]. https://news.nankai.edu.cn/mtnk/system/2019/09/12/030035202.shtml.

同侧重点的评价方式。在政策引导之下，高校的职称改革当前仍然是一个重点。2020年2月，教育部、科技部联合发文要求高校要破除论文"SCI至上""唯论文"等导向，7月底人力资源社会保障部和教育部共同起草了《关于深化高等学校教师职称制度改革的指导意见（征求意见稿）》提出"代表作"制度。通过一系列的职称评价制度改革，希望引导教师找到科研和教学之间的平衡。应该说，理论上对科研和教学之间的相关性、一致性和互通性已有较高的共识，现实也从宏观政策、社会舆论导向和高校的评价体系等多个方面为高校教师实现科研和教学的平衡提供了充分保障和依据。作为在高校一线工作的教师，从自身实际工作出发，要想实现科研和教学的融合应该从以下方面入手。

第一，深入理解高等教育的任务和目标，思考科研与教学的关系。教育的本质是培养人，我国高等教育的目的是培养德智体美劳全面发展的社会主义建设者和接班人，"立德树人"是高等教育的根本任务和时代使命。随着当代科学技术的飞速发展和国家之间的竞争深入，对科技人才的要求不断提高。高校作为培养科技人才的重要功能性场所，如何更好地培养适应当代经济全球化社会发展的高素质复合型人才是一个关键问题。以上趋势都对教师本身素质的要求提出了新的标准。一方面高校教师要有足够的专业科学知识，能够应对日新月异的技术发展；另一方面要掌握相应的教育教学水平和能力，才能高效地完成培养人才的目标。

第二，真正理解"教学相长"，立足教学作为高校教师基本能力，全面提升自身素质。科研和教学两件事本身都是需要大量投入时间和精力的工作，在一定时间之内两者之间确实存在着矛盾关系。但是从长远来看，更好地完成高校教学任务需要科研能力和科研成果作为支撑，反过来高效完成教学任务能够促进自身科研的进展。教学对科研的促进，一是教学为科研提供了多元动力和需求，有助于研究灵感的出现；二是教学内容需要对所讲内容的研究史、主要议题和进展有充分理解，这在一定程度上让科研的基础变得更加扎实。

第三，及时掌握教育政策导向和方向，根据自身实际情况选择相应的评价序列。每一位高校教师都应该立足本职工作，踏实完成高校人才培养、科学研究和社会服务等方面的要求。尤其是作为应用型高校的教师，要更加强调对社会需求的关注，以此进行相应的教学和科研工作。

总体来看，对于高校教育的定位角色和目标任务，高校教师的科研和教学工作两者都是不可或缺的部分。从高校教师的长远发展来看，应当掌握基本的教学技能和能力，让科研成为教学能力提高的坚实基础。